한민족 중심의 한국 상고사

# 한민족 중심의 한국 상고사

| | |
|---|---|
| **초판 1쇄 인쇄일** | 2025년 5월 15일 |
| **초판 1쇄 발행일** | 2025년 5월 20일 |
| **편저자** | 김성배 |
| **펴낸이** | 최길주 |
| **펴낸곳** | 도서출판 BG북갤러리 |
| **등록일자** | 2003년 11월 5일(제318-2003-000130호) |
| **주소** | 서울시 영등포구 국회대로72길 6, 405호(여의도동, 아크로폴리스) |
| **전화** | 02)761-7005(代) |
| **팩스** | 02)761-7995 |
| **홈페이지** | http://www.bookgallery.co.kr |
| **E-mail** | cgjpower@hanmail.net |

ⓒ 김성배, 2025

ISBN  978-89-6495-326-6   03900

SUMER

# 한민족 중심의
# 한국
# 상고사

김성배 편저

B
G 북갤러리

# 우리 한민족의 잃어버린 역사를 찾기 위해 상고사를 재구성하였다

우리 한민족은 자랑스럽고 유구한 역사를 가진 민족이다. 그럼에도 불구하고 기록의 부재로 인해 상고사에서 가려진 부분이 너무 많으며, 대부분의 실체적인 역사도 사실이 아닌 신화로 인식되어 허구로 폄하되고 있다. 중국 측 기록을 토대로 밝혀진 것에 국한하여 역사를 취급함으로써 한국 상고사를 중국 역사의 아류로 보는 오류를 범하고 있고, 우리 한민족 고대 역사의 존재 자체에 대해서도 신화로 치부하며 의구심을 나타내고 있다.

그러나 단순히 신화라고 알고 있는 단군신화도 역사적 사실을 신화화해서 전승되어 온 것임을 알아야 한다. 그래서 필자는 미력하나마 단군신화와 구전되어 내려온 설화 속에 숨어 있는 역사적 사실을 밝혀 한국 상고사를 되찾고자 하는 마음에 이 글을 쓰게 되었다.

신화 속에 숨겨진 역사를 되찾고자 할 때는 신화와 역사적 사건의 동시성이 중요하다. 신화와 역사적 사건이 진행된 시기를 잘못 판단하거나 발생연도를 올려 과장해서 기술하면 신화 자체가 허구로 전락하기 때문에 신화의 역사성을 규정할 때는 상당한 주의가 필요하다. 그래서 이 책은 이러한 관점에서 허황된 시기적인 오류를 배척하고 신화의 내용을 역사에 기술된 사건과 대비하여 진실 규명에 더욱 접근하도록 주의를 기울였다. 그리고 신화와 역사의 비교에 앞서 조사해 본 우리 한민족의 상고사는 인류 초기 문명인 수메르 문명과 떼려야 뗄 수 없는 연결성을 가지고 있음을 알게 되었다.

수메르 문명이 태동한 BC 3800년은 우리 한민족이 시작한 시기이고, 그 시작은 지금의 한반도가 아닌 머나먼 중동의 비옥한 지역이었다. 그곳에서 우리 한민족은 전혀 다른 이름으로 불렸으며, 인류 최초의 문명을 이룩하고 발전시켜 왔다. 그 후 그들은 전 세계로 퍼져서 현대문명의 기틀을 마련하고 발전시켰다. 우리는 그들을 수메르(소머리)인이라고 하며 바로 그들이 우리 한민족의 선조상이다. 여기서 수메르라는 것은 '소머리'의 유럽어식 표현인 듯하다.

고대의 수메르는 그 이전의 아나톨리아 고원지대에서 야생 밀을 재배하던 캐이오누족이 농경하기 쉬운 메소포타미아로 이주하면서 시작했으며, 유프라테스와 티그리스강 사이의 지역(에덴)에 거주하면서 도시국가를 형성하고 청동기 문명을 이루고 발전시켰다. 초기의 수메르 문명은 우루크에서 시작하여 우르, 키시, 에(이)리두, 움마, 라가시, 니푸르, 나르샤 등으로 확산하였으며, 각각의 도시들은 종교·사회·문화 등의 개별적인 특성을 가지고 형성된 독립된 국가로 발전하였다. 그 후 이들은 BC 3500년경 대홍수를 겪고 일부는 나일강으로 이주하여 초기 이집트 문명을 이루었으며, BC 2340년경까지는 큰 변화 없이 독립된 도시국가로 살아갔다.

그러나 BC 2334년 북부 산악지대에서 수렵하는 셈족계 아카드의 사르곤이 메소포타미아지역을 침범하여 정복한 후, 수메르는 큰 변화를 갖게 되었다. 그 당시 상당수의 수메르 사람들은 사르곤의 정복 전쟁에 대항하여 티그리스강 동쪽으로 이주했고 그곳에서 칸(카인)연맹을 결성하여 저항을 시작했으며, 이때 결성된 칸연맹은 우르·키시·에(이)리두·움마·라가시·니푸르의 6개 도시국가였다. 그러나 이들의 저항은 무위로 끝나고 사르곤의 추격을 피해 동쪽으로 물러나 사방으로 흩어졌다. 이들 중 우르·키시·이리두의 3족은 동방의 홍산으로 갔고, 움마·라가시·니푸르 3족은 인도의 인더스강으로 들어갔다. 그리고 이들이 각각 홍산 문명과 인더스 문명을 이룩했다.

홍산으로 간 우르·키시·이리두의 칸연맹 3족의 생활상과 이들의 신앙체계를 통해 우리는 우리 한민족의 정체성을 찾아볼 수 있다. 우르는 태양신인 우루를 숭배하였고, 에(이)리두는 바람과 자연의 신인 엔릴을 숭배하였으며, 키시는 땅과 물의 신인 키와 엔키를 숭배하였다. 그리고 이들은 공통으로 밤에는 달의 신 난나를 숭배하였다. 그래서 이러한 것을 이해하지 못하면 우리 한민족의 뿌리와 상고사를 이해하기 어렵다.

먼저 이들 3족은 국명이나 지명에 그들 부족이 지배하고 있음을 표시하였다. 우르족의 경우를 보면 신시 배달국의 주역으로 신한(산융)연맹, 진한(동호)연맹, 부여(북우르), 동부여(동북우르) 그리고 백제의 남부여를 거쳐 일본으로 진출하는 역사적 배경을 갖는데, 여기서 여(餘)는 우르의 한자음으로, 국명에 '여'라는 글자는 모두 우르국을 일컫는다. 또한 키시의 경우는 고조선의 주역으로, 수메르 말로 '키'는 우리말로 '땅'인데, 그래서 키시족은 국명이나 지명에 땅의 의미가 있는 양(陽, 壤)을 주로 사용했다. 고조선의 수도는 우하량. 조양, 선양, 평양으로, 상나라 수도는 안양으로, 한나라의 수도는 낙양으로, 금 또는 청나라의 중심도시는 요양, 심양으로 표기하였다. 다시 말해서 '양'이라는 명칭의 도시는 키시의 후손들이 세운 국가의 중심도시로 고조선과 상·한·요·금·청나라가 키시족이 지배했던 국가임을 의미한다. 그리고 에리두는 한자 이름으로 이리두(二里頭)가 되는데, 이리두는 하늘 신 안(An)을 의미하는 아누의 한자음인 안(安)을 주요 도시 이름에 사용하였다. 그래서 하나라의 이리두현과 천안(遷安), 태안, 천안(天安), 수안, 집안 등은 모두 에리두가 지배한 도시가 된다. 여기서 하나라의 수도로 이리두현, 고죽국의 수도로 천안, 태산 아래 동이족의 근거지로 태안, 한반도 내의 마한(동이)의 주요 도시로 발안, 정안, 천안 등의 명칭이 사용되었다. 그리고 집안은 고구려의 수도로, 이것을 역으로 살펴보면 하나라와 고죽국과 동이 그리고 고구려, 고려, 발해는 이리두족이 지배했던 국가임을 알 수 있다.

  종교적인 측면에서도 이들의 흔적은 나타난다. 우리는 동양이 가진 독특한 철학이라는 점에서 주역을 이야기하고, 미신이라면서 무당의 무속적인 행위와 주술적인 것을 말하며, 한자의 기원이라는 점에서 갑골문과 갑골점을 말한다. 그러나 이러한 행위들은 고대 수메르의 신앙 행위와 직접 연결이 되어 있다.

  앞서 서술한 바와 같이 우르는 태양신 우루를 숭배했다. 그래서 태양과 관련된 신단수와 장닭 그리고 당집(소도) 등을 표현하였고 현재 무속신앙의 기원이 되고 있다. 또한 일본의 신사에서 사제가 신목(榊木)인 삐쭉이 나무를 들고 춤을 추는 것도 이것에서 기인한다. 즉 우르의 태양신 숭배가 지금의 무속신앙과 일본 신도의 기원이 된 것이다. 또한 키시의 경우는 농경신(물과 땅을 지배)인 엔키를 숭배하였다. 이 엔키에 대한 신앙은 물(水)신과 땅(地)신에 대한 점복으로 나타나고, 물의 신(용왕)의 전령사인 거북과 땅의 신 상징인 소에게서 그 답을 얻고자 했다. 그래서 거북의 배딱지(甲)와 소의 어깨뼈(骨)를 태워 점을 치는 행위를 했으며 이것이 바로 갑골점이다. 특히 갑골점은 한자의 기원으로 키시족이 한자를 창조하고 발전시켰다는 의미도 된다. 이렇듯 키시는 상나라, 고조선, 가야에 영향을 끼쳤고, 한자는 우리 한민족(키시)이 창조한 글자가 되는 것이다. 그리고 에(이)리두는 엔릴을 숭배했다. 엔릴은 수메르의 최고신으로 바람과 삼라만상을 주재하는 신으로, 이러한 엔릴의 신앙은 8가지 자연현상(天 · 澤 · 火 · 雷 · 風 · 水 · 山 · 地)인 삼라만상을 괘로 나타내며, 그들 간의 조화를 추구하며 그것을 통해 점을 치는 주역으로 나타난 것이다.

이처럼 우리가 알고 있는 동양적인 주술 및 점복 행위는 모두 수메르의 신앙체계에서 온 것으로 이 모두 우리 한민족의 정신적인 산물이다. 더불어 우리 한민족의 뿌리가 수메르에 있다는 것을 알면 우리 상고사에서 이해되지 않는 상당한 부분을 이해할 수 있다. 즉 단군신화의 진실성, 고구려의 삼족오와 제천행사인 동맹, 신라의 성골 삼성 그리고 금관이 갖는 의미 등이다.

우리는 그들의 독특한 색채 의식을 이해해야 한다. 우선 우르는 태양신 숭배로 붉은색을 선호했고, 키시는 물의 신으로 푸른색을 그리고 이리두는 바람의 신으로 노란색과 검은색을 추구했다. 또한 이들의 이러한 색채 선호가 고대에서 현대에 이르기까지 지속되고 있다. 그 예로 태극기의 경우 중앙의 태극은 붉은색과 푸른색으로 우르와 키시를, 밖의 4괘는 검은색으로 이리두를 나타내 3족 연맹을 상징한다. 또한 지금의 일본 국기는 태양을 상징하며 붉은색으로 우르(부여)의 후손이 백제를 거쳐 일본의 천왕가를 이루고 있음을 보여준다. 그리고 고구려의 삼족오와 동맹이 가지고 있는 의미를 살펴보면, 삼족오는 다리가 셋으로 칸연맹과 3 종족의 결합이라는 의미가 있다. 앞선 우르, 키시, 이리두의 3족이 선호하는 색채가 각각 붉은색과 푸른색, 노란색으로, 이들을 합치면 검은색이 된다. 특히 그들의 제천행사를 동맹(東盟)이라고 한 것도 3족 연맹을 굳건히 하고자 하는 맹세의 표현으로 보인다.

신라의 경우도 또한 성골 삼성은 朴, 昔, 金으로, 이들은 각각 우르족의 박씨와 이리두족의 석씨 그리고 키시족의 김씨가 합쳐진 결합체이다. 이들은 신라를 지배하면서 자신들을 성골로 만들어 다른 성씨들과 차별화를 기했고, 신라의 금관에도 그들의 이러한 의지를 담아냈다. 금관의 전면에 있는 '출(出)'자는 신단수를 의미하고, 신단수는 태양신 우르의 상징이다. 그리고 양옆에 매달린 푸른 옥과 뒤로 처진 사슴뿔(용각)은 키시의 상징이며, 황색의 황금관은 이리두의 상징으로 신라 금관에 성골 삼성과 칸연맹 3족의 결합이라는 의미가 담겨 있다.

이처럼 우리 한민족은 수메르 칸연맹의 3족인 우르, 키시, 에리두의 정통 후예로 이들이 동방으로 이주해서 토착민인 웅(훈, 흉)족과 예맥족 그리고 화하족과의 결합 과정에서 고대사를 엮었으며 현재의 한국과 몽고, 중국, 일본을 세운 것이다.

필자가 이 책에서 알리고자 하는 주요 내용은 서언에서 기술한 바와 같이 우리 한민족의 잃어버린 상고사를 찾기 위한 노력의 하나로 조사하여 재구성한 것입니다. 이 책 내용 중의 상당수는 인터넷을 통한 연구 자료와 위키백과를 비롯한 각종 백과사전을 참조해 정리한 것입니다. 그래서 필자는 지면을 빌어 그분들께 감사드리며, 더불어 필자의 무지로 인해 본의 아니게 저작권을 침해하였다면 죄송함을 사죄드리고 보다 넓은 아량으로 우리 한민족의 정통성을 찾고자 하는 취지에서 한 실수로 보고 많은 양해를 부탁드립니다.

끝으로 이 책이 나올 수 있도록 삽화와 교정 등 물심양면으로 도움을 준 김미영 박사님과 김정환, 김정효에게 감사드리며 앞으로 더 많은 연구와 조사를 통해 보완해 나가겠습니다.

편저자 **김성배**

# 목차

1장

# 한민족의 기원

# 1장 한민족의 기원

## 1. 수메르 문명의 태동

### 1) 수메르 문명의 근원과 시작(BC 10000년~BC 3800년경)

우리 한민족은 수메르 문명에서 시작했으며, 최초의 수메르(Sumer; 소머리) 문명은 메소포타미아('강과 강 사이'라는 그리스어)의 중심도시 우르(Ur)에서 북서쪽으로 수백 km 떨어진 튀르키예의 아나톨리아(해 뜨는 땅; 아사달) 고원지대(괴베클리 테페, 카라한 테페; BC 10000년경)에서 시작하였다. 이곳은 티그리스강과 유프라테스강의 발원지이며 비옥한 초원 지역으로 수렵·채집 및 최초의 농경이 가능했던 곳이다. 이곳에서 발견된 고대 유적지 괴베클리 테페(Göbekli Tepe)는 선 토기 신석기 시대(Pre-Pottery Neolithic Age, BC 1만 년~9천 년)에 해당된다. 이 시기의 수렵·채집인들은 원형 울타리를 두른 기념비적인 구조물을 세웠으며, 구조물 중에는 높이가 5.5m에 이르는 독특한 석회암의 T자형 기둥이 있는데, 이것은 아마도

괴베클리 테페                    신전 복원도

* 사진 [출처] 나무위키 / 동 제목 / 편집


종교적 행사나 의식에 사용되었던 것으로 보인다.

　또한 괴베클리 테페는 신석기 시대에 죽은 자들을 위한 공간으로 축조되어 하늘(天神 Anu; 원형 울타리)과 땅(地神 Ki; 사각 석비·석대) 그리고 사람(祖上神 En; T형 석비)의 형상을 가지고 있으며, 이것은 우리 한민족의 전통 3신(天地人) 신앙과 하늘은 둥글(天圓)고 땅은 네모(地方)지다는 형상 사상이 투영된 신전 건축물로 우리 민족과의 직접적인 연관성이 추정된다. 특히 신전 중앙부 원형단과 둘레 배수로의 방사형 석비는 태양(Uru)을 상징하는 것으로 보이며, 앞서 언급한 하늘(Anu)을 상징하는 원형 울타리와 땅(Ki)을 나타내는 사각 석대·석비들과 함께 초기 수메르 문명에서 나타나는 종교의 모체가 되며, 또한 중앙부 태양(Uru)과 땅(Ki)의 합성어 우르 + 키(Uruki)는 수메르 문명의 초기 도시국가인 우르크(Uruk)의 어원으로 여겨진다.

　이곳에서 BC 8000년경에 케이오누족은 야생 밀을 재배하고 수확하는 원시 농경법을 터득하고 본격적인 농경을 시작하였으며, 그 후 강을 따라 내려가 메소포타미아 지역으로 이주하면서 본격적인 농경을 시작하였다.

그들은 남부 수메르 지방에서 최초의 정주 생활을 시작했으며 초기의 에리두(Eridu) 문화를 이룩하였다. 그 후 금석병용기가 진행되면서 우바이드(BC 5900년~BC 3800년경) 문화와 우루크(BC 3800년~BC 3100년) 문화로 이어진다. 특히 본격적인 우바이드 문화기에 들어서면서 수메르인들의 정착지가 점차 넓게 팽창하고 발전하였다. 더불어 구리의 야금술이 발달하면서 그 분포 범위도 메소포타미아에서 지중해 연안까지 크게 확대되었다.

참고로, 수메르인들은 자신들을 '검은 머리 사람들', 즉 '웅상기가(ùĝ-saĝ-gíg-ga)'로 불렀다. 그 뜻은 수메르어로 검은 '웅'+머리 '상'이다.

### 2) 수메르와 청동기 문명(BC 3800년경)

인류사적으로 분류할 때 문명의 시작을 청동기의 사용에서 찾는다. 그 이유로 석기 시대에는 적은 단위의 씨족집단이 주를 이루고 있어 문화적 동질성을 찾기 어렵지만, 청동기 시대부터는 집단적 동질성을 갖는 부족국가들이 나타나기 때문이다. 그래서 우리는 인류 최초의 문명을 청동기가 본격적으로 사용되기 시작한 메소포타미아의 수메르 문명에서부터라고 보는 것이다.

수메르의 청동기 문명은 우루크(Uruk) 문화(BC 3800년~BC 3100년)에서 석기와 병용하여 사용되었으며, 이 우루크 문화기가 금석병용기로 수메르 문명의 본격적인 성립 시기라고 할 수 있다. 그 후 BC 3200년경에 상형문자가 사용되고, 초기 도시국가가 탄생했다. 금석병용기를 지나 본격적인 청동기로 접어들면서 가장 처음 발생한 문화는 젬데트 나스르(BC 3100년~BC

2900년) 문화이다. 이후 다양한 도시국가들이 병립하는 초기 왕조 시대(BC 2900년~BC 2350년)로 약 500년간 지속하였다.

### 3) 수메르의 도시국가와 종교(BC 2900년~BC 2334년)

수메르 문명을 일으킨 주요 도시국가는 우루크(Uruk)를 비롯하여 우르(Ur), 키시(Kisi), 에리두(Eridu), 움마(Umma), 라가시(Ragasi), 니푸르(Nippur), 라르사(Larsa) 등이며 이들 중에 우루크를 중심으로 초기의 도시국가가 생기고 여러 개의 도시국가가 차츰 메소포타미아 전 지역으로 확산하였다. 그 후 각 도시국가들은 서로 지역의 주도권을 차지하려고 각축전을 벌이면서 문명의 진화가 이루어졌고, BC 2900년 이후에는 우르가 수메르의 주도국가가 되었다.

이들 도시국가는 농경문화의 특성을 갖는 다신교의 자연신 신앙을 추구했다. 그래서 하늘의 신 '아누(Anu)'를 중심으로 땅의 신 '키(Ki)'와 물의 신 '엔키(Enki)', 바람과 자연의 주신(主神) '엔릴(Enlir)', 태양신 '우루(Uru)', 달의 신 '난나(Nanna)' 등을 섬겼다. 특히 이들 도시국가는 각각 서로 다른 신을 섬겼으나 공통으로 밤에는 달의 신 난나를 섬겼다. 그리고 그중에서 난나는 '신(Sin)'이라는 별칭을 갖고 있다.

각기 도시들은 도시 이름과 같은 신앙을 추구했다. 이에 따라 우르(Ur)는 태양신 우루(Uru)를 섬겨 '태양신의 도시'라는 명칭을 갖고 있으며 태양과 같은 붉은색을 선호한다. 특히 우르는 태양신의 보살핌을 받는 나무(신단수)를 도시 중앙의 제단에 키우며 신앙의 주체로 삼았다. 이것은 성서의 '금단의 열매'와 같은 의미를 지니는 나무로 단군신화 신시의 '신단수'와 같다.

키시(Kisi)는 '키'가 수메르 말로 '땅'이라는 의미를 지니듯이 '땅(地) 신의 도시'라는 의미이다. 또한 키시는 땅과 물을 주관하는 농경신인 엔키를 섬기고 물의 푸른색을 지향하는 도시국가이다. 여기서 키시의 '시'는 도시라는 의미의 시(市)이다. 그래서 키시는 땅과 도시의 합성어가 된다. 또한 엔키의 '엔'은 지배자라는 의미를 가지고 있다. 그래서 도시의 지배자이고 제사장인 왕을 '엔시'라고 칭했다.

에리두(Eridu)는 최고의 신으로 자연과 폭풍(바람)의 주신(主神)인 엔릴을 숭배하는 도시국가이다. 여기서 엔릴은 '모든 것의 지배자'라는 뜻이며, 에리두는 바람에 휘몰아치는 모래 폭풍의 색깔인 황색을 지향한다. 그리고 삼라만상의 모든 색을 합치면 검은색이 되듯이 검은색을 선호한다. * 훗날 '에리두'는 동방에서 '이리두'로 불린다.

움마(Umma)는 교육의 도시로 칭해졌다. 수메르 말로 '움마'는 교육자를

메소포타미아의 도시국가들(원안의 도시들이 해당된다) – 우르, 키시, 움마, 에리두, 라가시, 니푸르, 라르사 등

지칭한다. 이 움마는 현재 우리말에서 엄마가 되어 지금도 사용되고 있으며, 엄마가 자녀의 교육을 맡고 있는 점에서 보면 그 상관성을 알 수 있다.

라가시(Lagasi)는 음악과 향락의 도시로 '라가=락(樂)'은 음악 혹은 향락을 뜻한다. 수메르 문명에 이어 이룩한 인도의 고대 문명에서 산스크리트어로 된 민속 음악을 '라가'라고 부르는 것도 같은 맥락으로 볼 수 있다.


## 2. 아카드와 칸(환)연맹

### (1) 아카드의 사르곤(재위 BC 2334년~2279년)

아카드(Akkad)라는 명칭은 사르곤(Sargon)이 세운 도시국가인 아카디아에서 기인한 것이며, 사르곤은 거룩한 왕이라는 사루킨(Sarrukin)의 의미가 있다. 그러나 수메르 말의 전승 언어인 우리말로 '화살을 쏘는 사람'이라는 의미의 '살꾼=사냥꾼'에서 기인한 것으로도 보인다.

그의 출생에 대해서는 여러 가지 설이 있다. 일설에 의하면 그는 메소포타미아 북서부의 산악지역의 수렵족 출신이라고 한다. 그는 청년기에 키시에서 성장하면서 발전된 수메르 문명을 받아들이고 농경족의 약점에 관해 깊이 연구한 것으로 알려졌다. 그리고 성장 후에 수렵 부족을 이끌고 메소포타미아 지역으로 침입하여 수메르의 각 도시국가를 차례로 점령하고 대제국을 건설한다. 이 당시의 수메르 도시들은 농경 중심의 국가로 전쟁에 사용되는 무기는 주로 농기구나 단거리 전투용 칼, 창, 도끼 정도에 불과하였다. 반면에 수

사르곤의 손자 나람신이 화살로 적을 공격하는 장면 　　　　　* [출처] 위키백과 / 나람신

럽 부족인 아카드의 셈족은 사냥에서 사용된 원거리 공격용 활과 창으로 무장하여 손쉽게 정복할 수 있었다.

　사르곤의 손자 나람신이 화살로 적을 공격하는 장면에서 보이는 것과 같이 수메르의 여러 도시들은 화살(나르는 검)의 공격에 속수무책으로 당하면서 정복되었다. 특히 아카드가 수메르를 정복하는 과정은 아브라함(갈대아 · 우르 출신)의 후손(유대인)들이 쓴 성서(천지창조)의 내용과 유사하다. 또한 에덴에서 아담과 이브가 축출된 것처럼 메소포타미아에서 수메르 사람들이 축출되었으며, '두루 도는 화염검'을 두어 경계로 삼았다고 했는데 이것도 축출 당한 수메르 사람들이 되돌아올 수 없도록 밤에도 '순찰 도는 불화살 부대'를 배치하고 경계를 선 것을 묘사한 것으로 보인다. 그리고 이런 불화살에 대한 공포감이 화염검 트라우마가 되어 성서 속에 기술된 것이 아닌가 생각된다.

언어학상 성서 속의 아담은 '아담한 남자', 이브는 '이쁜 여자'의 줄임말로 분석되며 지금의 한국말과의 연관성이 살펴진다. 더불어 '아브라함과 이삭'도 아브(아버지)라고 하는(함) 사람과 이삭(싹, 자식), 즉 '아버지와 아들'을 고유명사화한 것으로 생각되며, 언어학적인 측면에서 보면 유대인의 선조상이 우리 한민족과 같이 수메르에서 분화한 것으로 보여진다.

아카드의 사르곤에게 살기 좋은 메소포타미아지역에서 쫓겨난 수메르인들은 우르를 중심으로 키시, 에리두, 움마, 라가시, 니푸르 등의 여러 도시국가로, 이들은 티그리스강 동쪽(에덴의 동쪽)의 초원지대에서 연합하여 '칸(Khan)연맹'을 결성한다. 그들의 명칭 '칸'은 '키+안'의 합성어로, 키는 지신(地神)이고, 안은 천신(天神)이다. 즉 지금 우리가 쓰고 있는 '천지신명(天地神明)'과 관련이 있다. 그들은 정복자 사르곤에게 다시 저항을 시도한다. 그러나 전투기술과 무기 등에서 열세인 칸연맹은 또다시 대패하여 더욱 멀리 동쪽으로 밀려난다. 그리고 결국에는 사방으로 흩어지는 운명을 맞게 된다. 이것이 성서에서 카인(칸)이 에덴의 동쪽에서 더 멀리 쫓겨 가는 것으로 묘사된 내용과 유사하다. 이 과정에서 초원에서 생활이 가능한 유목민(아벨=아브엘)이 칸연맹에서 일차적으로 갈라져 나간 것으로 보인다. 여기서 아벨은 아브+엘로 '엘(엔릴) 신을 믿는 사람'이라는 의미이다. 즉 성서에서 농경하는 카인이 유목하는 아벨을 해치는 것으로 묘사된 것은 개인 간에 벌어진 일이 아닌, 집단 간의 사건으로 칸연맹의 내부에서 종족 간 분화를 의미하는 것으로 여겨진다.

한반도와 골란고원에서 다량으로 발견되는 청동기 시대 유물인 고인돌에

한국(칸)의 고인돌과 유물　　　　　　이스라엘(아벨)의 골란고원 고인돌과 유물

* [출처] 네이버 블로그 / 이스라엘과 한국의 청동기시대 고인돌 / 편집

서 같은 부류의 청동검과 옥기가 출토되는 것으로 보면, 한국과 이스라엘은 같은 시대에 같은 문화권을 공유했던 것으로 보인다. 즉 한국인과 유대인은 동일한 조상에서 출발했다는 것을 미루어 짐작할 수 있다. 여기서 같은 조상 이란 수메르인이며, 성서에서 아벨이 유대인의 조상이듯이 동방으로 멀리 떠 난 카인(칸)은 우리 한국인의 조상이다.

### (2) 칸연맹의 분화(BC 2334년)

BC 2334년 티그리스강 동쪽의 초원지대에서 결성된 칸연맹은 아카드의 강력한 공격을 받고 패해서 사방으로 흩어지는 운명을 맡게 된다. 이때 유목 민(아벨)과 농경민(카인; 칸)은 분화되어 흩어진다.

이들 수메르의 칸연맹은 카스피(칸이 스친)해를 지나, 그중 3족(우르, 키시, 에리두)은 동방으로 이동하여 내몽골의 홍산(음하 옆의 삼좌점)으로 들어가 정착한다. 그 후 토착 웅족과 상당 기간 대치한 후 상호 결합하여 홍산 문명을 이룬다. 그리고 나머지(움마, 니푸르, 라가시) 3족은 동남 방향으로 이동하여 인더스강(모헨조다로, 하라파, 돌라비라)으로 진출하여 인더스 문명을 이룬다. 또한 우르의 일부는 서쪽으로 이동하여 지중해를 건너 크레타섬으로 들어간다. 그곳에서 미노아 문명(그리스 신화의 미노타우르스)을 형성, 발전시켜 서양문명의 근간이 되었으며, 일부는 가나안으로 들어가 유대민족의 조상(아브라함)이 되었다.

이들 중 홍산으로 들어온 칸연맹의 부족들이 현재 우리 한민족의 조상이 되었고, 그 흔적은 환인과 환웅 그리고 단군신화 속에 그대로 남아 있다. 이들 칸연맹은 동방으로 들어오면서 '칸'이 '환(桓)'으로 변경되어 불린다.

여기서 칸(환)연맹 3족(우르, 키시, 에리두)에 대한 흔적은 역사 속에 나타나는 지명과 국명에 고스란히 남아 있으며, 그 각각을 통해 우리는 고대 역사의 흐름을 유추할 수 있다. 예를 들면, 우선 '우르'는 우리말의 '우리' 혹은 '울'에서 찾아볼 수 있으며 한자음으로 '여(餘, 麗, 女)'자가 되어 부여(북우르의 한자식 표현), 구려, 읍루(우르의 음차), 동부여, 고구려, 남부여, 여진, 서울, 울산, 울진, 울릉도 등에 남아 있다. 그리고 키시(箕市)는 수메르 말로 '키'가 땅을 의미하며 이것이 '달 또는 양(陽, 壤, 梁)'으로 표현되며, 초기 아사달인 우하량과 조양, 선양, 평양, 안양(상나라), 낙양(한나라), 심양(청나라) 등으로 그 흔적이 남아 있다. 또한 에리두는 이리두로 변음되어 고대 하나라의 수도인 이리두현(일리타이 문명)과 이(夷)족으로 줄여 동이족, 견이족, 고리족

등에 남아 있다. 더불어 이리두는 그들이 신봉하는 하늘 신(아누; An)의 이름을 따서 도시 이름에 '안(安)'자를 붙여 고죽국의 중심도시 천안(遷安)과 고구려의 수도인 집안, 동이족의 주 활동무대인 중국 태산 근처의 태안 그리고 한반도 내의 동이(마한; 진국)지역인 태안반도, 발안, 천안, 주안, 수안, 진안, 부안, 무안 등에 그 자취를 남겼다.

'환(桓)'자를 살펴보면 그 안에는 수메르의 삼족 동맹의 의미가 함축되어 있다. 우측 상단의 '一'은 하늘을 의미하며, 하늘(天) 신 아누(Anu; 安)를 지칭한다. 이는 삼족 중 에(이)리두족의 상징이다. 우측 중간부의 '日'자는 태양을 의미하며, 태양신 우루(Uru; 日)를 뜻한다. 이것은 우르족의 상징이다. 우측 하단의 '一'은 땅을 뜻하며, 땅(地) 신 키(Ki; 箕)를 나타낸다. 이 또한 키시족을 표현한다. 더불어 좌측의 나무 '목(木)'자는 신단수를 의미하며, 수메르의 삼족(우르, 키시, 이리두)들이 신단수 우측(동쪽)에 도열하여 제사를 지낸다는 의미로 해석할 수 있다. 즉 환(桓)이라는 상형문자의 의미는 수메르 삼족이 신단수 동쪽에서 도열하여 제사를 지내거나 맹약했다는 뜻으로 풀이할 수 있다. 이것으로 환(桓)의 의미를 천지신명(天地神明)으로 하는 이유도 명백해

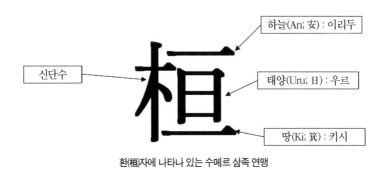

환(桓)자에 나타나 있는 수메르 삼족 연맹

진다. 또한 이것을 통해 고구려의 제천행사인 동맹(東盟; 동쪽에서의 맹서)이 가지고 있는 의미도 미루어 짐작할 수 있다.

또 다른 한 갈래로, 인도로 들어간 칸연맹의 부족은 움마와 라가시 그리고 니푸르이다. 여기서 '움마'는 타밀어의 '움마'와 천수경의 '움마니반메훔'에 그 흔적이 남아 있고, '라가시'는 인도 고대 문명의 산스크리트어로 된 민속 음악을 '라가(樂)'라고 부르는 것도 같은 맥락에서 볼 수 있다. 그리고 '니푸르'는 BC 1400년경 아리안족에게 정복당한 후 히말라야 산악으로 피신하여 '네팔'이라는 국가를 세웠으며, 그 국명에 흔적이 남아 있다. 더불어 '히말라야'라는 명칭은 인도 고대어로 '희고 맑아라.'에서 나온 말로 인더스 문명의 고대어는 우리말과 유사했음을 알 수 있다. 특히 동방으로 온 수메르의 칸(환)연맹이 우리 한민족의 선조상이라는 것은 그들과의 동질성에서 찾아볼 수 있다.

ⓐ 우리와 어순이 같은 교착어를 사용했다.

ⓑ 상당수의 같은 발음과 언어를 사용했다.

ⓒ 짐 운반에 지게를 사용했다.

ⓓ 머리(상두)에 상투를 틀고 있다.

ⓔ 씨름 경기를 즐겼다.

ⓕ 교육과정에서 회초리를 사용하고 촌지를 주고받았다.

ⓖ 검은 머리를 했으며 후두부가 평평했다.

ⓗ 태음력과 60진법을 사용했고 고대에는 순장 풍습이 있었다.

ⓘ 여자들은 머리에 짐을 이고 다녔다.

ⓙ 농사에 소와 쟁기를 이용하였다.

모헨조다로 유적               우르의 상상도

* [참조] 오동석의 인문 여행 / 블로그

그 외에도 수메르인들은 한국인들과 많은 공통점을 가지고 있다.

또한 그림에서와 같이 인더스 문명도 수메르 문명과 같이 유사한 건축 조적 기술이 적용되었다. 이 점에서 보면 인더스 문명도 한민족과 같이 수메르 문명에 뿌리를 둔 문명임을 알 수 있다.

## 3. 동방의 홍산에서 새롭게 태어나다(BC 2333년)

### 1) 환인 시대(BC 2333년~BC 2200년경)

### (1) 환인(국)연맹 – 삼좌점 석성

칸(환)연맹은 아카드의 사르곤에게 쫓겨 카스피해를 지나 우랄 알타이산맥을 넘어 유라시아 초원을 거쳐 동방으로 이주했다. 초기에는 적봉에서 서북쪽으로 약 40km 정도 떨어진 음하(陰河) 중류의 삼좌점(三座店)에 정착했던 것으로 보인다. 여기서 삼좌점이란 지명은 동방으로 온 칸(환)연맹의 '삼족(우르, 키시, 에리두)이 자리를 잡은 곳'이라는 의미가 있다. 바로 이곳이 우리 한(韓; 칸, 환)민족이 동방에 와서 처음으로 자리 잡은 곳이며, 동양문명이 시작된 곳이다. 그리고 이때가 바로 단군신화에서 나타난 환인(칸) 시대이다. 이 같은 환인 시대의 시작은 《환단고기》에 잘 나타나 있다.

> 환인은 사백력의 하늘에서 홀로 변화하여 신이 되고 이 환인과 함께 하늘로부터 어린 남녀 800명이 천해의 바다를 건너 동쪽 흑수와 백산의 땅에 내려와 건국하였다.

여기서 사백력은 '사백일 걸리는 거리'라는 뜻으로 환인이 내려와 건국한 곳인 홍산(삼좌점)에서 서쪽으로 걸어서 사백일 걸리는 위치에서 출발했다는 의미이다. 이는 보통 사람의 보행으로 1일에 약 20~30km를 간다고 기준할 때 약 8,000~10,000km 서쪽이 된다.

그리고 환인으로 표현되는 신격은 우리 한민족의 뿌리를 의미한다. 즉 단군기원 BC 2333년에서 약 1년(400일) 전에 우리 한민족(환인)은 홍산에서 약 8,000km 떨어진 서쪽에서 천해(카스피해)를 거쳐 이주해 왔다는 것을 알 수 있다. 이 당시 세계사를 보면 홍산에서 서쪽으로 8,000km 떨어진 곳은 인류 최초 문명이 꽃피웠던 메소포타미아지역이다. 즉 우리 한민족은 BC 2333년 기준으로 약 1년 전인 BC 2334년에 메소포타미아지역에서 이동해 왔다는 것을 알 수 있다. 다시 말해서 그 당시 문명이 꽃피웠던 메소포타미아에서 BC 2334년에 무슨 일이 일어났는지를 확인하면 우리 민족이 무엇 때문에 갑자기 살기 좋고 문명화된 지역에서 미개화된 홍산으로 이동해 왔는지를 알 수 있다.

고대 역사를 살펴보면, BC 2334년 당시 수메르는 지배 도시인 움마와 라가시를 중심으로 오랜 전쟁과 향락에 빠져 있었다. 그 와중에 북부 산악에 살던 셈족의 사르곤(아카드)에게 침략을 받아 정복당했다. 그래서 우리 한민족의 원조인 수메르인들은 사르곤의 지배를 피해 메소포타미아지역을 떠났으며, 농사와 경작을 할 수 있는 강가를 찾아 동방지역으로 이주하게 되었다. 이후 이들은 카스피해와 우랄산맥을 넘어 유라시아 초원을 거쳐 홍산(삼좌점)에 다다른다. 그리고 그곳에서 칸(환)연맹은 정착을 시도한다. 이것이 홍산에서의 환인 시대의 시작이다. 여기서 '환인(桓因)'은 '환'연맹의 지도자를 뜻한다. 즉 '인(因)'은 지배자 또는 '왕'을 의미하며, 수메르 말의 '엔'에서 유래한다. 엔릴, 엔키, 엔시에서 엔이 신 또는 지배자라는 의미와 같다. 더불어

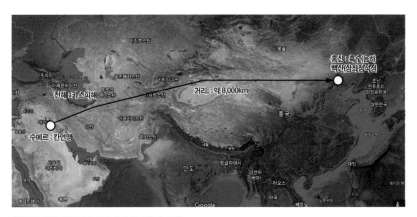

환인의 이동 경로(메소포타미아에서 홍산까지)

마야와 잉카 문명에서는 '잉'은 잉카(왕가; 王家)로, '인'은 인티와타나(왕이 왔다)로 쓰였다. 즉 인, 엔, 잉은 모두 신과 지배자 또는 왕의 의미로 사용한 것이다.

《환단고기》에 따르면 환인은 7대까지 이어졌다고 한다. 여기서 환인의 인간 수명을 고려해서 1대를 약 2~30년 정도로 보면, 초기 칸(환인)연맹은 약 130년 정도 유지되었던 것으로 여겨진다. 특히 이 환인 시대의 존재에 대하여 안함로(AD 578년~AD 640년)의 《삼성기(三聖記)》 상에서와 같이 "우리 환(칸) 건국이 가장 오래되었다(吾桓建國 最古)."라고 명시한 것으로 보아 신라 시대까지도 칸(환인)연맹의 역사가 전해져 왔던 것으로 보인다. 또한 '환'을 건국했다는 것으로 보아 환인과 환국은 같은 명칭으로 여겨진다.

환인 시대의 칸(환인)연맹 3족은 삼좌점(三座店; 삼족이 자리 잡은 지점) 석성을 거점으로 적봉지역의 토착 웅족과 상당 기간 전쟁을 벌였던 것 같다.

* 이후 이 책에서는 칸을 환인(국)으로, 에리두를 이리두로, 키시(箕市)를 키시(箕氏)로 변칭한다.

삼좌점 석성을 살펴보면 그 성립 시기가 기원전 약 2000년경 이전이며, 상당 규모의 인구(약 300~400명)가 집단으로 거주하며 정주 생활을 하였던 것으로 보인다. 특히 성벽에 치(雉)가 설치되고 둘레에 헤자가 있는 것으로 보아 주변 지역의 다른 종족들과 치열한 싸움을 상당 기간 지속했다는 것을 알 수 있다. 특히 치가 있는 성벽은 일자형 성벽보다 축성용 석재도 2배나 많이 들고 작업량도 몇 배나 증가하기 때문에 중대한 방어 목적 없이는 만들어지지 않는다는 점이다. 이를 살펴보면 삼좌점 석성을 중심으로 치열한 전투가 벌어졌음을 알 수 있다. 그 전투는 도래한 칸 3족과 토착 웅족 간에 벌어

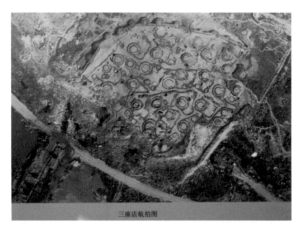

삼좌점 석성(발견 초기)                    * [출처] 네이버 블로그 / 사진자료(초기)

삼좌점 석성의 방어용 치(雉 − 馬面)        * [출처] 네이버 블로그 / 사진자료(초기)

진 것으로 보인다.

  삼좌점 석성은 2005년 음하 다목적댐 공사 도중에 인근 야산에서 발견
되었으며, 2006년 말에 발굴이 완료됐다. 석성의 건립연대는 BC 2000년

대로 추정되며 하가점 하층 문화 전기에 속한다. 석성의 전체 면적은 약 14,000m² 정도이며, 원형 건물지 수십 기와 원형 제단, 적석총 그리고 저장공(13개)이 확인되었다. 성곽 내부에는 2개의 도로가 3개 구획 사이에 조성되어 있다. 특히 하늘(天; Amu)과 땅(地; Ki)을 상징하는 적석묘는 50~70cm 원을 중심으로 사방 20여 m까지 확장될 만큼 거대해서 제단과 구분되지 않을 정도이다. 완벽한 형태의 우물과 60여 채의 집터, 부족 연맹 회의 장소로 추정된 모임 장소, 곡식 창고와 문설주까지 완벽하게 보존돼 있는데 특히 외성과 내성으로 구분된 성벽 중에서 내성 서북쪽 성벽의 '치'는 약 5m 간격으로 13개나 발견되었다. 더욱이 곳곳에 해독되지 않은 상형 문자들이 널려 있다고 알려져 있다.

삼좌점 석성이 특별히 주목받는 것은 전형적인 초기 형식의 석성으로 기저석을 쌓고 수평으로 지반을 다진 뒤 막돌을 큰 것부터 작은 돌 순서로 '들여쌓기'를 했다는 점이다. 또한 돌쌓기는 횡으로 쌓은 뒤 다음 단은 종으로 쌓았는데, 이들의 추정 연대는 무려 4,000년 전으로 거슬러 올라간다는 점이다. 더욱 놀라운 것은 아군의 추락을 막고 적병의 침입을 어렵게 하려고 성벽

**삼좌점 석성의 치(편측형 성벽으로 내부 흙 채움 구조)**
\* [출처] 삼좌점(三座店) 석성과 성자산(城子山) 산성(작성자 바위돌)

상부에 여장을 쌓았다는 점이다.

　이런 점에서 삼좌점 석성은 촌락 단위가 아닌 고대사회의 부족 국가의 수준에서 만들어진 성읍으로 볼 수 있다. 그 구조를 분석해 보면 사진에서 보는 바와 같이 무려 4,000년 전에 지어졌다고 볼 수 없을 정도로 상당히 문명화된 사람들에 의해 계획적으로 구성된 성읍 구조를 가지고 있다. 즉 3개 구역을 주 통로로 구획하고 각각을 20여 채 정도의 원형 주거 단위로 배열하여 계획적으로 인구 분산을 꾀했으며, 각각 독립된 구획은 적게는 가족 혹은 크게는 종족 단위의 주거 형식을 갖고 있다. 이는 3개 블록과 내성 및 제단으로 구획된 것으로 각각의 역할을 맡은 3개 종족(우르, 키시, 이리두)이 지역적으로 나눈 것으로 보인다. 특히 각 세대가 원형 담장으로 둘러쌓은 구조는 이미 사유재산제가 성립된 사회 구조를 가지고 있는 것으로 볼 수 있다.

　각 구역에는 곡식 저장고나 배수시설을 설치하고 각 세대가 담장으로 서로 독립적인 형태를 가지고 있는, 비교적 발달한 주거 구조를 가지고 있다. 특히 성벽 외측의 치는 그 당시 석성에 거주한 사람들이 외부의 적과 대치하고 있었다는 것을 잘 알려준다. 또한 방어자와는 달리 외부의 적들이 사용한 무기가 창, 활 등의 중·장거리용 무기가 아닌 단거리 전투 무기인 돌과 막대기로 만든 단순한 무기를 사용해서 전투를 벌였다는 것을 알 수 있다. 이렇게 외부에 설치된 치의 경우는 주로 방어를 목적으로 설치하는 것이 일반적이므로 주변의 어떤 집단이 지속해서 공격해 왔다는 것을 의미한다. 더불어 치의 개수가 13개가 되는 것은 상당 기간 자주 싸웠다는 의미이며, 치 상부에 여장을 둔 것은 공격보다 방어에 치중했다는 것을 알 수 있다.

　또한 치 상호 간격이 5m 정도라는 것은 전투가 단거리 대면 전투가 주된 방법이라는 것을 나타낸다. 그리고 방어자 입장에서는 보통 치 하나에 3~5명 정도 인원이 배치된다고 보면 최소 방어에 치중한 전투 인원은 50명 이상으로, 쌍방의 전투 인원은 수백 명에 달하는 집단 간 전투임을 미루어 알 수 있다. 더불어 치의 전술적 특징은 적의 공격 면적을 확대하여 공격력을 분산시키는 효과를 주지만, 공학적으로 볼 때 축성에 필요한 작업은 일자형의 보통 성벽보다 두 배 이상 인력과 재료(돌) 및 축성 기간이 소모된다는 점에서 치를 설치해야 할 명백한 필요성이 없이는 건설하지 않는다. 이러한 점에서 보면 당시의 전투 상황이 심각했음을 알 수 있다. 또한 이런 상황이 삼좌점 석성에서 상당 기간 대규모 전투가 치러졌다는 것을 말해준다. 보통 석성 내의 상주 인원은 전투원의 3~5배 정도라고 가정하면 200~300명 이상이 성내에 상시 거주했고 공격자 또한 수백 명에 달했던 것을 미루어 짐작할 수 있다. 이 당시 이러한 대규모의 전투라면 이곳으로 이주해 온 환인연맹과 토착 웅(곰)족 간의 전투를 예상할 수 있다. 이 전투의 결과는 단군신화의 내용 전개와 같이 환인연맹이 토착 웅(熊)족을 제압하고 통합된 환웅 시대로 들어간 것으로 보인다.

BC 2300년경에 세워진 삼좌점 석성의 구조를 보면 상당수의 인원이 계획적으로 집단 거주를 하고 있었다는 것과 이미 부족 국가의 단계에서 석성이 운영되고 있었음을 알 수 있다.

이것에 미루어 보아 삼좌점 석성은 상당히 문명화된 사람들에 의해 건설된 석성이라는 것과 석성인들은 이미 다른 문명 세계에서 이주해 온 사람들이라는 것을 알 수 있다.

## (2) 환인 시대의 유물과 문자

환인 시대의 삼좌점 석성에서 출토된 유물은 석기, 토기, 골기 등이 있다. 석기는 마석(磨石), 절구(臼), 부(斧), 산(鏟), 도(刀), 병형기(餠形器) 등이 있으며, 토기는 통형력(筒形鬲) 이외에 관(罐), 옹(甕), 분(盆), 발(鉢) 등이 발견되었다. 골기는 소량 출토되었으며 골추(骨錐), 골잠(骨簪), 점 뼈(卜骨) 등이 발견되었다. 이 밖에 인면문암화, 석문도(石門道), 원시 문자가 새겨진 도편 등이 출토되었다. 특히 도편에는 갑골문자의 원류라고 할 수 있는 문자들이 기록된 것도 있다.

삼좌점 석성에서 발견된 고대 토기 조각 위에 새겨진 두 글자를 보면 당시의 문자를 추정할 수 있다. 그것들은 시대상 환인 시대라고 부르는 시기의 명문으로 사진 왼쪽의 글자는 기자(箕子)를 나타내는 고대의 '기(箕)'의 원형이고, 오른쪽은 법전(法典)의 '전(典)'자였기 때문이다. 이는 단군신화의 팔조금법을 나타내는 문자로서 환인의 실체이며, 후에 환웅의 배달국과 고조선의

삼좌점 석성 유물(적봉 박물관)

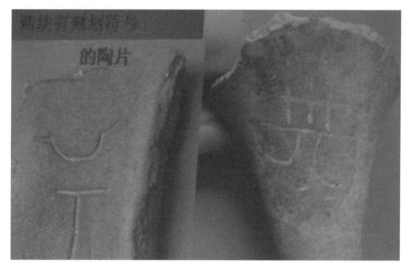

**삼좌점 석성의 도편 문자**      * [출처] 네이버 / 데일리한국 / 고대사 / 박대종

연결 고리를 실증하는 매우 중요한 고고학적 자료로 여겨진다.

이 유적지에서 발굴된 두 건의 도편 명문에 대해 중국의 적지 않은 고고학·고문자 전문가들은 문자냐, 아니면 부호냐를 놓고 의견이 분분하지만, 아직껏 공통된 인식에 도달치 못하고 있는 실정이다.

그런 가운데 삼좌점 석성 유적지의 발굴 담당자인 내몽고 자치구 문물고고연구소의 곽치중(郭治中) 교수는 "어찌 되었건 간에 하가점 하층 문화 시기에 이와 같은 성숙한 문자 부류의 부호가 존재했다는 것은 의심할 바 없이 중대한 발견이다."라고 강조했다.

그러나 필자가 보는 바로는 이것들은 부호가 아니라 수메르에서 전승되고 삼좌점(환인) 시대에 쓰였던 엄연하고도 분명한 문자이다. 정확한 문자 해독을 위해 이미 발견된 상·주대의 갑골문 및 금문과의 비교분석을 시행해 보앉다.

〈표 1〉에서 보는 바와 같이 삼좌점 석성 유적지에서 발견된 첫 번째 도편 문자는 일부 획이 생략된 '箕(기)'자이다. 상나라 때에는 오늘날과 달리 '箕'의 자형에는 '竹(죽)'과 '兀(기)'자가 없었다. 순수한 '키'자의 모습을 그대로 상형한 글자였으며 원문자의 의미는 '상위에 놓인 물그릇'으로, 수메르 문자에서는 '키시'족을 의미한다. 그리고 '箕'와 '其'는 의미상으로는 구별되었어도, 외형상으로는 동일시하여 서로 분리되지 않았었다. 앞의 상나라 시대 금문 ①의 '箕'는 국명에서 나아가 족명 또는 인명을 나타내고, 상나라 시대 갑골문 ②, ③, ④의 '箕'는 의미상 '其'자로서 갑골복사에서는 '키'에서 전이된 의미인 발어사, 어기사 혹은 사람이나 사물을 가리키는 대명사로 쓰였다. 즉 초기의 '其'자는 후대에 획이 부가되어 '箕'가 되어있는 초기 수메르 문자가 한자화되기 이전의 문자로 환인 시대에 사용되었음을 나타낸다.

'箕'자에 대해 중국의 곽치중(郭治中) 교수는 "하부는 일개 '탁'자의 상형 부호이고, 상부는 하나의 '솥'을 그린 상형 부호"라고 설명하였으나, 이는 우리 한민족의 민간신앙 중 '상위에 정한수를 떠놓고 비는 행위'가 있음을 모르고

〈표 1〉'箕'(기) 옛 글자체들

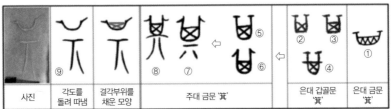

오래된 시기인 우측에서 좌측의 순서대로                    * [출처] 네이버 / 데일리한국 / 박대종

하는 이야기다. 즉 정한수는 물의 신 엔키(箕) 혹은 달의 신 난나에게 복을 비
는 행위로 이루어진 글자이다. 다시 말해서 삼좌점 석성으로 수메르에서 BC
2333년 이주해 온 우리 한(환인)민족이 초기에 사용했던 문자라는 것을 모르
고 한 이야기다.

삼좌점 석성 유적지에서 발견된 두 번째 도편 명문은 〈표 2〉에서 보는 바와
같이 '典(전)'자이다. 이 또한 획의 일부분이 생략된 결각으로 서주 중기 이후
에 쓰였던 전(典)의 원형이다.

상나라 시대 갑골문에서의 전(典)은 '임금이 주는 책명(법전)'을 뜻하기도
하고 또는 '冊'자와 통용되기도 하였으며, 이 또한 상위에 올려진 책을 의미
한다. 그리고 '제품(=제물)'을 뜻하기도 하였다. 국어, 주어(周語) 등에선 '의
례'의 뜻으로 쓰이기도 하였다. 그러므로 이 삼좌점 유적의 '典'자는 '법전'을
나타내는 것으로 판단된다.

이처럼 '2006년 중국 고고학의 신발견'이라 일컬어지는 '적봉 삼좌점 석성
유적지'에서 발견된 도편상의 두 명문을 상나라 시대의 갑골문 및 금문과 정
밀 비교 분석해 보면, '서주 중기~전국 시기'에 사용된 '箕'와 '典'이라는 원문

〈표 2〉 '典'(전)의 글자체 변천

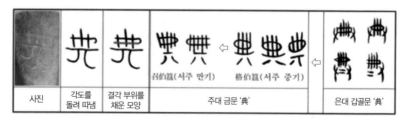

| 사진 | 각도를<br>돌려 따냄 | 결각 부위를<br>채운 모양 | 주대 금문 '典' | 은대 갑골문 '典' |
|---|---|---|---|---|

* [출처] 네이버 / 데일리한국 / 박대종

자임이 확인된다. 따라서 이 글자들을 문자 이전의 각 획 부호로 인식하고 나아가 환인 시대(하가점 하층 문화) 시기에 이와 같은 성숙한 문자 부류의 부호가 존재했다고 본 중국 곽치중 교수의 시각이 맞다. *[참조] 네이버 / 데일리한국, 박대종

  그러나 필자의 판단으로 도편의 명문 '전(典)'자의 상형적 의미는 상(兀)위에 놓은 책(冊)이라는 뜻이며, 책(冊)자는 죽간(竹簡)을 형상화한 문자이다. 따라서 삼좌점의 환인 시대에 이미 상형문자와 죽간이 존재했으며 지배층에서는 상용되고 있었다는 것을 알 수 있나. 또한 명문 '箕'와 '典'은 기전(箕典)이 된다. 이것은 이미 수메르 문명에서도 법전이 존재했던 것처럼 기전(箕典)은 우리 선조인 삼좌점 석성인들이 만든 초기의 법전이며, 죽간을 담은 도기의 명문으로 해석할 수 있다. 특히 '箕'는 삼좌점 석성에서 국가성립에 직접 관여한 환인 3족 중 키시(箕氏)족을 지칭하며, 키시(箕氏)가 법전 작업을 주도했을 것으로 보인다. 다시 말해서 기전(箕典)이라고 쓰인 도기에 담겨 있던 죽간은 '고조선의 팔조금법'의 원형일 가능성이 크다. 왜냐하면 고조선을 키시(箕氏)족이 건국했기 때문이다. 더욱이 삼좌점 석성은 그 규모가 수백 명 이상이 집단으로 거주하며 사유재산제가 예상되는 부계 중심의 복잡한 사회 구조를 가지고 있는 것으로 나타나, 삼좌점 석성 시대에 이미 공동체를 통제할 규범 및 법전이 만들어지고 집행되었을 것으로 추측된다. 또한 삼좌점 석성에 정착한 수메르인들과 같은 메소포타미아의 우르인들은 비슷한 시기(BC 2100년~BC 2050년)에 '슐기 · 남무' 법전 등을 제정해 사용했던 것으로 알려져 있다. 그래서 이들은 삼좌점 성읍 사회를 통제할 법을 제정하고 지켰을 것으로 추측된다.

우리에게 잘 알려진 '고조선 팔조금법'에 관한 내용은 다음과 같다.

ⓐ 사람을 죽이면 사형에 처한다.

ⓑ 상해를 입힌 자는 곡식으로 보상한다.

ⓒ 도둑질한 자 중 남자는 그 집의 노예로, 여자는 노비로 삼는다.

ⓓ 소도를 훼손한 자는 금고형에 처한다.

ⓔ 예의를 잃은 자는 군에 복역시킨다.

ⓕ 게으른 자는 부역에 동원시킨다.

ⓖ 음란한 자는 태형으로 다스린다.

ⓗ 남을 속인 자는 잘 교화하여 방면한다.


결론적으로, 삼좌점 유적지에서 발견된 명문이 새겨진 두 건의 도편 모두가 단군 시대 이전의 환인 시대의 유물이다. 즉 삼좌점 석성은 유적지에 대한 기존의 층위 분석 및 탄소 측정 등을 조사한 결과, 지금으로부터 약 4,000년 전 단군신화의 환인 시대 유적지라고 사료된다.

적봉의 삼좌점 석성 유적지는 현재 한민족의 영토를 벗어나 있지만, 고대사를 기준으로 할 때 환인 시대에 속하는 한민족의 강역이었기 때문에, 대한민국의 입장에서는 당연히 '한국 고고학 최대의 유적지'라 할 수 있다. *[참조 박대종, 대종언어연구소장 / 내용 편집

단군신화에 나오는 환인(桓因)은 원래 칸(Khan)의 한자식 표현으로 가한(可꾸) 또는 한(韓)이 된다. 또한 위서라고 칭하는 《환단고기》에서는 환인을 환국(桓國)으로 번역하고 있으나 이것도 환국연맹이라는 점에서 동일한 의

미이다. 여기서 환국연맹은 '우르 · 키시 · 이리두'의 3국 연맹에서 기인한 명칭이다. 다만 환인에서 '인'이 가지고 있는 원래의 뜻은 수메르 말로 '엔(지배자)'이기 때문에, 환인은 '칸연맹의 지도자'라는 뜻도 된다.

〈표 3〉 고대문자와 칸연맹 3종족

| 고대문자 | 한자 | 신 | 색체 | 종족 | 의미 | 국가 |
|---|---|---|---|---|---|---|
| ⊙ | 日 | 태양(우루) | 적색 | 우르(餘族) | 우리 (울타리) | 신시배달국 |
| 〒 | 其-箕 | 땅, 물(키, 엔키) | 청색 | 키시(箕氏) | 물그릇 | 고조선 |
| 夷 | 夷 | 바람(엔릴) | 황색 | 이리두 (夷族) | 갑옷(뱀 비늘)입 은 장수 | 하나라 |

## 2) 환웅 시대(BC 2200년~BC 2100년)

단군신화에는 다음과 같이 환웅 시대를 잘 나타내고 있다.

古記云 "昔有桓因【謂帝釋也.】庶子桓雄 數意天下貪求人世. 父知子意 下視三危太伯, 可以弘益人間, 乃授天符印三箇 遣往理之, 雄率徒三千 降於太伯山頂【即太伯今妙香山】神壇樹下, 謂之神市 是謂桓雄天王也, 將風伯 · 雨師 · 雲師 而主穀 · 主命 · 主病 · 主刑 · 主善惡 凡主人間三百六十餘事 在世理化.

고기(古記)에서는 "옛날에 환인(桓因)의 서자 환웅(桓雄)이 있어서 자주 천하에 뜻

을 두어 인간 세상을 구하기를 탐냈다. 아버지가 아들의 뜻을 알고 천부인(天符印) 3
개를 주고 가서 그곳을 다스리도록 하였다. 환웅은 무리 3천을 이끌고 태백산정(太
伯山頂)의 신단수(神壇樹) 아래로 내려왔으니, 그곳을 신시(神市)라 부르고 이분을
환웅천왕(桓雄天王)이라고 부른다. 풍백(風伯), 우사(雨師), 운사(雲師)를 거느리고
곡식, 운명, 질병, 형벌, 선악 등을 주관하니 무릇 인간의 360여 일들을 주관하여 세
상에 있으며 다스리고 교화하였다.

환웅 시대의 시작은 최초에 환인(국)이 홍산으로 들어와 삼좌점(석성)에 정
착하여, 적봉지역의 웅(熊)족과 상당한 기간 동안 갈등 관계를 거쳐 결국 웅
족을 정복하면서, 본격적으로 환+웅(환웅)연맹 시대를 열었다는 의미로 해
석이 된다. 그리고 그 시기는 BC 2200년경이며, 이때부터 환웅연맹은 환인
3족(우르(餘族), 키시(箕氏), 이리두(夷族))과 토착 웅(熊)족이 결합한 4족 연
맹체제의 신시의 배달국으로 성장한다. 이것이 단군신화에서 환웅이 풍백(風
伯), 우사(雨師), 운사(雲師)와 무리 3,000명을 거느리고 신시(神市)를 세웠
다는 것으로 표현된다.

환웅은 삼좌점의 환인 시대에서 벗어나 태백산(삼위태백이 있는 산으로 지
금의 성자산) 정상에 신시를 건설하고, 신시를 중심으로 국가 통치 체제를 정
비하여 배달국으로 발전해 나갔다. 이것을 중국은 '방국'이라고 폄하하지만,
실제로는 신시·배달국으로 황하 문명의 하나라보다 훨씬 이전부터 존재했
던 국가이다.

더욱이 황하 문명의 효시라고 하는 하나라는 환웅의 배달국 구성원인 이리
두(夷族)가 황하로 내려가 세운 국가이다. 그래서 황하 문명의 근원인 하나라

의 이리두 문명을 배달국 하위 문명으로 보는 것이다.

환웅 시대의 환웅은 신시의 지배자이다. 여기서 신시(神市)는 수메르의 신화에서 달의 신을 신으로 칭하는 것과 같이 달(月) 신의 도시이며, 적봉과 오한기의 넓은 평야를 관제하기 좋은 성자(城子; 청쯔) 산정에 있는 성자산성을 가리킨다.

그러나 환웅 시대의 4족 동맹은 오래지 않아 배달국의 인구증가와 적봉지역의 기후변화 그리고 종족 간의 주도권 다툼으로 인해 갈등이 생기면서 분열하게 된다. 그리고 이것을 기화로 키시와 이리두는 각각 요하와 황하로 진출하게 된다.

요하 방향으로 내려간 키시(箕氏)는 배달국 적봉에서 남쪽으로 노로아호산을 넘어 우하량, 능원지역의 웅녀(熊女; 맥족)와 결합한다. 그리고 단군을 세우고 동산취와 건평을 거쳐 조양, 선양 등에 고조선(朝양+鮮양)을 건국한다.

황하로 내려간 이리두(夷族)는 황하 문명의 시작인 하(夏)나라를 이리두현에 건설한다. 이것이 한민족 최초의 '고삼국 시대'이다. 다만 초기의 고조선과 하나라는 배달국(신시)의 지배 아래에 있었던 국가들로 환웅(천왕)이 최고의 지배자였다.

그 후 환웅 · 배달국은 18대로 끝났으며, 환웅 1대를 약 30년으로 보면 신시 배달국은 약 500년 동안 지속되었던 것으로 판단된다. 배달국은 어떤 이유에서인지 BC 1700년경에 멸망하면서 이 지역의 지배권은 요하의 고조선(키시) 단군왕검에게 넘어간 것으로 보인다.

환웅 시대의 배달국에서 가장 큰 사건은 14대 치우천왕(BC 1800년경) 때로, 중국인들이 자신들의 조상이라고 하는 황제 공손헌원과 싸운 '탁록대전'

신시(항공 사진, 제비 형상)

이다. 이 시기는 1대 환웅(거벌한) 이후 14대×30년=약 400년이 지난 시점으로 BC 1800년경이 타당하며, 중국이 임의로 주장하는 BC 2700년은 900년의 역사를 과장하기 위해서 올린 것으로 보인다. 이 전쟁의 결과 황하에 있는 이리두의 하나라는 비로소 신시 배달국으로부터 독립국이 된다.

2장

# 고삼국 시대
### (BC 2100년~BC 1700년)

# 2장 고삼국 시대(BC 2100년~BC 1700년)

고삼국 시대는 동양문명의 시작이다. 그리고 그 중심에는 우리 한민족이 있다. 즉 수메르에서 이동해 온 선도 문명의 이주자들이 초기에 환인(국)연맹에서 환웅(환+웅)연맹으로 발전하면서 4각 체제를 갖추고 있었으나, 각기 연

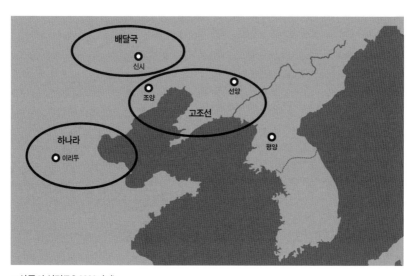

고삼국의 성립(BC 2000년경)

맹체를 벗어나 상호 독립하면서 고삼국 체계를 갖추게 된 것이다. 그리고 이들 삼국은 서로 병행, 발전하는 단계에 들어가, 각 국가는 해당 지역의 지배권을 확보하면서 독립한다.

초기 환웅연맹을 구성했던 우르, 키시, 이리두와 웅족은 신시 배달국이 건국된 지 약 백여 년이 지난 BC 2070년경에 들어서면서 인구의 급격한 증가와 홍산지역의 기후변화 그리고 종족 간의 주도권 다툼 등으로 분할 요구가 증대되었다. 그 때문에 이들이 각자 독립하게 되면서, 기존 홍산에는 우르(餘族)가 웅(熊)족과 함께 배달국(밝은 나라)을 유지하고, 요하에는 키시(箕氏)가 웅녀(熊女)족과 함께 고조(아침 나라)를 세우고, 황하에는 이리두(夷族)가 화(華)족을 지배하면서 하나라(더운 나라)를 세워 고삼국 체계를 갖추게 된다.


# 1. 신시 배달국(BC 2100년~BC 1700년)

## (1) 신시 배달국(밝은 땅 나라)의 변천

초기 환인(국)연맹은 7대 환인까지 약 130년간 존속하다가 BC 2200년경에 환웅(간웅)연맹이 결성되고, 이후 약 130년이 지나 삼국으로 분할하기 시작한다. 이 당시 환웅연맹의 중심 세력은 우르(餘族滅)이며 내몽골지역에 있던 토착 웅(熊)족과 함께 크게 세력을 확대하고 있었다. 그러나 연맹체 내에서 우르의 지배력이 증가하는 것을 키시(箕氏)와 이리두(夷族)는 달가워하지 않았으며, 이에 반발해 각각 요하와 황하로 이주하여 각자의 국가를 세우고

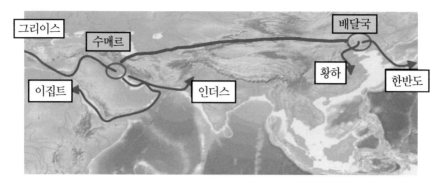

수메르 - 배달국의 지리적 위치(적봉, 신시)

독립해 나갔다.

이때부터 우르는 본격적인 배달국 시대로 들어가고, 성자산성의 신시(神市)를 종교, 행정, 군사의 중심도시로 만들어 정치와 종교적인 제사를 주관하였다. 그리고 나라 이름을 '밝은 땅'인 박달로 하여 '배달국(倍達國)'으로 정했다. 이것이 우리 한민족을 '배달의 민족'이라고 칭하게 된 주된 이유이다.

배달국이 초기에는 요하의 고조선(키시; 箕氏)과 황하의 하나라(이리두; 夷族)에 대한 지배권을 가지고 있었다. 이 시기가 '하가점 하층 문명기'에 해당한다. 그러나 환웅(배달국) 시대가 18대에서 끝나는 것으로 보아 배달국은 건국 이후 약 500년간 존속하다가 BC 1700년경에는 단군신화에서 기술된 것처럼 고조선의 단군에게 지배권을 넘겨준 것 같다. 그리고 황하에 있는 이리두의 하나라도 BC 1600년경에 고조선의 분국인 상(商)나라에 멸망한다.

이때 멸망한 하나라(이리두)는 태산과 산동반도 쪽으로 이주하여 동이(東夷; 동쪽의 이리두)족을 결성한다. 여기서 동이는 '동쪽의 이리두'를 지칭한다. 그리고 다른 한 갈래는 고리(高夷; 높은 곳의 이리두)족이 되어 고죽국을 거쳐 다시 고(高)지대인 내몽골의 하가점으로 이주하면서 '하가점 상층 문명기'를 맞는다.

이후 고리족은 배달국 멸망 후 홍산지역에 흩어져 있던 배달국의 잔존 세력(구려; 舊餘)인 우르(餘族), 웅(熊)족과 함께 '새로운 한(新韓)연맹'을 세운다. 이것이 우리 역사 속에 나타나는 신한(新韓)연맹이다. 중국 기록으로는 산융(山戎)이라고 야만족 취급을 받는다. 그러나 산융(신한)은 발달된 청동기 문화권의 연맹체 국가이다. 여기서 구려(舊餘)는 배달국 멸망 후 홍산에 남아 있던 '옛 우르족' 연맹체이다.

그 후 산융의 일족인 견융(高夷)은 BC 770년경 서주(西周)의 호경을 공격해 유왕을 죽이고, 주(西周)를 동쪽의 성주로 천도케 하여 동주(東周) 시대를 열게 한다. 그러나 이 영향으로 BC 5세기경 태산과 산둥 지방에 있던 동이(東夷)족은 산둥반도에서 한반도로 이주한다. 이들이 마한(馬韓; 동이)이다. 그래서 중국이 한민족을 동이족으로 지칭하게 된 것이다. 그 후 산융은 춘추시대의 강국제와 연의 연합 공격으로 멸망한다. 그리고 산융의 후손인 우르(餘族)와 고리(高夷)가 다시 연합하여 오환기의 사해(査海)와 흥륭와(興隆蛙)지역에서 진한(辰韓; 동호)연맹을 세운다. 여기서 진한연맹은 '먼지가 많은' 이라는 의미이며, 중국 문헌에는 동호로 기록되어 있다. 그러나 우리 기록으로는 진한(辰韓)연맹이다.

그리고 동호(東胡)는 BC 203년경에 신흥 세력인 흉노(匈奴; 웅족의 후예)의 묵돌선우에게 멸망한다. 그 후 얼마간의 혼란기를 거쳐 동호의 우르(餘族)족은 당시 북만주지역에 살고 있던 토착민 예족(濊族)을 병합하고, 길림지역에 부여(夫餘; 북우르)를 건설한다. 여기서 부여는 '북쪽의 우르(부우르)' 한자음이며, 또한 예족이란 물길이 많은 지역의 토착민을 지칭한다. 이들은 후에 물길, 말갈, 여진 등으로 개명되면서 우리 한민족에 혼입된 만주족의 한 갈래이다. 이후 부여족의 일부가 다시 동쪽으로 이동하여 훈춘지역에 만든 국가가 동부여(東夫餘; 동북우르)이다.

신시 배달국은 우르(餘族)가 중심이 되어 태양신을 신봉하며, 수메르에서와 같이 다신교 국가이다. 특히 성자산 정상에 있는 신시의 내성에는 소도(蘇塗)를 두고 중앙에 신단수를 심어 숭배하였으며, 장닭과 솟대로 표현되는 태양신 숭배 사상과 붉은(태양)색을 선호하는 신관 중심의 국가가 되었다.

이들 우르족은 후에 산융(신한), 동호(진한), 부여, 동부여 그리고 한반도에 들어와서 온조의 춘천(중도) 위례(서우르)국과 근초고왕 이후의 백제를 통합하고, 또 다른 갈래는 박혁거세의 사로국을 거쳐 일본에 진출하게 된다. 이들 우르족의 이동 흔적은 동부여 이후에는 아무르(暗우르), 울산바위, 울진, 울산, 울릉도와 남부여의 명칭에서 잘 나타나 있다. 그리고 신라의 수도인 서라벌도 '울산의 서쪽 벌판'이라는 의미의 '서벌'에서 기인한 것으로 보이며, 초기에는 울산이 우르족의 중요한 거점이었던 것으로 여겨진다. 즉 우르족의 일부가 한반도 내에 최초로 정착한 곳은 울산일 가능성이 크다.

또한 내몽골에 남아있던 우르족의 일부는 후에 선비족이 되어 중국에 진출하면서 수 · 당 제국을 세우고 중국을 지배한다.

### (2) 배달국의 성곽(신시) 구조

배달의 중심도시는 신시이며 지금의 성자산성이다. 성자산성은 적봉에서 동북쪽으로 오한기의 살력파향과 마리항향 경계 부분 인근의 해발 800m 정상에 자리 잡고 있다.

산성은 북 방향으로 해발 500m의 노합하와 주변의 평야 지대를 감시할 수 있는 고지에 자리 잡고 있으며, 성곽의 크기는 대략 남북이 약 440m이고, 동서는 340m 정도이며, 총면적은 150,000m²이다. 성곽은 내성과 외성의 6구역으로 구분되어 5개의 문이 있으며, 내성 중심부는 다른 부분보다 높게 회(回)자형으로 오르내리는 담장 구조로 조성되어 있다. 그리고 여기에 232채의 원형 집터와 지배 고위층 주거지로 여겨지는 집터도 10채가 되며, 상주인구는 1채에 5인을 기준으로 할 때 약 1,000~1,500명 정도로 추정된다. 내성의 한가운데는 신성소와 신단수가 심어져 있던 것으로 보이며 이곳이 소도이다.

산성은 성자산 주봉(主峰)의 정상부에 있고 평면은 '아(亞)'자 형으로 제비가 입을 벌리고 나르는 모양이다. 그리고 성 주위에는 계단식 성벽이 있다. 내성과 외성으로 나뉜 이중 성벽은 주로 맥반석으로 축조됐는데, 기초 폭은 약 15m이고, 현재 남아있는 높이는 약 2m이며 외성과 내성 각각에 5개의 문이 설치되어 있다. 하늘신과 조상신에 제사를 지냈다는 돌로 쌓은 제단 터와 사람들이 살았거나 공무를 보았을 대형 건물터도 발견됐다.

외성에는 반원형(半圓形)의 '치(雉)'가 발견되었다. 치는 고구려 성벽의 고유물처럼 알려져 있으며 삼좌점 석성처럼 성벽을 방어하는 데 유리한 형태이다. 적석총과 석관묘, 제단 터는 물론이고, 성벽의 축조 방법을 보면 삼좌점 석성과 고구려, 백제의 석성이 비슷하다. 할석으로 한 면만 다듬어 삼각형으로 쌓고, 다음 것은 역삼각형으로 쌓는 형식의 기법으로 축성했다.

산성의 내부는 중심구(中心區), 동, 서, 남, 북, 동남 등 6구역으로 분할됐다. 구역과 구역 사이는 서로 돌담으로 격리했지만, 돌문으로 연결된다. 중심 구역은 다른 구역보다 높은 지역에 있으며 '회(回)'자 형의 오르내리는 돌담으로 둘러싸여 있다. 외벽 돌담 변의 길이는 88~93m이고, 현재 약 1m 높이의 담이 남아있다. 내측 돌담 변의 길이는 30m이며 돌담 내에서 10여 개의 건축지(建築址)가 발견되는데 이곳에서 최고위층들이 살았다고 추정된다.

중심구 외의 5구역 내에는 균등한 원형 돌담이 몇 개 단위로 분포돼 있다. 각 구역 안에 건축지가 10여 개씩 발견되는데 그 중 동남 구역에서 발견되는 건축지는 73곳이나 되며, 총 6구역의 건축지는 232곳이나 된다. 원형 건축지의 직경은 주로 5~6m이며 최장 13m에 달한다.

교미하고 있는 쌍 돼지 대형 돌도 있는데 길이는 9.3m, 주둥이의 폭은 2.1m이며, 이마 높이는 7.5m이다. 눈 부분은 거칠지만, 모서리의 선이 분명할 정도로 인공적인 흔적이 있으며, 등에는 대형 성혈이 발견됐다. 특히 동쪽 성벽 바깥에 대형 제단 3개가 있는데 이들 제단 위는 매끄럽게 연마돼 있고 별자리로 추정되는 성혈도 있다. 중국 측은 성자산 산성을 20세기 말 가장 중요한 고고학적 발견 중의 하나로 평가하며 성자산 산성을 곧바로 전국중점문화보호단위(全國重點文物保護單位)로 지정했다. * [출처] 삼좌점(三座店) 석성과 성자산(城子山) 산성. 작성자 : 바위돌

역사적인 관점에서 볼 때 성자산성은 삼좌점에서 출발한 환인연맹이 적봉지역의 웅족을 정복한 후 종교·사회·문화·정치적 요소를 적용해 만든 신시이며, 환웅 4족 연맹으로 이룩한 배달국의 중심지이다.

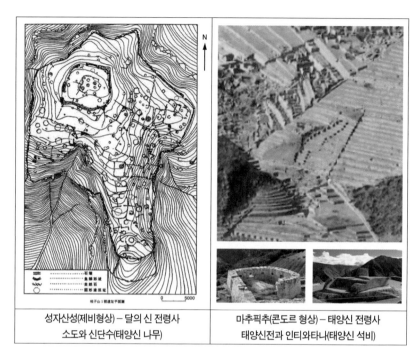

| 성자산성(제비형상) – 달의 신 전령사<br>소도와 신단수(태양신 나무) | 마추픽추(콘도르 형상) – 태양신 전령사<br>태양신전과 인티와타나(태양신 석비) |

\* 사진 [출처] 나무위키 / 동 제목 / 편집

    성자산성은 그림에서 보이는 바와 같이 성의 외곽은 북쪽으로 날아가는 제비 형상이다. 이것은 신시가 달의 신(月神) 난나(Nanna)의 도시로 제비가 달의 신 전령사이기 때문에 생긴 형상이다. 이것은 남아메리카의 산정 도시 마추픽추가 태양신 우루(Uru)의 도시로 태양신의 전령사 콘도르 형상인 것과 마찬가지다. 여기서 마추픽추를 태양신 우루(Uru)의 도시로 보는 이유는 도시를 감아 돌고 흐르는 강 이름이 우루밤바(태양신의 정원)이기 때문이다. 또한 메소포타미아 문명에서 우르의 지구라트도 최상부에 달의 신 난나의 신전을 둔 것과 같이 배달국의 신시가 달의 신 도시(月城)라는 것은 동일한 의미

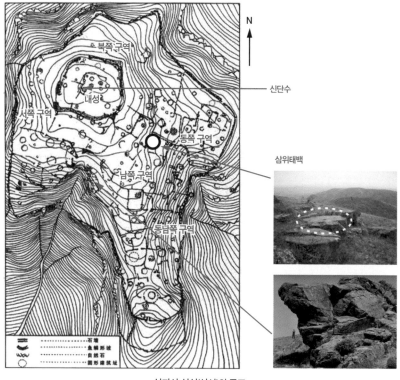

성자산 석성(신시)의 구조

가 있다.

　신시의 구조를 살펴보면 중앙부 내성은 신단수가 심어져 있던 신성소(소도)이며, 동쪽의 큰 바위 판석 3개는 삼위태백(三危太伯)으로 제사 또는 배달국의 3족 동맹(東盟: 동쪽에서의 맹약)을 행한 장소로 여겨진다. 성곽을 도시계획적 측면에서 살펴보면, 내부는 5구역으로 분할되어 중앙부 내성에는 신단수를 중심으로 천왕과 지배계층이 거주하고, 동쪽은 우르(태양–우루, 붉은색, 동녘 일출)가, 서쪽은 이리두(폭풍–엔릴, 황색, 서녘 저녁노을)가, 남쪽은 키시(물-엔키, 푸른색. 남쪽 하늘)가 각각 분할 거주한 것으로 보이며, 동남쪽 꼬리 부분은 이들 3족을 보조한 웅족의 거주지역으로 여겨진다.

### (3) 신시 배달국의 언어와 직제

우리 한민족에게는 다른 언어권 국가들과는 색다르고 독특한 표현법이 있다. 그것은 '우리'라는 표현이다. 서양이나 중국, 일본 등에서는 일인칭 소유격을 '나의'라는 표현을 쓰고 있으나 한국어는 '우리'라는 표현을 주로 사용한다. 예를 들면 '나의 집'이라는 말도 '우리 집'이라고 하고 '나의 마누라'도 서양 사람들이 이해할 수 없는 '우리 마누라'라고 하는 것과 같이 '나'라는 표현 대신 '우리'라는 표현을 즐겨 쓴다. 이것은 '우리'라는 말이 오래된 공동체 의식에서 나온 말이기도 하지만, 특별히 우리라는 말로 된 것은 그 안에 중요한 의미가 있기 때문이다. 즉 '우리'라는 말의 어원을 살펴보면 우리는 '울엄마', '울타리' 등의 경우와 같이 '울'에서 나왔다. '울'은 그 자체가 우르(Ur; 수메르의 왕조로 중심 도시국가)에서 기인한 말로 우르 공동체에 대한 지속적인 표현의 결과로 만들어진 언어다. 더불어 현재 우리나라의 수도인 '서울'의 경우에도 같은 맥락에서 유추해 보면, 서울의 어원은 '서쪽의 우르'에서 기원했다는 것을 알 수 있다. 즉 부여(북우르)족이 북만주에서 남하해서 초기 정착한 곳이 지금의 춘천(우수주)의 중도이며, 그들이 다시 북한강을 따라 내려와 서쪽에 정착한 곳이 지금의 위례이기 때문에 '서우르'가 되어 '서울'이 된 것으로 여겨진다. 또한 수메르의 언어 중에 우리의 말과 유사한 것이 많이 있다. 그중에서 '울엄마'의 경우는 '우르움마'에서 기원한 것이며, 아버지(애비)는

| 한국어 | 수메르어 | 한국어 | 수메르어 |
|---|---|---|---|
| 아버지 | 아빠 | 나락(볍씨) | 나락(곡식의 신) |
| 엄마 | 엄마 | 북 | 북 |
| 우리(겨레) | 우르 | 아우 | 아우 |
| 사람 | 사람 | 님(사람) | 니므 |
| 칼 | 카르 | 나(1인칭) | 나(1인칭) |
| 달 | 달 | 어디로 | ...어라어디 |
| 그(3인칭) | 그(3인칭) | 밭 | 바드 |
| 길 | 기르 | | |

수메르어와 한국말 비교          * [출처] 오동석의 '인문여행'에서 발췌

수메르어 문자판          * [출처] 위키백과

아비 또는 아브와 동일하고, 도로가 길로 표현되듯이 우리말의 상당수가 수
메르에서 온 것을 알 수 있으며 그 주체가 '우르 말'이다.

  신시 배달국의 국명인 '배달'도 배는 밝음이고, 달은 땅으로 '밝은 땅'이듯
이, 단군신화에 나오는 아사달도 아사가 아침(朝)으로 아침의 땅, 즉 조양(朝

壤→朝陽)임을 알 수 있다. 또한 지금은 단축어처럼 사용하는 말인 이북 사투리 '-함(-한다)'과 '-임(-이다)' 등도 수메르(우르) 언어의 반영인 것으로 보인다. 여기서 '-임'은 존중하는 표현으로 아비를 아버지로 하고, 아버님(아버지입니다)로 칭하며, 움마를 엄마로 하며, 어머님(어머니입니다) 등으로 표현하는 것도 이것에 기인한다.

그래서 유대인의 믿음의 조상인 '아브라함'은 우리말로 '아브(아버지)라고 한다.'라는 말의 단축적인 표현이 될 수 있다. 그리고 '이삭'은 '-의 싹', 즉 자식(아들)을 의미한다. 이것은 '아브라함 & 이삭'은 우리말로 '아비와 싹', 즉 '아버지와 아들'을 의미한다.

이런 점들을 살펴보면 우리와 유대인의 고대어가 동일한 계통에서 시작된 것임을 수 있다. 특히 유대인들의 조상인 아브라함이 '갈대아 우르' 사람이라고 성서에 명시되어 있어, 유대인이 우르의 후예로 우리와 맥을 같이 한다는 것을 알 수 있다. 특히 '갈대아 우르'라는 표현은 우르가 메소포타미아에서 갈대와 나무들이 많은 해안의 강가에 위치하고 있어 생긴 표현이다. 이 때문에 배달국의 환 3족 중에서 우르는 나무와 갈대를 잘 다루는 종족적 특성을 가지게 된다. 또한 키시는 강가의 습지에 위치하고 있어 뻘과 진흙을 잘 다루고 사용하는 특징을 갖는다. 더불어 에(이)리두는 바위가 많은 해변가에 자리잡고 있어 돌을 잘 다루는 특성을 갖는다. 이와 같이 환 3족은 배달국 이후 각각 건축재료의 종류에 따라 서로 다른 건축적 특징을 나타낸다.

배달국에서 사용된 언어는 환 3족이 각각 다른 문자를 사용했을 것으로 보이며, 상호간에는 혼합 언어와 문자를 사용했을 것으로 보인다. 우선 우르의 경우 지금 우리가 쓰고 있는 아가, 아사달, 길, 머리 등을 사용했고, 키시는 한자와 한국식 한자음, 이리두는 지금은 전해지지 않지만 이두문자와 이두문, 향찰을 사용하였을 것으로 보인다. 그리고 그 흔적은 고리족 중심 국가인 고구려가 멸망한 후 그 유민들이 내려가 정착한 제주도(삼성혈; 고구려 성씨) 말이 아닌가 생각된다.

직제에 있어서 본다면, 우선 상징적으로 소머리라는 뜻도 수메르에서 온 것이다. 이것도 수메르의 상징이 신화 속에서 황소나 소머리로 표현되는 것을 고려하면 쉽게 알 수 있다. 또한 배달국의 치우천왕이나 고구려 장수들이 소머리로 상징되는 소뿔을 투구에 장식한 것도 같은 맥락으로 볼 수 있다. 그리고 춘천에 우수(소머리)산이 있으며, 과거 이곳을 우수주(牛首州)라고 불리었던 것도 이와 무관치 않다. 또한 신시 배달국 지배계급의 직제가 3사(풍백, 우사, 운사)인 것과 같이 수메르의 지배계급도 신관, 관료, 군사의 3계급으로 분류해 있는 것이 동일하다.

단군신화 속에 나오는 "풍백, 우사, 운사를 거느리고"에서 나타나는 직제는 3가지이다. 그중 '풍백(風伯)'은 '바람의 신'이라는 의미로 최고의 직책을 나타낸다. 이는 수메르 문명에서 폭풍의 신 '엔릴'이며, 배달국에서는 신관을 의미한다. 그리고 중국 신화에서는 태호 '복희'와 동일하다. 특히 복희는 성씨가 바람 풍씨이며 풍산에서 살았다고 전해진다.

'우사(雨師)'는 '비의 신'으로 물을 의미하며, 수메르 신화로는 '엔키'로 '물의 신'을 나타낸다. 이는 고대사회가 농경 중심으로 이루어지기 때문에 물이 가장 중요한 자원임을 의미하며, 중국은 이를 '신농(神農)'으로 표현한다.

'운사(雲師)'는 '구름을 관리하는 신'을 의미하며, 구름은 군사들을 의미하므로 군권을 가진 장수를 나타낸다. 특히 중국 신화 속에서는 황제 '공손헌원'을 운사라고 표현하였다. 따라서 중국의 기원인 삼황은 단군신화의 풍백, 우사, 운사의 다른 이름이며, 한민족 고대사에서 성립한 신시 배달국의 관료 직제를 신격화한 것이다. 그리고 5제 또한 5부 행정 관리의 편제이다. 이렇듯 과거 중국 역사가들은 우리 한민족의 고대사를 자신들의 신화 속에 편입시켜 실재했던 우리의 단군을 신화 속 인물로 호도하고 있는 것이다.

여기서 우리가 규명하고자 하는 것은 풍백, 우사, 운사가 신시 배달국의 관료(신관, 행정관, 군관) 체제라는 것이며, 이들이 중국 역사 속에서는 삼황으로 표현된 것임을 알아야 한다.

중국 고대사 속의 삼황은 태호−복희와 염제−신농 그리고 황제−헌원을 말한다. 이 삼황은 중국 문명 초기의 왕이 아니고, 이들이 각각 인류 문명에 필요한 획기적인 기여와 발명을 통해 후세에 큰 영향을 주었다고 하며, '삼황'으로 표현된 것이다.

삼황의 첫째는 복희로 태호(太昊; 큰 하늘)라 불렸으며 뱀 몸에 사람 머리를 하고 있다. 그는 사람들에게 처음으로 사냥법과 불을 활용하는 법을 가르쳤다고 한다.

두 번째 삼황은 신농으로 염제(炎帝; 불꽃 임금)라고도 불렸으며 사람 몸에 소의 머리를 가졌다. 그는 태양신이자 농업 신으로 농경을 처음으로 가르쳤다고 한다. 또한 그는 태양이 높게 떠 있는 시간에는 사람들에게 상업을 가르쳤다고 한다.

세 번째 삼황은 황제 헌원(軒轅; 운사)이다. 헌원은 사람들에게 집 짓는 법과 옷 짜는 법을 가르쳤으며 수레를 발명했다고 한다. 그는 글자 개념을 처음으로 도입해 천문과 역산을 시작했으며, 처음으로 의술을 시작한 것으로 알려졌다.

　중국 신화에 나타나는 삼황오제에서 복희는 성이 풍씨로 풍백이라는 의미이고, 신농은 소머리 형상의 우사라는 상징적인 의미가 있으며, 황제 헌원은 중국 고사에도 명백하게 운사라고 명시되어 있다. 더불어 오제는 소호 금천과 고신, 고양, 요제, 순제 등으로 이들도 단군신화에서 5가지(곡식, 운명, 질병, 형벌, 선악) 제도를 관리하는 벼슬자리를 의미하는 것으로 여겨진다. 이렇듯 중국은 단군신화에 나타난 배달국의 역사를 자신들의 신화 속에 편입시켜 역사 변조에 이용한 것이다. 따라서 중국의 기원인 삼황오제는 우리의 고대사회에서 성립한 배달국의 정치, 행정관료 계급과 직제를 따간 것에 불과하다. 이러한 사항들을 후기 중국의 역사가들은 자신들의 신화 속에 편입시키고, 우리 한민족의 고대 역사 일부를 편취하여 마치 자신들의 역사처럼

태호 복희(풍백)

염제 신농(우사)

황제 헌원(운사)

천부인(청동거울, 청동검, 옥)      옥도장

* [출처] 다음 / 카페 / 삼종신기 / 옥도장

만들었다. 이 때문에 우리 단군신화의 역사성도 단순한 신화처럼 호도되고 있는 것이다. * [참죄 다음 / 백과 / 위키백과 / 편집

　단군신화에서 환인은 환웅이 신시를 세울 때 천부인 세 개를 주어 내려가서 세상을 다스리게 하였다고 한다. 그러나 지금에 와서는 천부인이 무엇을 뜻하는지 명확하지 않다. 다만 이것이 환인 시대에서 환웅 시대로 넘어가 신시 배달국의 성립 시기와 맞물려 청동기 시대에 사용된 것으로 보이는 고대 사회 초기의 제사 도구이면서 권력과 행정력의 상징인 청동거울, 청동검, 옥도장과 같은 상징물이라고 짐작이 된다.

　신시 배달국의 지배 체계가 수메르의 통치 체계와 같이 풍백(신관), 우사(행정관료), 운사(군인)의 삼두체제이므로 신권은 청동거울을, 행정권은 옥도장을 그리고 군권은 청동검으로 상징된 것 같다. 특히 신시를 구성하는 종족은 수메르에서 이동해 온 환인연맹의 우르, 키시, 이리두로, 그들 각각이 우

르는 천왕과 제사장을 맡고, 키시는 행정관료를, 이리두는 군사를 맡는 분할 체제가 성립되어 있던 것으로 여겨진다. 이 때문에 이들 각각의 상징물로 천부인이 부여된 것일 가능성이 크다.

또한 우리 한민족의 고대 신앙 속에는 항상 3신(천·지·인) 체제로 모든 것이 결정되며 이러한 3신에서 하늘 '천(天)'은 우르(청동거울; 태양신)를 상징하고, 땅 '지(地)'는 키시(옥도장; 행정)를, 또한 사람 '인(人)'은 이리두(청동검; 군사)가 중심을 이루는 3두 체제로 나누어진다. 그리고 지금까지 이러한 전통이 지속되며 내려와 우리 한민족의 정신세계를 이루고 있다. 더불어 이러한 3두 체제는 신라가 박, 석, 김의 삼성이 성골 삼성 체계를 갖추고 골품 제도로 국가를 이끌어 간 것도, 고구려가 삼족오를 표상하며 동맹(제천행사)으로 묶은 것도 같은 맥락에서 볼 수 있다. 즉 박씨 왕조는 우르족 출신으로 신권과 종교를 그리고 김씨 왕조는 키시족 출신으로 행정과 정치에, 석씨 왕조는 이리두족 출신으로 군권에 강점을 보이는 것도 마찬가지다. 한반도 내에서 주로 발견되는 청동검과 청동거울, 팔주령은 소규모 부족장의 상징물로 족장이 죽으면 같이 매장된 것도 같은 맥락에서 볼 수 있다. 특히 천부인은 일본의 국가 성립역사에도 나타난다. 즉 천조대신(아마테라스)이 천손강림(니니기)에게 삼종 신기(청동거울, 청동검, 굽은옥)를 주고 세상을 다스리라고 내려보낸 것도 동일한 의미이다. 즉 단군신화에서 나타나는 천부인은 이미 환웅 시대에 국가 통치 체계가 확립되어 있었다는 것을 잘 보여준다.

삼황오제에 대한 중국의 기록을 보면 치우천왕은 BC 2700년경 신시 배달국의 제14대 자오지환웅으로 알려져 있다. 그러나 이는 중국이 자신들의 역사를 부풀리기 위해 만든 기록상의 허위로, 실제 재위 연도는 기록보다 약

900년 뒤인 BC 1800년경으로 보는 것이 타당하다.

치우천왕에 관해서는 중국과 우리 모두 관련 기록을 갖고 있다. 그중에 중국 기록에는 "치우는 노산의 쇠로써 오병을 만들었다. 그리고 치우와 그 형제 81명이 있었으며, 그들은 모두 짐승의 몸에 사람의 말을 하였다. 구리 머리에 소의 이마를 가졌고 모래와 돌을 먹었다. 병장기로 칼, 창, 활 등을 만들어 천하에 위세를 떨쳤다."고 한다. 이러한 기록을 통하여 우리는 치우에 관한 몇 가지 내용을 알 수 있다.

우선 치우는 금속으로 각종 병장기를 만들었다는 점이다. 이렇듯 상고 시대에 금속제 병장기를 만들었다는 것은 고도의 제련 기술을 가지고 있었음을 알 수 있다. 또한 다수의 무리로 짐승의 몸에 사람 언어를 썼다는 것은 짐승 가죽으로 된 갑옷을 입은 문명화된 종족이라는 의미이다. 그리고 구리 머리에 소의 이마를 가졌다는 것은 청동기 시대의 소머리(수메르)족이며 전투에 능했다는 것을 알 수 있다. 특히 치우천왕은 수메르의 3족 중 우르 출신으로 배달국의 지배자이다.

이 당시 치우천왕은 이리두 출신의 황제 헌원(운사)과 탁록에서 10년간 전쟁을 치렀다. 즉 탁록대전은 배달국과 하나라 간의 전쟁이다. 이 전쟁이 끝난 뒤에는 황제 헌원에게 치우천왕이 체포되어 살해당했다고 한다. 그러나 이것은 중국 측의 일방적인 기록이며, 치우천왕이 전쟁 후에 전쟁의 신으로 추앙을 받게 된 것으로 보아서는 오히려 치우천왕이 이긴 것으로 여겨진다. 다만 전쟁의 결과 하나라는 배달국으로부터 독립을 쟁취했으며, 이 전쟁의 후유증으로 배달국은 상당한 국력 손실을 보았던 것 같다. 그리고 이 당시 벌어진 탁록대전으로 인해 생긴 과도한 국력 소모가 훗날 배달국 멸망의 한 원인이

된 것으로 여겨진다.

### (4) 신시 배달국의 종교

우르족 중심의 배달국은 태양신 '우루'를 섬기며 달의 신 '난나'를 경배하는 다신교의 형태를 가지고 있다. 참고로 수메르 신화에서 달의 신 난나는 태양신 우루의 아버지이다.

신성소인 내성의 소도와 신단수 그리고 태양신의 상징인 장닭과 솟대가 신앙의 중심이다. 그리고 후대에는 우르족의 부여에서 보이는 것과 같이 정월에 축제의 하나로 태양신을 맞이하는 북 두드림(영고; 迎鼓)으로 신 맞이를 하였다. 특히 산 위에서 지내는 천신제에는 '야호'라고 외치면서 천신을 부르며 제사를 지냈다. 이는 유대인의 하나님인 '야훼'와 발음에서 흡사하다. 또한 천신제를 지낼 때 신관은 천신을 위한 춤을 추고 신단수 가지를 흔들며 신으로부터 기복 행위를 하였다. 이것이 지금 일본 신사에서 보이는 접신 행위로 한신(韓神; 카라까지) 제사의 원형이다. 이때 행하는 천신제에는 신관의 신탁으로 미래의 운세를 알아내는 무속적인 종교 행사도 함께 하였다.

고대 신시 배달국의 종교적 행사는 민간의 무속신앙(굿)으로 변화하여 지금까지 계속되고 있다. 그리고 굿에서 북으로 무당의 동작을 맞추는 것도 천신제의 영고 행위에서 나온 것이며, 이때 사용하는 신단수는 초기에 박달나무 가지를 사용하다가 지금은 소나무를 사용하는 것이 일반적이다. 그러나 한반도를 거쳐 일본으로 간 부여와 백제의 후예들은 이런 풍습에 삐죽이 나무(榊木)를 사용하여 신사(神寺)에서 천신제를 진행하며, 지금도 마쯔리 축

**신시 동쪽의 삼위태백(3개의 큰 제단을 의미)**
*사진 [출처] 청쯔산 산성 동쪽 성벽 아래 바위에 새겨진 그림. 사진에서 가운데 돌에 북두칠성을 표현한 것이라는 주장이 제기된 성혈이 있다(복기대, 2013, 50쪽에서 인용).

제에서는 북을 두드리는 영고 행사를 하고 있다. 또한 배달국의 종교적 자취는 신시로 특정되는 적봉의 성자산성 유적에서 잘 살필 수 있다. 즉 성자산성의 동쪽에는 3개의 넓은 돌 제단이 설치되어 있는데, 이것은 단군신화에 나오는 '삼위태백(三危太伯)'으로, 우르, 키시, 이리두의 3족이 각각 자신들이 숭배하는 신들을 위해 제사를 지내던 제단의 흔적이다. 또한 산성의 중앙 내성은 신단수가 심어 있던 곳으로 신성소인 소도 구역이다. 특히 성자산성의 형상이 북쪽(북극성)으로 날아가는 제비 모양인 것은 신시가 달의 신을 숭배하는 도시이기 때문이다. 여기서 신시는 달의 신 도시로, 수메르에서는 달의

지구라트(정상부에 위치한 달의 신; 난나 신전)

성자산성(신시) 정상부 : 신시는 달의 신의 도시(月城)라는 의미

신(난나)을 신(神)이라고 호칭했다. 즉 제비 형상으로 만든 것은 달의 신(난나)의 전령사가 제비이기 때문이다. 그리고 이런 경향은 잉카 문명의 태양신 도시 마추픽추가 콘도르 형상인 것에서도 찾을 수 있다. 특히 우리의 선조인 수메르 문명에서도 지구라트의 정상부에 달의 신(난나) 신전을 두고 숭배한 점에서 동질성이 나타난다.

'태백산'에서 태백(太白)의 어원은 '탑파' 혹은 '타바'에서 나온 말로 탑 또는 인공 산(마스타바 혹은 제단)이라는 의미이다. 특히 '타바'는 유사한 의미의 마스터바(Mastaba; 이집트 초기 1단식의 무덤 혹은 제단)에서와 같이 신에게 기원하는 제단을 의미한다. 튀르키에의 고대유적 '괴베클리 테페'에서 테

폐도 언덕(안공산)이라는 뜻이다. 또한 태백(太白)은 '하얗고 큰'이라는 의미도 있어, 이것을 우리는 하얀색의 큰 화강석 또는 맥반석으로 만든 제단이라고 해석하는 것도 가능하다. 따라서 성자산성의 동쪽에 3개가 연이어 있는 제단을 '삼위태백'이라고 할 수 있다. 그래서 반대로 성곽 동쪽에 3개의 제단이 있는 성자산성이 신시라는 증거가 된다. 특히 신시에 3개의 타바(태백)가 존재하는 이유는 신시를 지배하는 핵심 종족이 셋이라는 의미도 된다. 즉 신시를 지배하는 종족은 수메르에서 홍산으로 같이 이주해 온 우르, 키시, 이리두의 환연맹 3 종족을 지칭한다. 이들 3 종족 체제는 그 후 우리 한민족의 특징으로 자리 잡아 고구려의 삼족오, 신라의 성골 삼성 등으로 이어진다. 또한 삼위태백이 동쪽에 있는 것은 떠오르는 태양을 향해 기원했다는 의미이다. 특히 동쪽에서 행하는 제례를 통해 3 종족 간의 맹약으로 진행되어, 이것이 훗날 고구려 동맹(東盟)의 효시가 되었을 것으로 보인다.

참고로 이집트의 '마스타바'는 1단으로 된 제단형 피라미드를 이야기한다. 여기서 '마스'는 우리말로 첫 번째 혹은 처음이라는 의미를 갖는 말과 같으며, 아침에 첫 번째 치르는 거래를 '마수거리'라고 하는 마수와 뜻이 같다. 이집트의 피라미드는 초기에 마스타바(어원은 메소포타미아)에서 시작하여, 추후 다단식 타바(계단식 피라미드)에서 굴절식 피라미드를 거쳐 고왕국 때는 사각뿔 형태의 피라미드로 발전하였다.

《삼국유사》에는 환웅이 내려온 곳을 태백산이라고 한 후 "지금의 묘향산이다."라는 주를 달아놓았다. 많은 사람은 이 주를 무시하고 태백산을 백두산으로 해석하고자 했다. 그러나 이것도 고대 문명에 대한 이해 부족에서 온 평가로 태백산은 간단하게 '태백이 있는 산'을 의미한다. 즉 태백산은 태백(제단)이 있는 신성한 산이라는 뜻이지 백두산이나 묘향산 같은 특정한 산을 가리키는 것이 아니다. 그래서 단군신화에 나오는 태백산은 신시가 있는 성자산이며, 성자산성 동쪽에 3개의 제단(태백)이 설치되어 있으니, 이곳이 태백산이다. 특히 삼위태백의 가운데 태백에는 북두칠성이 새겨 있는데, 이것이 지금 칠성단의 원형이다.

'정선아리랑'의 가사 내용을 보면,


강원도 금강산 일만 이천 봉 팔만 구암자

유점사 법당 뒤에 칠성단 도두 모고

팔자에 없는 아들딸 낳아달라고

석 달 열흘을 노구메 정성을 말고

타관객리 외로이 난사람 네가 괄세를 마오.


성자산성의 동쪽에 있는 중앙제단의 북두칠성은 칠성단으로, 후세에는 '정선아리랑'에서와 같이 불교와 융합하여 기복과 자식을 기원하는 곳으로 변화한 것으로 여겨진다. * [참조] '읍루' 포태산정 칠성단


### (5) 신시 배달국의 생활상과 유적 * [참조] 위키백과, 우리 모두의 백과사전 / 편집


신시 배달국은 고고학적으로 적봉과 오한기에 분포되어있는 '하가점 하층 문명'과 동일하다.

배달국이 건국된 초기에는 수렵과 채집 중심으로, 후기에는 농경작으로 전

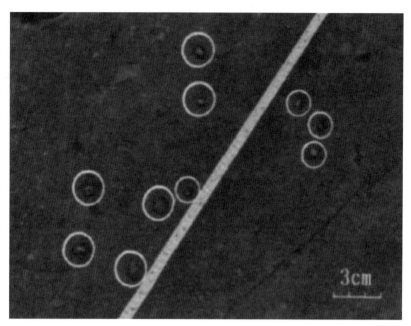

삼위태백 중앙의 칠성단(북두칠성과 삼성혈) : 우측 3개의 별은 각 3 종족의 성혈로 북극성(투반) 방향을 가리킨다.

\* 사진 [출처] 청쯔산 산성 동쪽 성벽 아래 바위에 새겨진 북두칠성 및 삼성 성혈(孙小淳 외, 2010에서 인용)

환된 것으로 보인다. 가축을 사육하여 축산도 발달하고 있어 돼지나 양이 길러졌다. 한편에서는 수렵이나 채집 등으로 야생 동물을 사냥하거나 야생 과일과 식물을 채집하기도 했다.

이들이 만든 옥 중에는 최초로 용 모양을 한 것도 있었다. 이런 용 모양의 비취 구슬을 근거로 보면 용(龍)의 기원은 황하 문명이 아닌, 홍산 문명의 배달국에서 시작된 것을 알 수 있다. 즉 현재 중국에 연결되는 용 관련 문화나 종교의 존재도 배달국에서 기원한 것임을 알 수 있다.

배달국이 주체인 홍산 문명의 주된 유적은 적봉을 중심으로 만주 심양지역

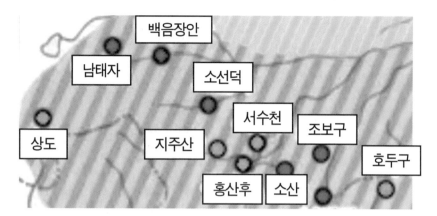

백음장안

남태자

소선덕

서수천

조보구

상도

지주산

홍산후 소산

호두구

배달국의 강역(유적 분포)

의 요하 상류의 지류인 황수(潢水) 및 토하(土河) 유역에 퍼져 있다. 그중 배달국은 적봉에서 오한기의 조보구와 호두구 영역까지로 주로 발견된 석기는 타제석기, 마제석기, 세석기 등이며, 그 대부분은 신석기 시대의 농기구이고,

조보구 문화 : 녹문존형기(鹿紋尊形器)의 외형(위 좌), 세부도(위 우), 전개된 문양(아래). 1983년 오한기(敖漢旗), 오길향(敖吉鄉), 남대지유지(南臺地遺址) 출토(높이 20.2cm, 밑지름 10.5cm, 구경 19.1cm)
* [출처] 브레이크 뉴스 / 구글

돌보습(石耜), 돌쟁기(石犁), 돌호미(石
鋤) 등의 종류가 많다. 또한 옥기와 토기
가 다수 발견되어 주류를 이룬다.

홍산 문명의 도기는 진흙 홍도 및 협
사회도(夾沙灰陶) 두 종류로 나눌 수 있
다. 특히 삼족기와 빗살무늬토기가 발
견되었고 진흙으로 만들어서 붓으로 그
림을 그린 채도(채문 토기)는 취사나 식
사 등에 사용되었으며, 문양이 새겨진
협사회도는 음식을 담는 곳에 사용되었
다. 다른 도기로는 흉상이 각지에서 출

**신시 배달국의 삼족기(대전자 유물)**
*[출처] 브레이크 뉴스 / 구글

토되고 있다. 홍산 문화에서는 앙소 문화와 같이 채도 문화는 발달하지 않았
지만, 흑도와 같은 세련된 조형미를 보여준다. 또 후기 유적에서는 청동으로
만든 환도도 발견되고 있다.

배달국의 홍산 문명 분묘에서는 비취 등의 석재를 이용, 동물 등의 형태로
조각한 장식품이 많이 출토되었다. 돼지, 호랑이, 새 외에도 용을 새긴 것도
발견되고 있다. 높은 수준의 공예가 배달국의 큰 특징이다. '저룡(猪龍)' 또
는 '옥저룡(玉猪龍)'이나 '옥웅룡(玉熊龍)' 등으로 불리는 홍산 문명의 옥용(용
을 조각한 구슬) 조형은 단순하며, 용이 원형으로 된 것이 많지만, 후기로 가
면서 반용(盤龍), 문용(紋龍) 등의 구별이 분명해진다. 고고학자 중에는 홍산
문명의 옥룡이 후에 중국에서 시작된 용 숭배의 근원이라는 주장이 있다.

주로 저룡(猪龍)이나 옥저룡(玉猪龍)이라고 명명하는 형태의 용을 본뜬 옥기가 적석총(돌무지무덤)에서 발견되는 것을 근거로 하여, 홍산 문명 같은 종류의 적석총이 다수 발견되는 고조선, 고구려, 백제, 신라 등의 문화의 근원이라고 생각된다. 그래서 이 지역에서 배달국의 존재에 대한 우리의 관심이 요구된다.

대한민국의 전남 여수에서도 유사한 옥결이 인골과 함께 발굴되었다. 기존 흥륭와 문화의 옥결과 똑같은 모양인데 기원전 6천 년까지 올라간다고 보고 있는 유적지이다. 이런 중에 흥륭와 문화와 같은 모양의 옥결이 강원도 고성군 죽왕면 문암리 유적에서도 나왔다.

죽왕면 문암리 유적에서 나온 옥 귀걸이(사적 426호)도 기원전 6000년 이상으로 연대를 추정하고 있다.

한반도에는 흥륭와 형성 시기와 유사한 시기에 옥결이 유입되었을 것으로 추정할 수 있다. 흥륭와 옥의 성분을 분석했더니 직선거리로 400km 떨어진 요령성의 수암이라는 지역에서 생산된 옥으로 밝혀졌다. 수암에서 조금만 더 가면 두만강 쪽으로 동해를 타고 내려오면 문암리로 연결된다. 흥륭와 일대에서 발견되는 빗살무늬토기도 문암리 유적에서 똑같이 나온다. 기원전 6천 년에 흥륭와 문화단계에서는 한반도 북부지역과 요동지역이 하나의 단일 문화권이었다는 이야기다.

배달국 강역에서 발견되는 도기 중 일부가 삼족기인 것은 지배 종족이 환인 3족임을 나타내는 의미가 담긴 것으로 추정된다. 이렇게 추정하는 이유는 도기의 사용성, 생산성, 저장용량, 보관성 측면에서 삼족기가 평저형 도기보다 불리하여서, 다른 중요한 의미나 상징성(예를 들면 고구려의 삼족오, 신라의 성골 삼성)이 없으면 만들어지지 않을 것이란 이유이다. 이것을 역으로 보면 삼족기는 배달국의 3 지배 종족(특히 이리두)이 소유하거나 사용했던 생활 용기일 가능성이 크다.

## (6) 배달국의 멸망

배달국의 멸망에 대해서 구체적으로 드러난 사실은 없다. 다만 내몽골지역의 급격한 기후변화로 농업 경작이 어려워지고 땅이 척박해진 것이 가장 큰 원인으로 여겨진다. 그래서 이후 이 지역에서는 '하가점 상층 문화'에서의 산융, 흉노 그리고 선비와 같이 농경보다는 유목 중심의 국가들이 형성되었다가 소멸하는 과정이 반복된다.

그리고 배달국의 멸망 원인 중의 하나라고 볼 수 있는 큰 사건은 BC 1800년경에 일어난 '탁록대전'이다. 이 전쟁은 배달국 14대 '치우천왕'과 하나라의 '황제 헌원'과의 10년간의 오랜 전쟁이다. 배달국은 이 전쟁을 치르면서 국토는 황폐해지고 국가재정은 파탄이나 멸망하기 전까지 상당한 어려움을 겪은 것으로 보인다. 그리고 배달국이 멸망한 후에는 백성 중의 상당수가 농사짓기 좋은 강이 많은 동쪽 만주지역(삼강 평원의 숙신, 읍루)으로 이동한 것이 이곳을 더욱 황폐하게 만든 또 다른 원인인 것 같다.

이 때문에 배달국은 환웅 천왕이 신시에 나라를 세운 후 약 500년 만에 멸망하고, 그 지역의 주도권은 고조선의 단군왕검으로 넘어갔으며, 그 후로부터 우리 한민족 역사의 주체는 배달국에서 고조선이 되었다.

배달국이 BC 1700년경 멸망한 이후 홍산에 남아있던 유목 중심의 우르족(餘族)과 웅족(熊族)은 구려(舊餘; 옛우르)연맹을 구축하고, BC 1000년경 고죽국을 기자(箕子)에게 양위하고 하가점으로 들어온 백이와 숙제의 고리(高夷)족과 연합하여 다시 신한(산융)연맹을 결성한다.


## 2. 키시(箕氏)의 고조선(BC 2100년경~BC 194년)

### (1) 고조선(아침의 나라)의 기원과 변천

BC 2100년경 배달국을 지배했던 3족(우르, 키시, 이리두) 중의 하나인 키시(箕氏)가 독립을 하기 위해 배달국을 떠난다. 그들은 적봉에서 남쪽으로 내려가 노로아호산을 넘어 대능하의 우하량지역에서 살고 있던 토착 맥족(貊族)과 결합한다. 이 맥족이 단군조선의 신화 속에 나오는 곰 토템의 웅녀족이다.

단군신화에서 고조선 성립사의 서막은 곰과 범의 경쟁이다. 환웅 시대 신

여신묘(우하량)

곰 발바닥

* [참조] 코리안루트를 찾아서 / 홍산문명 / 발췌편집

시 배달국(홍산)에 인접한 양대 토착 세력은 북만주 쪽의 호랑이 토템 예족과 우하량 쪽 곰 토템의 맥족이 자리 잡고 있었는데, 양자 사이의 세력 경쟁에서 환웅은 맥족을 선택한 것이다. 그리고 이 경쟁에서 맥족의 웅녀가 선택되어 후사를 이은 것으로 단군의 탄생에 대한 출신을 상징적으로 표현한 것으로 여겨진다. 이것을 다른 각도에서 보면 환웅에서 분화돼 나온 키시족이 신시에서 우하량으로 이주할 것인가, 아니면 북만주 쪽으로 정할 것인가의 선택에서 농경이 가능한 우하량 쪽으로 정한 것을 상징한다. 여기서 호랑이는 만주 벌판의 예족인 말갈(물길)과 여진의 토템이기 때문이며, 단군왕검이 정착한 지역으로 보아 우하량지역 맥족의 토템이 곰이다.

고조선의 존재와 구성에 대해서는 단군신화에 중요한 단서가 있다. 즉 고조선을 구성하는 종족은 도래인과 토착족이 있는데, 토착족은 웅녀족으로 명시되어 있으며, 도래인은 '서자 환웅'이다. 왜 신화 속에서 환인의 아들을 단순히 '아들(子)'이라고 표현하지 않고 굳이 '서자(庶子)'라고 표현한 것은 도래인이 누구인지를 알려주는 중요한 단서가 된다.

신화 속에서 도래인 정복자는 신격화된다. 그래서 환웅은 신격화된 도래족으로 그들의 신화 속에서 신격을 찾으면 쉽게 알 수 있다. 즉 수메르 신화에서 하늘신 아누와 땅의 신 키 사이에 아들 엔키(물의 신)와 엔릴(폭풍의 신)이 있는데 그중에 엔키가 아누의 '서자'이다. 다시 말해서 환웅이 서자라고 하는 것은 신격에서 엔키를 지칭하는 것으로, 고조선의 지배족은 엔키를 신봉하는 키시(箕氏)족임을 알 수 있다.

또한 단군의 탄생에 웅녀가 등장하는 것은 맥족이 당시에 모계사회의 전통에서 벗어나지 못한 것을 의미한다. 그리고 환웅과 웅녀의 결합을 통해 단군

가부좌를 틀고 앉은 여신상(출생과 생명을 관장하는 삼신할미의 하나)으로 진흙 부조상에는 옥구슬로 눈을 만들어 놓았다.
*사진 [출처] 코리안루트를 찾아서 / 홍산 문명, 위키백과 / 발췌편집

이 탄생한 것은 배달국에서 내려온 키시족이 웅녀족과 결혼 동맹을 통해 서로 연합하여 고조선을 이룩한 것을 알 수 있다. 특히 웅녀족 영역인 우하량 여신전은 3개의 크고 작은 여신상을 중심으로 다수의 여인상을 엇갈린 십자형으로 배치하고 숭배해 온 장소이다.

이것을 통해 초기 모계중심사회의 면모를 엿볼 수 있다. 여기서 숭배해 온 '삼 여신'은 현재 우리의 토속신앙에서 탄생과 생명을 관장한다는 '삼신할미'의 원형이며, 이곳에서 자식을 많이 낳고 자손의 번창을 기원하는 등의 제사를 지낸 곳으로 보인다.

적봉에서 우하량으로 내려간 키시족은 웅녀족과 함께 우하량(초기 아사달)을 성도(聖都)로 삼고 고조선을 건국한다.

여기서 고조선을 키시의 고조선이라고 하는 이유는 키시족이 땅과 물의 신

'엔키'를 숭배하기 때문에 자신들의 도시에 땅 '양(壤, 陽, 梁)'자를 쓰는 경향이 있다. 이것을 역으로 이야기하면 '양'자를 쓰는 도시는 키시족과 연관이 있으므로, 요하지역의 '조양과 선양'은 고조선과 직접 연관이 있는 도시라고 유추할 수 있다. 따라서 고조선은 조양과 선양의 머리글자를 따서 만든 국가임을 알 수 있다. 또한 우하량의 웅녀족과 결합해 고조선을 세운 주체세력이 키시족이라는 판단도 가능하다.

초기의 고조선은 신시의 배달국 지배 아래 종속적인 관계에 있었다. 그 후 배달국(치우천왕)이 BC 1800년경에 하나라(황제 헌원)와 10년간 탁록대전을 치르자, 고조선(신농)은 중립적인 입장을 취한다. 그 후 배달국은 하나라와의 전쟁으로 인한 국력 손실과 내몽골지역의 급격한 기후변화로 인해 급속히 쇠퇴하면서 멸망한다. 그래서 이 지역의 지배권은 조양(朝陽; 백악산 아사달)의 단군에게 넘어감으로써 본격적인 고조선 시대가 열렸다.

여기서 단군(檀君)의 뜻을 풀이해 보면 '단(檀)'은 박달나무 단자이며, '군(君)'은 '윤(尹)'자와 '구(口)'자가 결합한 글자로, 윤은 회초리를 들고 있는 손이고, 구는 입을 뜻한다. 따라서 군은 회초리를 들고 호령하는 사람이라는 의미가 된다. 또한 왕검(王儉)에서 '왕(王)'은 지배자이고, '검(儉)'은 곰의 변음이다. 즉 왕검은 곰(웅녀)족의 지배자란 의미이다. 이와 같은 맥락에서 본다면 왕검성은 곰족을 지배하는 성이라는 뜻도 된다. 다시 말해서 한민족 고대사 속에 존재하는 왕검성은 맥(곰)족의 중심지인 우하량과 조양이 가장 타당하다.

상나라 멸망 후 고죽국의 군주 백이와 숙제는 국가를 기자(箕子)에게 물려줬다고 한다. 이 당시 고죽국을 이어간 기자조선의 위치는 고조선연맹의 중

단군신화에 따른 고조선 중심도시의 시기와 지역적 변화

심지인 요하의 조양과 선양지역이 아니다. 오히려 연산산맥 이남의 대능하와 난하 사이 지역에 위치하였으며, 수도는 지금의 노룡(천안)현이다. 기자조선은 건국한 후에 바로 고조선연맹의 일원으로 편입되었다.

환웅이 웅녀와 결합해 건국한 고(단군)조선은 단군 47대 약 1,900년간 연맹체 국가로 존속했다. 그리고 중국의 한 제국에서 공신숙정의 난이 벌어질 때, 연나라에서 망명 온 노관의 부장 위만에게 BC 194년 고조선은 국가를 찬탈당해 멸망하고 위만조선이 된다.

키시족은 수도를 정할 때도 도시 이름에 땅과 관련된 '양'자를 붙이는 경향이 있다. 그래서 그들의 도시는 우하량, 조양, 선양, 평양, 안양, 낙양, 심양 등의 '양'자가 붙어 있다. 여기서 우하량, 조양, 선양, 평양은 고조선에 속하고, 안양은 상나라이며, 낙양은 한나라 그리고 심양은 청나라의 도읍지이다. 이 점에서 살펴보면 고조선, 상나라, 한나라, 금나라, 청나라는 키시족이 지배하는 나라임을 미루어 짐작할 수 있다.

그리고 그들이 섬기는 신은 '엔키'로 땅과 물을 지배하는 신(용왕, 신농)이다. 그래서 고조선은 물의 푸른색을 지향하여 푸른 옥을 선호한다. 그 때문에 자연스럽게 고조선의 강역에서는 비취·옥 문화가 크게 발달하였다. 또한 물과 땅의 신 전령사인 거북이와 소의 갑골을 이용하여 점을 치는 경향도 유사하다.

중국 역사에서 키시의 상나라는 고조선연맹의 하나로 고삼국의 중간지점(난하와 대능하 사이)에서 삼국 간 교역을 도맡아 국가의 부를 축적해 왔다. 그러던 중 황하의 하나라는 황음무도한 걸왕의 폐해로 인해 국력이 쇠퇴해져 결국 상나라에 멸망당한다. 여기서 상나라의 국명을 살펴보면 상(商)이라는 이름은 상업과 교역을 위주로 하는 국가라는 의미다. 즉 '고삼국의 중간 지대에서 삼국을 상대로 상거래와 무역을 도맡아 해왔다.'는 뜻으로 만들어진 국명으로 여겨진다.

이 당시 상나라의 수도는 다른 키시의 국가들과 같이 수도 이름에 '양'이 들어간 '안양(安陽)'이다. 그리고 상나라가 멸망한 후에는 상나라의 지배계층이었던 키시족이 고죽국을 통해 고조선연맹으로 유입된다. 이때 이주한 상나라의 키시 중의 한 사람이 기자이다. 그 후 중원지역은 주나라가 지배하다가 진나라에게 멸망하고, 진나라는 다시 키시의 한나라에게 멸망당한다. 중국의 한나라 지배자가 키시족인 것은 한나라의 고조인 유방의 성씨가 유(劉)씨로 모(卯), 금(金), 도(刀)의 합성된 글자이며, 김(金)이라는 바탕에서 시작했기 때문이다. 여기서 김은 키임(키-이다)에서 나온 성씨이므로 한나라도 고조선과 같은 키시족이 지배하는 국가로 보는 것이 타당하다. 더불어 한고조의 설화에서 용(龍)이 등장하는 것도 용이 물의 신(용왕)에서 표출

되었다는 점에서 그가 은연중에 키시족의 후손이라는 것을 나타낸다. 이것으로 한무제가 흉노와 싸우면서 먼저 고조선을 강탈한 위만조선을 멸망시킨 이유도 알 수 있다. 그 후 한나라가 멸망한 뒤에 키시족은 중원에서 멀어진다. 그리고 상당 기간이 지난 후에 한반도에 있던 키시(김)족의 후손인 김민(아골타)이 만주에 금나라를 세우고, 그 금나라가 한동안 북중국과 중원을 지배한다. 또한 금나라가 멸망한 후 다시 키시족의 김씨는 여진족을 통합하고 청(후금)나라를 세워 중국 전체를 지배한다. 여기서 금나라와 청나라가 키시족의 후예인 것은 금·청 왕조의 성씨가 김씨이기 때문이다. 김씨는 원래 '키-임'에서 나왔으며 '키임'의 본뜻은 '키-이더'이며 곧 '키시족 사람이다.'라는 말의 단축어이다.

원래 배달국의 관료 직제에서 키시족은 행정과 산업을 주로 관장했었다. 그래서 키시의 국가는 행정 중심의 국가로 문자(한자)와 문화적인 측면에서 고삼국 중 가장 발달한 문명국이었다. 특히 상나라 때는 갑골문을 사용해서 한자를 만들고 체계화시켰으며, 그 한자를 현재까지 우리나라를 비롯해 중국, 일본 등이 사용하고 있다. 여기서 갑골문과 갑골점이 키시의 것이라고 주장하는 것은 키시가 엔키(물·땅의 신)를 숭배했기 때문이다. 즉 갑골점이 물의 상징인 거북의 배딱지와 땅의 상징인 소의 어깨뼈를 통해 점을 쳤기 때문이다. 다시 말해서 엔키가 갑골을 통해 미래에 대한 예언을 준다는 믿음이 갑골점을 탄생시킨 것이다. 그리고 갑골점의 점글(卜詞)로 사용된 갑골문자는 현재 우리가 사용하고 있는 한자의 원류가 되었다.

역사 속에 나타난 고조선은 단군신화에 따르면 아사달에서 백악산 아사달 그리고 장당경 아사달을 거쳐 아사달로 세 번 천도한 것으로 되어있다. 이를 기준으로 해 보면 조선(朝鮮)이라는 국명이 왜 생겼는지 알 수 있다. 즉 '키'라는 의미의 '양'자가 있는 조양과 선양이 합쳐진 명칭에서 조선이란 국명이 생겼음을 알 수 있다. 또한 고조선은 여러 개 부족 국가로 이루어진 연맹체 국가라는 것을 미루어 짐작할 수 있다.

### (2) 고조선의 도시

고조선은 그들의 종교적 특성상 물의 신 엔키(용왕, 하백)를 쉽게 접할 수 있는 강이나 하천, 바닷가를 중심으로 영토를 정했다. 그래서 고조선은 발해만을 따라 우하량, 조양, 선양, 평양 등으로 길게 주요 도시와 영토가 형성되었다.

#### 우하량과 능원(초기 아사달) : BC 2100년∼BC 1600년경

고조선은 단군신화에서와 같이 성자산성(배달국)을 떠난 키시족이 우하량에서 웅녀족을 복속시키고 초기 아사달(우하량)에 도읍을 세우면서 시작되었다. 우리는 이곳에서 아사달(해 뜨는 땅)의 위치를 추정할 수 있다. 그 위치는 조양(아사+달)이 된다. 다만 초기 아사달은 배달국을 떠난 키시족이 웅녀족과 만난 지역으로 우하량의 능원(陵原)지역이다. 우하량지역은 배달국이 있었던 적봉에서 남쪽 방향으로 노로아호산을 넘어 처음으로 접하는 양지바른 땅이다. 그리고 이 지역에서는 다량의 신석기와 청동기 시대의 유물, 곰 토템의 모계사회에 존재하는 여신전이 발견되고 있다. 또한 고대국가의 유물로 보이는 다수의 원형 및 사각형 제단(태백; 금자탑)도 발견되고 있다. 이러한

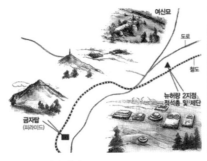

우하량 유적지 배치도　　　　　　적석총과 제단

* [참조] 위키백과 / 동 제목 / 편집

점을 고려하면 이곳은 고조선의 성지(聖地)로 보이며, 역대 고조선의 왕 혹은 지배자들의 능묘를 집단으로 모아둔 장소로 여겨진다. 그래서 이곳의 지명이 능원(陵原)인 것도 이와 무관하지 않다. 또한 이곳에서 웅녀(맥)족과 신시 배달국의 환웅족 유적이 동시에 발견된 것으로 보아 초기의 아사달일 가능성이 크다. 다만 아사달의 의미가 조양이므로 초기 이곳의 명칭은 아사달이 아닌 다른 명칭으로 불렸을 것으로 여겨진다.

### 조양(백악산 아사달) : BC 1600년경∼BC 660년

조양(朝陽)은 대릉하에서 동쪽으로 팽창하는 고조선연맹의 중심지이다. 이곳은 고조선의 수도 중의 하나로 백악산 아사달로 특정될 수 있다. 그 이유는 남산인 봉황산이 석회암으로 이루어져 백악이라는 명칭에 합당한 곳이며, 주변에 산과 강으로 둘러싸여 있어 방어용 도읍지로 적합하기 때문이다. 특히 조양이라는 명칭은 단군신화에서 고조선의 수도인 아사달과 합치된다. 여기서 아침 '조(朝)'는 수메르 말로 '아사'이고, '양(陽, 壤)'은 땅이며 '달'이기 때문이다. 이것은 일본어의 〈조일(朝日)신문〉이 '아사히'로 읽히는 점에서 조가 아사와 같다. 히는 해(日)의 방언이다. 우리가 알고 있는 평양은 넓고 평평한 땅으로 평평한(平)은 '아스'이므로 '아스달'이 된다. 아스 또는 아즈는 '아지랑이'와 같이 넓은 벌판에서 오르는 수증기라는 의미로 현재에도 사용되고 있다. 이런 점에서 보면 《삼국유사》에 나오는 평양이 아사달이라는 것은 우리의 고어에 대한 자료 부족에서 기인한 오류이다. 즉 우리 역사 속에서 나타나는 고조선의 수도 왕검성은 곰(웅녀)족을 지배하는 곳으로 조양(아사달)이 타당하다.

중국이 춘추전국 시대로 들어서면서 연산산맥 남쪽에 건국한 연나라와 고조선은 국경 분쟁이 자주 발생하였다. 이 과정에서 고조선은 연나라와 가까운 조양을 떠나 선양으로 수도를 옮기며 요동과 한반도 북부로 영토를 확장한 것으로 보인다.

고조선의 중기 도읍지인 조양은 후에 모용족이 세운 후연의 수도인 용성이 되었다가, 카라 키탄(대거란)의 중심도시인 영주로 변한다. 이러한 관점에서 보면 후연이나 거란이 고조선 땅에 세운 국가임을 알 수 있다. 그리고 카라(가락)라는 명칭은 가야와 같은 국명이고, 키탄은 키의 땅으로 '키시족 땅'이라는 뜻으로 거란이 고조선의 만주계 후예일 가능성이 크다. 다만 역사 속에서는 거란이 발해, 고려와 적대적인 관계에 있기에 이민족의 국가로 오인되고 있는 것 같다.

조양지역의 고조선 문화는 호두구 유적에서 살펴볼 수 있다.

### 선양(장당경 아사달) : BC 660년~BC 280년

선양(鮮陽)은 우리말로 '신선한 땅'이며, 선(鮮)은 '물고기(魚)와 양(羊)이 풍부한 땅'이라는 의미이다. 단군신화 속에 장당경(藏唐京) 아사달로 특정되며, 고조선의 또 다른 수도로 정해 영토를 요동 쪽으로 확장하기 위해 조양에서 이곳으로 천도했던 것으로 보인다. 그 외의 또 다른 이유로는 춘추전국 시대에 인접한 연나라와의 갈등을 피해 조양에서 동요하의 선양으로 천도했을 가능성도 있다. 그 후 전국 시대 말 BC 280년에 연나라의 진개에 의해 고조선은 조양과 선양 그리고 요동까지 빼앗기면서 한반도 내의 평양으로 천도한 듯하다. 이곳이 《삼국유사》에서 말하는 평양 아사달이다. 특히 고조선의 선양지역은 후에 키시의 청나라가 세워지는 심양이 된다. 이곳에서 고조선의 후예인 청나라의 키시(김씨)가 고대의 상나라와 금나라의 뒤를 이어 또다시 중국을 지배하는 국가의 초석을 닦은 곳이기도 하다. 고조선 시대 이 지역의 유물로는 부신과 요동지역의 청동기 유물들이 해당된다.

### 평양(후기 아사달) : BC 280년~BC 194년

평양(平壤)의 고조선은 연나라의 진개가 BC 280년경 고조선을 침입해 왔을 때 한반도로 이주하여 도읍지로 정한 곳이다. 그래서 고조선은 결국 조양, 선양, 평양의 3 중심도시로 변천 과정을 겪게 되었다.

그 후 중국의 연나라는 진나라에 멸망하고, 중국을 통일한 진나라는 다시 한나라에게 멸망하게 된다.

중국을 재통일한 한나라는 공신숙정을 벌인다. 이 공신숙정의 난 때에 연나라에서 귀화한 위만에게 BC 194년에 평양 고조선은 국가를 찬탈당한다.

그리고 다시 한나라에게 위만조선이 멸망한다. 그 후에는 이곳에 한사군 중의 하나인 낙랑군이 설치된다. 특히 평양의 경우는 고조선 멸망 이후, 낙랑국 최리왕 때 고구려의 대무신왕에게 멸망했다는 《삼국유사》 기록이 전해지기도 한다. 이곳 낙랑은 호동 왕자와 낙랑공주의 애틋한 사랑 이야기가 전해지는 곳이기도 하다. 또한 장수왕 이후에 고구려의 남진 정책에 따라 수도가 되었으며 AD 668년경에 고구려의 멸망과 함께한다.

### (3) 고조선의 종교

고조선은 '엔키'를 숭배하는 키시족의 국가이다. 그래서 이들은 도시마다 양(陽, 壤 : 키)이라는 명칭을 사용했고, 그중에 조양과 선양의 머리글자를 따서 조선이라고 명명했을 것이다. 여기서 엔키는 땅과 물을 지배하는 농경신(중국은 신농, 용왕, 하백)으로 그들의 도시 이름을 키시(땅의 도시)로 지칭하는 것도 이에 기인한다.

이들은 점복(占卜)에 용왕의 전령사인 거북을 이용했고, 같은 키시(箕氏)족의 국가인 상(商)나라와 같이 갑골로 그들의 점술을 행하였다. 그리고 토착 맥족의 신앙인 곰 토템의 여신숭배와 천지신명(天地神明)의 천신 숭배가 결합하여 다신교적인 경향을 띠었다. 그중에 특히 물(水)신인 용(龍)과 물의 색 청색을 지닌 옥(玉)을 중요시했으며, 이들의 신앙 대상으로 청룡이 형상화되고 숭배된 것으로 보인다. 그리고 훗날 고조선에서 이주한 가야의 신앙체계를 살펴보면 가야도 상나라나 고조선과 같이 갑골이 성행했음을 알 수 있다. 즉 키시족의 국가에서는 갑골을 통해 엔키(바다의 용왕)에게 길, 흉, 화, 복을 묻는 방법이 일반적으로 행하였음을 알 수 있다. 이는 거북이가 용왕의 전령사이기 때문이며, 이것은 우리의 설화 '별주부전'에도 잘 나타나 있다. 다만 발해지역의 고조선은 황하의 상나라와는 달리 구하기 어려운 거북이 배딱지보다는 소와 동물 뼈를 주로 사용한 것 같다. 또한 가야도 건국 신화에서 나오는 '구지가(龜旨歌)'에서와 같이 거북이를 '가리킨다.', 즉 '알려준다.'는 의미는 갑골점이 행해졌다는 의미이고, '구워 먹는다.'는 것은 갑골점(卜)을 치기 위해 조찬(태우는 방법)을 했다는 의미이다. 종교적 연관성에서 살펴보면 가야는 고조선의 유민들이 세운 국가로 유추할 수 있다.

### (4) 고조선의 유적과 유물

고조선의 유적과 유물을 구분하려면 고조선의 구성 종족과 종교를 살펴야 한다.

우선 고조선의 지배 세력은 수메르 삼족 중 키시(箕氏)족이다.

키시족은 말 그대로 키(땅의 여신)와 엔키(물의 신; 용왕)를 믿으며 푸른색을 좋아하는 특성이 있다. 그래서 푸른색을 띤 옥을 선호하고 청기와, 용 문양을 일상화하여 사용했기 때문에 키시족이 지배하는 고조선은 옥과 용 문양이 가장 많이 발견될 수밖에 없으며 역으로 옥과 용 문양이 나타나는 곳은 대체로 고조선의 강역이다.

고조선의 또 다른 특징은 비파형 동검과 다뉴세선문경(청동거울)과 옥도장을 들 수 있다. 여기서 청동검은 군권의 상징이고, 청동거울은 신권의 상징이며, 옥도장은 행정권의 상징으로 국가 지배 권력이 존재했음을 의미한다. 특히 고조선의 유물에서 가장 주목해 보아야 할 것은 비파형 동검이다. 여기서 비파형 동검은 검의 형태가 비파처럼 생겼다고 해서 붙은 이름이다. 그러나 청동검은 고대의 무기이므로 이러한 청동검을 비파형으로 만드는 것에는 나름대로 중요한 이유가 있었을 것이다. 다시 말해서 초기 청동검인 세형동검 과는 어떤 다른 기능이 있어서 그러한 형상이 되었다는 것을 미루어 짐작할 수 있다. 즉 비파형 동검이 고조선 시대의 BC 1000년경부터 사용된 것으로 보아 고조선이 비파형 동검을 만들어야 할 어떤 이유가 있었다는 것이다. 그 당시 중국은 주나라가 철제 무기와 전차를 사용하여 상나라를 멸망시키는 정복 전쟁을 수행한 시기였다. 그러므로 일반 세형동검으로는 철제 무기를 당해낼 수가 없었을 것이다. 그래서 철기제작기술이 없었던 고조선은 철제 검에 대응할 수 있는 청동제 검을 만들어야 하므로 그 대안이 비파형 동검으로 나타난 것이다.

본래 청동 무기인 세형동검은 구리의 특성상 철제 무기에 비해 무르기 때문에 쉽게 구부러지거나 부러진다. 그러나 고조선이 사용한 비파형 동검은 구조 공학적으로 상당히 잘 설계된 검으로 당시의 철제 검과 대응해서 사용할 수 있는 구리제품의 검이다. 즉 일반 청동검과 철재 검이 맞붙으면 검신이 쉽게 부러지는 단점을 보완하기 위해 비파형 동검은 검신의 부딪치는 부분에 돌출부를 두어 검 자체의 파괴 강도를 크게 키운 것이다. 그리고 외단 부분은 세형동검과 같이 뾰족하게 제작하여 검으로써 상대방에게 치명상을 줄 수 있게 되어있어 철제 검과 대등한 대결이 가능하게 만든 것이다.

이러한 비파형 동검이 갖고 있는 여러 가지 특징이 당시 중국을 지배한 주나라(춘추전국 시대)의 철제 검에 대항하여 마주 싸울 수 있는 무기가 된 것이며, 청동기 시대에 머물고 있던 고조선이 철기 시대의 주나라에 대항하여 국가를 유지할 수 있는 원동력이 된 것이다.

1979년 객좌현 동산취촌(東産嘴村) 발굴과 1983년 그 인근 우하량촌(牛河梁村) 발굴을 계기로 전 세계적으로 주목을 받게 되었다. 그것은 동산취에서 엄청난 제사 유적이 발견되고, 우하량에서 돌무덤(塚), 신전(廟), 제단(壇)이 한꺼번에 발굴되었기 때문이다.

### 우하량 유적 * [출처] 나무위키 / 동 제목 / 편집

우하량은 초기 아사달로 추정되는 지역이다. 우하량 유적(牛河梁遺跡)에서는 거대한 제사 시설이 발견되었다. 유적은 5km²의 넓은 범위에 돌을 쌓아 만들어진 분묘나 제단이 정연하게 분포하고 있다. 또한 돌 마루와 채색한 벽이 있던 신전이 발견되었고, 눈을 비취로 만든 여성 두상이 발견되어 '여신묘'라고 불리게 되었다. 발굴 과정에서 지하 1m에서 제사를 지냈던 장소나

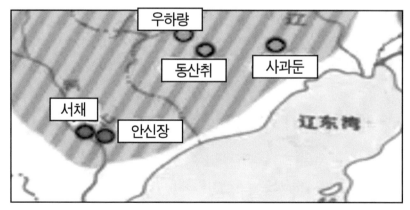

초기 고조선 강역(아사달) – 우하량, 동산취 　　　　　　　　　　* [출처] 나무위키 / 편집

제단, 벽화, 돌무덤(석총) 등이 발견되었다.

여신 묘 안에는 사람 세 배 크기의 도기제 상이 줄지어 있었다. 이 상은 신상으로 추측되며, 현재 중국 문화에서는 유례없는 것이다.

우하량에서 발견된 기념비적인 건축물의 존재나 또 여러 가지 토지와 교역의 증거로 인해 이 시기에 선사 시대의 왕국이 있었다고 추측된다.

여신 묘에서는 채도도 발견되었다. 부근에서 60개 이상의 고분도 발굴되었고, 이것들은 돌을 짜서 석실을 만들고 그 위에 조약돌을 씌워 무덤을 만들었다. 그 내부에서 구슬 등의 유물도 발견되었다. 근처의 두 곳의 언덕 위에는 돌무덤이 발견되었고, 그 가까운 곳에서는 석회암을 쌓아 올려 만든 둥근 무덤이나 사각형의 무덤도 있었다. 이러한 고분 중에서는 곰이나 용, 거북이의 조각이 발견되었는데, 이러한 유물로 고조선 문화에서는 이미 제물을 바쳤다는 지적이 생겨나고 있다.

우하량 유적 등 고조선 문화의 제사 유적에서 볼 수 있는 원형이나 방형(사각형)은 천단의 우주관이 벌써 존재하고 있었던 것을 시사하고 있다.

이전에는 역사 기록에 없는, 그 누구도 몰랐던 여신 묘에서 다량의 옥기가 부장품으로 출토되었다. 또한 중국의 옥기 전문가들은 이곳에서 옥을 자를 때 쓴 도구를 발견했는데, 당시 그 시대와 동일한 조건에서 실험해 보니 실제 발굴되는 것과 비슷한 1.5cm 정도 두께의 옥에 모래나 옥가루를 뿌려가면서 나무 막대기를 돌려서 구멍을 파는데 순수한 작업시간만 31시간이 걸렸다.

고조선 문화 유적에서 발견되는 정교한 옥기 하나를 완성하려면 엄청난 인력과 시간이 필요했을 것을 짐작케 하는 내용이다. 이것으로 중국 학자들은 고조선 시대에 최소한 몇 등급으로 신분이 분화되었다고 주장하는데 그 시대에 옥기를 만드는 장인집단이 따로 존재했었고, 신분이 분화되었다는 것을 의미해 묘장마다 크기가 다르고, 매장 방식이 다른 것도 신분 분화의 증거라는 이유다.

여신 묘와 한 변이 20~30미터짜리 3층 피라미드식 적석총, 가장 큰 60미터짜리 7층 피라미드식 적석총을 쌓으려면 많은 인원이 필요하므로 중국 학계에서는 홍산 문화 후기 단계를 초기 국가단계, 초기 문명단계라고 보고 있다.

기존 역사학의 시각에서 보면 국가단계에 진입한다는 가장 유력한 증거는 문자와 청동기였는데, 그 시대에 문자와 청동기가 없는데도 불구하고 초기 국가단계라고 주장하는 것은 여러 형태로 있는 다량의 옥기가 발견됐기 때문이다. 이 우하량 유적의 발견 이후 청동기가 없어도 국가의 형성이 가능하다는 것을 보여줘 '옥기 시대'라는 새로운 돌무덤(塚), 신전(神殿), 제단(壇)이 한꺼번에 발굴되었기 때문이다.

원형제단(천제단)

* [출처] 〈울산 신문〉(https://www.ulsanpress.net)

**동산취 유적**

고조선 문화의 대표적인 제단은 동산취(東山嘴) 유적이다. 동산취 유적은 요령성 객좌현(喀左縣) 동남쪽 대릉하(大凌河) 서안에 자리 잡고 있는데 1979년과 1982년 두 차례에 걸쳐 발굴되었다. 이 유적은 산기슭 정중앙의 완만하고 평평한 지역에 자리 잡고 있다. 길이가 약 60m, 너비는 약 40m이다. 유적지 아래에는 대릉하가 굽이쳐 흐르고 사방은 시야가 탁 트인 평지이다. 멀리 바라보면 산들이 제단을 감싸고 있어 기세가 웅장

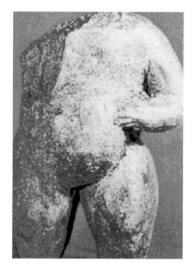

제사 유적에서 나온 임신한 여인의 조각상

하다. 사방이 터진 산등성이 위에 마련된 이 제단은 사면팔방에 거주하던 원

중기 고조선 강역 – 아랫부분 : 발해만을 따라 전개됨(윗부분은 산용 → 동호 강역)

시부락 조직이 정기적으로 이곳에 와서 성대한 제사 활동을 거행하던 장소였음을 짐작할 수 있다. 동산취 제사 유적의 규모와 건축술로 보아 자연숭배나 토템숭배의 저급한 단계를 벗어나 한 차원 높은 문명사회로 진입했다는 것을 의미하고 있다. 돌로 쌓은 이 건축 유적은 돌의 가공 기술과 축조술이 상당한 수준에 이르고 있다. 바깥쪽에는 돌을 하나하나 교착시켜 쌓았고 기다란 기단석은 돌을 떼 내어 각 모서리가 돌출되어 있고, 표면은 넓다. 유적지 내부에는 하늘과 땅을 상징하는 원형 제단과 방형 제단이 있다. 이러한 형태의 유적은 동아시아 신석기 시대 고고학 사상 처음이다.

## 신락(선양)유적 * [참조] 구글 / 나무위키 / 홍산 / 편집

1970년대 중반에 심양시 북쪽 신락숙사(新樂宿舍) 자리에서 세석기와 압인문 통형관의 공반을 특징으로 하는 고조선 강역에서 이전 신석기시대 중기의 문화가 발견되었다. 탄소동위원소 측정 결과 이는 BC 7000년 이전의 것으로서 지금까지 발견된 모든 요령성의 신석기 시대 문화보다 앞선 것이었다. 이후 요동반도 남단의 곽가촌(郭家村)이나 소주산(小珠山)에서도 같은 종류의 압인문 통형기가 발굴되었는데, 그 위에 대문구 문화 전기의 문화 유존(遺存)이 중첩되어 있는 현상이 발견되었다. 신락 문화의 주민들은 기장 위주의 원시 농업을 하고 있었다. 하지만 당시의 농업은 생산성이 적었으므로 부수적인 위치에 머물렀고, 주된 생업은 어로 · 수렵 · 채집활동이었다. 출토된 세석기에서 화살촉이 큰 비중을 차지하고 뗀석기로 만든 그물추가 함께 나온 점, 유적에서 멧돼지와 사슴의 뼈와 조개껍질이 활발히 출토되는 점이 이를 잘 보여준다. 아직 가축화된 개, 돼지의 사육은 보이지 않는다. 따라서 시기상으로는 신석기 시대 중기에 해당하지만, 실제 문화적 특징은 구석기 시대와 고조선 이전 신석기 시대의 과도기에 해당한다고 할 수 있다. 신락 문화의 주거지는 중앙에 1~2개의 화덕을 설치한 장방형 반 움집으로, 줄을 지어 나란히 배치된 것이 특징이다. 이 가운데 2호 집터는 면적이 95.5m²에 달하고, 540여 점의 유물이 집중하여 출토되어 집회소의 역할을 했을 가능성이 크다. 취락 전체가 발굴되지는 않았으나, 흥륭와 문화에 비추어 보면 이 집회소를 중심으로 상당한 규모의 취락이 조성되었을 것이다. 또한 흑옥으로 만든 공예품이나 나무로 깎은 새 모양 지팡이가 발견되었는데, 이는 대체로 신락유적 사람들의 토템으로 해석되고 있다.

1980년대 초에 요하 서쪽에서도 압인문 통형관을 특징으로 하는 유적들이 발굴되었다. 이 유형을 대표하는 유적으로는 부산시에서 발굴된 사해유적(査海遺蹟)과 적봉시에서 발굴된 흥륭와유적(興隆窪遺蹟)이 있으며, 이 때문에 사해-흥륭와 문화라고도 일컫는다.

### 십이대영자 유적 * [참조 구글 / 민족문화대백과사전]

십이대영자 유적은 중국 요령성 조양시 조양현 십이대영자에 있는 청동기 시대 앞트기돌덧널무덤 등이 발굴된 무덤군이다. 3기의 무덤이 발견되었으나, 2기는 이미 파손되었고 1기만 발굴하였다. 부부합장을 하였고 부장품은 청동 단검과 잔무늬거울이 나왔다. 비파형 동검과 잔무늬거울이 같이 출토된다는 점에서 한국의 청동기 문화·고조선과 연결하여 이 유적의 축조 주체에 따라 고조선의 중심지 추정이 가능하다. 1980년대부터 BC 8세기경에 고조선이 남긴 유적이라는 견해가 유력하다. 또한 최근 연구자들은 이 유적이 요동의 청동기 문화와 관련이 있는 것으로 파악하고 있다. 현재는 이곳 이외에도 금구산(金龜山)유지, 남양가영자(南楊家營子)유지 등 세 곳이 발견되어 있다. 1962년 5~7월에 이루어진 600m²에 대한 최초의 발굴에서는 36개의 방 유적이 발굴되었지만, 남쪽 산자락을 끼고 150개 이상의 방 유적이 발견되었다. 1962년 5~7월에 이루어진 첫 발굴에서 중국 최초의 불에 구워서 '점'을 친 뼈의 복골(卜骨)이 발견되었다. 이렇게 뼈의 갈라지거나 터진 방향이나 수를 보고 점을 치는 행위를 '골복(骨卜)이라고 한다. 여기서 발견된 것은 사슴(혹은 양)의 견갑골(肩胛骨)이다. 불에 구웠으나 뚫리지 않을 정도로 구멍을 내는 '찬(鑽)'의 흔적이 없는 초기 복골이다. 후대에는 점치는 법이 발달하여 갑골점 등에서는 뼈에 뚫리지 않을 정도로 동그랗게 구멍을 내고 그 안에 불씨를 넣어서 뼈가 갈라지는 줄의 수나 방향 등을 보고 점을 치게 된다. 이형구 교수에 의하면,

ⓐ 이렇게 뚫리지 않을 정도로 구멍을 낸 것을 찬(鑽),

ⓑ '찬'이 2개 이어져 대추 모양으로 길게 연결된 것을 조(鑿; 뚫을 '착'이지만 갑골점에서는 '조'라고 함),

ⓒ '조' 옆에 잘 터지게 하도록 또 하나의 '찬'을 만들면 '조'와 '찬'이 합쳐진 것을 '찬조(鑽鑿)'라고 부른다. 우리가 사용하는 한자에서 점을 치는 것을 나타내는 '점(占)'자나 '복(卜)'자는 모두 골복을 할 때 뼈가 터져나간 모양을 그대로 상형한 글자다. '점'자는 찬조(鑽鑿)를 한 구멍 옆으로 갈라진 모양이고, '복(卜)'자는 구멍이 생략된 채 뼈가 갈라진 모양을 상형한 글자인 것이다. 이러한 골복 문화는 키시족의 문화이고, 그 최초의 기원이 요하의 고조선 문명의 부하 문화에서 발굴된 것이다.

이러한 골복 문화는 요하 문명 지역에서 출발해서 중국의 동해안 지역과 중원지역 그리고 한반도 일대와 일본 지역으로 확대된다. '골복'은 요서지역에서 남하한 상(商)나라의 키시족들에 의해서 우리가 잘 아는 문자가 있는 '갑골점(甲骨占)'으로 발전하게 된다. 상나라의 갑골점은 자라의 배 껍질이나 동물의 견갑골, 정강이뼈 등을 이용해서 점을 치는 것으로 상나라 당시에도, 찬조(鑽鑿)가 있는 것과 없는 것과 문자가 있는 것과 없는 것 등 다양한 복골이 있었다. 우리에게 잘 알려진 '갑골문(甲骨文)'은 점을 친 결과를 자라나 거북의 배 껍질에 새긴 '갑문(甲文)'과 동물의 뼈에 새긴 '골문(骨文)'을 합쳐서 말하는 갑골복사(甲骨卜辭)를 말하는 것이다. 이 갑골문 혹은 갑골복사가 현재 한자의 기원인 것이다. 중국에서는 키시의 상(商)나라를 이어 등장한 이란계의 주(周)가 서면서 갑자기 사라져 버린다. 그러나 한반도에서는 변한과 가야에서는 물론 일본 지역에서도 이어진다. 또한 베링해를 통해 건너간 북아메리카 인디언의 문화에도 남아 있으며, 오늘날에도 캄차카반도 일대의 코리야크족과 축치족의 문화에도 남아 있다.

갑골은 종교적으로 고조선과 같이 농경신 키(땅의 신)와 엔키(물의 신)를 믿는 키시족의 점술법이다. 다시 말해서 갑골점을 행하는 고대국가는 키시족이거나 키시족과 관련된 종족 국가이다.

여기서 갑골이 키시족의 점술법으로 보는 이유는, 거북이가 우리의 민화 '별주부전'에서와 같이 물의 신(엔키; 용왕)의 전령사이며 소는 땅의 신(키; 지신(地母神))의 대행자이기 때문이다. 따라서 키시족은 자신들이 믿고 있는 신(용왕과 지신)에게 갑골을 통해 답을 구하고 있는 것이다.

### 요동반도와 평안도(평양)지역 유적 * [참조] 구글 / 나무위키 / 동 제목 / 편집

고조선의 후기 강역으로 지칭되는 요동반도와 한반도 서북부지역에는 청동기 시대의 대표적인 유물인 고인돌이 다수 남아 있는 곳이다. 이 지역은 한반도의 남쪽에서 주로 발견되는 남방식 고인돌과는 달리 북방식 고인돌이 주류를 이루고 있다. 이것을 통해 우리는 후기 고조선과 한반도 남부의 진국 간의 경계를 가늠해 볼 수 있다. 다시 말해서 고조선은 북방식 고인돌로 묘를 만들고, 진국은 남방식으로 묘를 형성했다는 의미가 된다.

북방식 고인돌(탁자식)
* [출체] 나무위키 / 동 제목 / 편집

남방식 고인돌(기반식)
* [출체] 나무위키 / 동 제목 / 편집

평양 단군릉(복원 전)
* 사진 [출체] 나무위키 / 동 제목 / 편집

평양 단군릉(복원 후)
* 사진 [출체] 나무위키 / 동 제목 / 편집
* 평양 단군릉 진위 여부 불명

## 정가와자 유적 * [출처] 나무위키 / 동 제목 / 편집

정가와자 유적은 중국 요령성 심양시 정가와자에 있는 청동기 시대 청동 단검, 쌍뉴경 등이 출토된 널무덤이다. 이 유적은 정씨 성을 가진 사람이 오래전부터 살았다고 하여 붙여진 정가와자 마을에 위치한다. 무덤 규모나 출토 유물로 보아 무덤의 주인공은 선양 일대 요양평원 지역을 관할하던 고조선의 최고 지배자 또는 예맥계 정치집단 지배층이었을 것으로 추정된다. 이 유적과 관련하여 중요한 유물은 비파형 동검이다. 고인돌 분포 지역과의 일치 및 서북한 세형동검 문화와의 연계성으로 고조선과 관련이 있는 것으로 보고 있다.

청동기 시대의 고인돌을 분류하면, 탁자식 고인돌을 북방식 고인돌로, 기반식(바둑판식) 고인돌을 남방식 고인돌이라고 부르는 분류가 일반적이었으나 지금은 잘 쓰이지 않는다.

탁자식 고인돌은 흔히 고인돌 하면 떠올리는 'ㅠ'자 모양의 고인돌로, 굄돌의 밑동을 지하에 파묻고, 그 위에 덮개돌을 잘 다듬어서 얹은 형태이다. 무덤방이 지상에 드러난 구조상, 이미 수천 년간 사람들이 수없이 파고 가져간 지 오래기 때문에 다른 고인돌에 비해서 유물이 적은 편이다. 본래는 굄돌과 함께 두 판석이 직사각형 꼴의 무덤방을 이루고, 덮개돌이 그 뚜껑 역할을 하는 형태이다. 두 굄돌과 덮개돌은 치울 수 없지만, 양쪽의 긴 마구리벽 2장만 치우면 손쉽게 무덤방이 드러난다. 즉 원래는 상석이라 부르는 큰 돌 아래 사면을 돌로 감싼 폐쇄 형태인데 현재 남아 있는 'ㅠ'자 모양 고인돌은 후대에 도굴꾼에 의해 양쪽 돌이 떨어져 나간 모습이다. 이와는 반대로 아래 설명할 다른 형태의 고인돌들은 무덤방이 땅에 묻혀있어 겉보기에 고인돌이란 티도 잘 안 나는 데다 무덤방을 찾기 위해서는 일단 어마어마하게 무거운 덮개돌을 치우고 시작해야 해서 유물이 더 많다. 이 탁자식을 과거에는 북방식 고인돌이라 불렀고 실제로 북한지역에 많긴 하지만, 남한쪽에서도 전라남도 나주시 같은 지역에서 이와 같은 양식이 발견되는 등 의미가 없어져 더는 북방식이라 부르지 않는다. 북한에서는 주요 유적지인 황해북도 연탄군 오덕리의 이름을 따서 오덕형 고인돌이라 부른다. 이 형태 고인돌 중 가장 아름다운 것으로 꼽히는 것이 평양 문흥리 고인돌이다. 문제의 단군릉이 이 고인돌 바로 옆에 있어서 단군릉의 피라미드 앞에 올라가면 고인돌이 잘 보인다.

기반식 고인돌은 지하에 무덤방을 만들어 놓고 네 개의 굄돌 위에 거대한 덮개돌을 올린 형태이다. 탁자식처럼 무게 중심을 맞출 필요가 없으므로 좀 더 다양한 형식을 보이지만 그 가운데 일부가 마치 바둑판과 비슷하다 하여 바둑판식 고인돌이라 부르기도 한다. 과거에는 남방식 고인돌이라고도 불렀으나, 북한 쪽에서도 이와 같은 양식이 많이 발견되어 더는 남방식이라 부

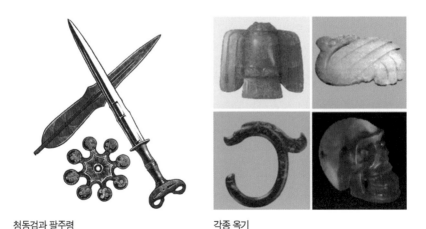

청동검과 팔주령                                         각종 옥기

르지 않는다. 북한에서는 주요 유적지인 황주군 침촌리에서 이름을 따서 침촌형 고인돌이라고 부른다.

고인돌에서 발견되는 부장물에서 한반도의 고인돌은 대체로 청동기 시대 전기에 나타나는데, 한반도에 고인돌이 유행했던 BC 1200년~BC 800년은 본격적으로 한반도에 논농사가 시작된 시기이기도 하다. 보통 고인돌 10기를 파면 마제석검 1점이 출토되고 비파형 동검은 그 수가 훨씬 적다. 비슷한 시기에 만든 암각화와 고인돌에서 발굴된 유물의 상태에 따르면, 고인돌 바로 앞의 땅에 마제석검이나 비파형 동검을 거꾸로 꽂아 죽은 사람을 기렸다고 추정한다. 또는 검을 2~3개로 쪼개서 고인돌 앞에 묻어 제례 의식을 하기도 하였다.

### (5) 고조선의 흥망

BC 2100년경 배달국에서 분화하여 우하량으로 내려온 키시족이 웅녀족과 연합(신화 속에 환웅과 웅녀의 결합)하여 단군조선을 건국하고 조양, 선양, 요동에 이르기까지 영토확장을 하면서 발전을 이루었다. 그러나 중국이 춘추 전국 시대를 거치면서 강성해진 연나라와의 잦은 국경분쟁을 피하고자 수도를 국경으로부터 멀리하는 과정에서 연산 이북지역의 지배권을 잃었고, 그 후에는 연나라의 진개에 의해 중기 고조선지역인 조양, 선양, 요동까지 내주는 상황에 이르러, 한반도의 북부 평양으로 수도를 천도하여 반도 내 고조선이 되었다.

이후 중국이 진나라를 거쳐 한나라로 통일되고 공신숙정의 난 때 연나라에서 귀화한 위만에 의해 고조선은 BC 194년 멸망하고, 위만조선이 건국된다. 다만 이렇게 성립된 위만조선은 실체적으로 한국 역사의 주류에 편입될 수 없다고 생각한다. 위만조선의 역사는 한반도 북부지역의 식민역사로 보아야 하며, 고조선 마지막 지도자 준왕이 망명한 마한 땅의 진국이 한민족의 역사적 정통성을 이었다고 볼 수 있다.

## 3. 이리두(夷族)의 하나라(BC 2070년~BC 1600년경)

### (1) 하(夏; 더운)나라의 변천

신시 배달국에서 황하지역으로 내려간 이리두는 신석기 시대의 원시 상태에 있던 지금 중국의 선조라고 주장하는 화(華)족을 정벌하고 하(夏; 더운)나라를 세워 실질적인 지배를 시작한다. 그리고 이때부터 수메르 삼족의 하나인 이리두(夷族)는 한자명의 이리두(二里頭)로 변경되고, 하나라의 후기 수도로 짐심시 이리두현에 그 흔적을 남겨 놓았다. 또한 이리두는 하나라의 멸망 이후 이족(夷族)으로 줄여 표현된다. 즉 우리 한민족의 한 갈래인 동이족도 '동쪽의 이리두족'의 줄인 말에서 나온 것이다. 다시 말해서 동이족은 하나라의 후예이다.

초기의 하나라는 신시·배달의 지배를 받는 제후국이었다. 그러나 BC 1800년경 중국 신화 속 삼황의 하나인 황제 헌원(하나라 10대 설왕일 가능성이 큼)이 하나라의 독립을 쟁취하기 위해 배달국 14대 치우천왕과 '탁록대전'이라는 10년간의 대 전쟁을 벌였다. 그리고 전쟁 후에도 하나라가 200년 이상 존속한 것으로 보아 전쟁은 하나라가 패하지 않은 것으로 보인다. 오히려 전쟁 이후 배달국이 급속히 쇠퇴한 것으로 보아 하나라가 승리했을 가능성이 크다. 여기서 하나라(이리두)는 따뜻한 여름 나라라는 의미로 배달국(우르)이나 고조선(키시)보다 지정학적으로 따뜻한 곳이라는 의미를 가지고 만든 명칭인 것으로 여겨진다. 더불어 하나라가 이리두의 나라라는 것은 이리두가 엔릴을 숭배하는 국가로 황제(헌원)나 그의 후손인 진시황이 면류관을 쓴 것을 보아도 알 수 있다. 여기서 면류관은 바람의 신 엔릴의 상징으로 만든 왕관이며, 고구려의 용사들이 머리에 깃털 장식을 한 것도 엔릴에 대한 신앙의 상징이다.

역사상 이리두족(夷族)이 주축이 되어 만든 국가들은 주요 도시 이름에 '안

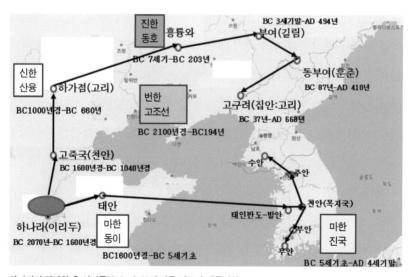

하나라가 멸망한 후 이리두(東夷, 高夷)의 이동 경로와 대륙삼한

(安)'자를 사용했다. 여기서 '안'은 수메르 말에 하늘신(天神)을 뜻하는 '아누 (Anu)'에서 나왔다. 그래서 도시의 이름에 '안'이라는 글자가 들어가는 경우는 대부분 이리두와 관계가 있다고 보면 틀림없다. 즉 하나라의 초기 수도인 짐심시 이리두현과 동이족의 주요 활동지인 태산(泰山) 옆의 태안 그리고 고죽국(고리족)의 고성이 있는 노룡현 천안과 고리족의 후예인 고구려의 수도가 집안인 것도 같은 맥락에서 볼 수 있다. 즉 이리두는 자신의 존재를 '안'이라는 도시 명칭으로 나타냈으며, 이와 관계된 이름은 중국의 천안과 태안, 한반도의 태안반도, 발안, 정안, 천안, 주안, 수안, 부안, 무안, 진안 그리고 만주의 집안 등에서 찾아볼 수 있다. 특히 이리두의 하나라는 군사 중심의 군국주의 국가로 키시의 상나라에게 멸망한 후에는 사방으로 갈라져 동이(東夷), 고리(高夷), 서이 등으로 나누어진다. 동이족은 초기 산동과 태산 옆 태안(泰安)을 중심으로 활동하였다(대문구 문화). 그 후 BC 770년경 서주(西周)가 견융에게 쫓겨 호경에서 성주로 천도하여 동주를 세운 후, 동이족은 BC 5세기경 제나라에게 밀려 산동반도를 거쳐 한반도의 태안반도 쪽으로 이주하게 된다. 그리고 한반도 내의 발안, 정안, 천안, 진안, 부안, 무안, 주안, 연백(안), 수안 등에 마한 54국의 진국을 세운다.

이리두의 다른 일단은 고리족으로 BC 1600년경 하나라가 키시의 상나라에게 멸망한 후 원래 상나라가 있던 노룡현과 천안현을 중심으로 고죽국을 세우고, BC 1046년경 상나라가 주나라에게 멸망하자 고죽군의 자식인 백이(伯夷)와 숙제(叔齊)가 상나라 후손 기자(箕子)에게 나라를 내주고 내몽골 홍산으로 이주한다. 이렇게 추정하는 이유는 사마천의 사기에서 백이와 숙제가 수양산(首陽山)에 들어가 고사리만 먹고 살았다고 전한다.

그러나 여기에는 다른 해석이 가능하다. 우선 수양산(首陽山)이라는 명칭에서 수양은 '해의 우두머리'라는 의미로 수양산은 태양신 숭배 지역의 산이라는 뜻이 된다. 이러한 지역은 태양신을 믿는 우르족이 살고 있는 내몽골의 홍산지역이 된다. 또한 홍산은 황하보다 해발고도가 높은 곳이라 산으로 인식되는 지역이다. 그리고 고사리도 고산지역에서 나오는 나물로 백이와 숙제는 고죽국 백성인 이리두(고리)족을 인솔하여 홍산으로 이주하고, 배달국이 붕괴된 후 무주공산이 된 홍산 주변의 하가점(夏家店)에 정착한 것으로 여겨진다. 여기서 하가점이란 지명은 '하(夏)나라의 일족(家)이 점(店)'한 곳이라는 의미가 있다. 즉 하가점이란 명칭은 백이와 숙제가 하나라의 후예이기 때문에 만들어진 이름일 가능성이 크다. 그리고 이곳에서 기존의 우르·웅족의 구려(옛 우르)연맹과 재결합하여 신한연맹(중국 문헌에서는 산융)의 하가점 상층 문명을 이룬다. 이렇게 성립한 신한연맹(산융)은 춘추 시대 말에 제환공과 연나라의 연합군에게 멸망하고 만다. 그 후 만주 쪽에서 우르·고리족은 다시 연합하여 진한연맹(동호)을 세운다. 그리고 BC 203년 동호는 웅족의 후예인 흉노 묵돌선우에게 멸망하고, 흉노의 영향력이 적은 북만주 길림지역에서 부여(북우르)가 건국된다. 그 후 흉노가 분열된 뒤에는 동호의 유민들에 의해 오환과 선비 그리고 다양한 부여국들이 일어난다. 여기서 오환과 선비족은 중국 쪽으로 내려가고, 부여의 우르족과 고구려의 모태가 된 고리족은 북만주와 한반도로 내려와 한민족의 모태가 된다.

서이(서융)의 경우는 하나라 멸망 후 황하의 서쪽 위수 강가로 이주하였다. 그 후 상나라 말기에 서이족의 후손인 여상 강태공과 인도·유럽어족의 히타이트 후손인 주(周)나라 문왕과 연합하여 상나라를 멸망시키고 주 왕조를 세

고삼국 하나라 영역(중심지 – 하북성 이리두현)　　　　　　　　* [참조] 위키백과 / 동 제목 / 편집

웠다. 이것이 지금 쓰고 있는 중국말이 인도·유럽어족과 같은 어법과 발음 체계를 갖도록 만들어진 이유이다. 즉 실제적인 중국 문명은 언어학적으로 보면 이란계의 주나라부터 시작했다고 하는 것이 맞다. 다시 말해서 주나라 이전의 하나라와 상나라의 문명은 한민족이 이루어 놓은 황하 문명이다.

　주나라 시절 고리족은 BC 1000년경 홍산에서 우르·웅족과 연합하여 산융(신한연맹)을 세우고 BC 770년에는 연맹체 내의 고리족이 중심인 견융이 주나라의 호경을 공격한다. 그리고 주나라를 동쪽으로 몰아낸다. 여기서 견융이 이리두족인 이유는 별칭이 견이(犬夷)이기 때문이다. 그 후 춘추·전국 시대에는 서이(夷族)를 중심으로 진나라를 세우고 진시황 때 비로소 중국을 통일한다. 그리고 진은 비로소 히타이트의 이민족 지배에서 벗어나게 된다. 그러나 다시 한나라에게 멸망하면서 이리두족은 중국의 지배권에서 사라진다.

## (2) 하나라의 변천과 탁록대전

**역대 왕명** * [참조] 위키백과 / 동 제목

중국이 만들어 놓은 하나라의 역사는 다음 같다.

- 우 : 하나라의 개국 군주로, 요순임금의 하나인 순왕으로부터 왕위를 물려받고, 부자 상속제를 확립하였다.
- 계(啓) : 우의 아들, 태강과 중강의 아버지
- 태강(太康) : 《고분죽서기본》에 의하면, 짐심으로 도읍을 정했다고 한다. 우왕의 손자이지만, 우왕과는 달리 사치에만 힘을 써 백성의 신망을 잃었다. 태강이 부하들과 사냥을 나간 사이, 하나라의 제후였던 유궁(有窮)의 후예라는 자가 반역하여 도성을 점령하였다. 태강은 몸을 피하여 주변의 제후들에게 원조를 요청하였으나 모두 거절당하고 쫓기는 인생을 살다가 죽는다.
- 중강(中康) : 태강의 동생으로 후예에 의해 왕으로 옹립되었다. 그러나 후예와의 권력다툼 끝에 왕위에서 쫓겨난다.
- 상(相) : 중강의 아들로 중강이 죽은 후, 제구(帝邱)에서 하나라의 유신들에게 왕으로 옹립된다. 그러나 후예의 토벌로 성이 포위되었을 때 자살한다.
- 후예(后羿) : 원래는 하나라의 제후로 궁술의 명인이었다. 태강이 민심을 잃자, 그가 사냥을 나간 틈을 타 도성을 점령하고 태강의 동생 중강을

옹립하였다. 그러나 중강은 후예의 부하인 희화를 쫓아내고, 백봉(伯封)이라는 제후를 이용해 후예를 견제하려 했다. 이렇게 중강이 자기 손에서 벗어나 자립할 움직임을 보이자, 후예는 중강을 쫓아내고 직접 왕위에 올랐으며, 백봉 등 중강을 지지했던 제후들을 탄압하였다. 왕위에 오른 뒤에는 백봉의 어머니이자 천하의 미인인 현처(玄妻)를 왕비로 삼았다. 현처는 아들의 원수를 갚기 위해 야심가인 한착을 끌어들였다. 현처는 한착과 정을 통해 계획을 세웠고, 자신의 세상이라고 넋을 놓고 있던 후예를 죽이고 한착을 왕으로 세웠다.

• 한착(寒浞) : 원래는 후예의 부하지만, 후예가 왕이 된 후 정사를 돌보지 않고 문란한 생활에 빠져있는 것을 보고 현처와 공모하여 후예를 죽이고 스스로 왕위에 올랐다. 20여 년을 다스렸으나, 상의 아들인 소강에게 살해당한다.

• 소강(小康) : 상이 죽었을 때 임신한 상태였던 상의 왕비는 자신의 친정인 유잉(有仍)으로 피신하여 아들을 낳았으니, 이가 바로 소강이다. 소강은 아직도 남아 있던 하나라의 유신들에게 보살핌을 받았으며, 성인이 되고 나서 군사를 일으켜 한착을 죽이고 하나라의 왕실을 복구한다.

\* 필자의 소견으로 이 시기가 탁록대전이 일어난 시기로 판단된다.

• 저(杼)-괴(槐)-망(芒)-설(泄)-불강(不降)-경(扃)-근(厪)

• 공갑(孔甲)-고(皐)-발(發)

• 걸(桀) : 포악하고 사치를 즐기던 하나라의 마지막 군주. 상나라의 주왕과 함께 최악의 폭군으로 부른다. 이윤의 간언을 무시하고 국정을 제멋대로 하다가 상나라의 시조인 탕왕에게 패하여 목숨을 잃는다.

## 탁록대전

하나라는 역사적으로 BC 2070년경에 홍산에서 황하로 내려온 이리두족 우(禹)왕에 의해 건국되었다. 그 후 하나라는 황하의 지역적 조건에 힘입어 비약적으로 발전을 한다. 그리고 신시 배달국의 종속으로부터 독립하기 위해 배달국 14대 치우천왕과 맞서서 BC 1800년경 독립전쟁을 벌인다. 이것이 바로 '탁록대전'이다.

여기서 거명된 탁록은 베이징에서 서북쪽으로 약 100km가량 떨어진 하북성 영정하의 상류에 위치하고 있다. 이곳은 위치상으로 배달국의 신시와 하나라의 이리두현의 중간지점이다. 그래서 탁록이 신시 배달국과 하나라 간의 전쟁이 벌어진 장소라는 가설이 성립하는 것이다. 이곳에서의 전쟁은 황제 헌원과 배달국의 치우천왕 간에 치러진 10년간 전쟁으로 유명하며 기록상 중국 역사의 시작을 의미한다. 이 때문에 탁록이 중화 문명의 3조 상의 성지로 숭배받고 있는 것이다.

지금까지 중국은 황제 헌원을 BC 2700년경에 살았던 중화민족의 정통 시조로 여기고 있다. 그리고 배달국의 치우천왕을 동아시아 최초의 전쟁에서 물리치고 화하족 중심의 중국을 건설했다고 주장한다. 그러나 이는 역사적 오류이며 그 시기도 BC 2700년경이 아니고, 하나라가 배달국으로부터 독립된 시기인 BC 1800년경이다. 즉 지금까지 알려진 중국 역사는 약 900년의 시기를 앞당겨 조작한 것이다.

전설에 따르면 탁록대전은 처음에 염제 신농과 황제의 싸움에서 시작했다고 한다. 신농(고조선)이 황제(하나라)와 싸워 패하자, 치우가 신농을 도와 다시 황제와 싸우자고 제안했다. 그러나 신농이 이를 거부하자 치우(배달국)

가 황제와 직접 전쟁을 벌였다. 이후 황제와 치우가 10년간에 걸쳐 73회나 전쟁을 치르고 결국에는 탁록에서 황제가 승리했다고 한다. 그리고 치우가 죽은 자리에서는 붉은 피가 하늘로 치솟았다고 하며, 죽은 치우는 한을 품고 신이 되어 치우가 노하면 가뭄이 들었기 때문에 중국인들은 가뭄이 들면 치우 사당에 비를 내리게 해달라고 빌었었다고 한다. 그리고 그 이후 장수들은 전쟁터에 나갈 때 치우 사당에서 승리를 기원하는 제사를 드렸다고 한다.

이 전쟁으로 중국에서는 치우가 죽었다 한다. 그리고 그의 무덤은 산둥반도 서남쪽에 있으며, 이후 한나라의 유방에게 군신으로 추앙받았다는 기록이 있다. 이러한 것으로 보아 탁록대전에서 치우는 황제에게 잡혀 죽지 않았다는 이야기도 타당성을 갖는다. 또한 그 당시 정황으로 보아 탁록대전은 고삼국(배달국, 하나라, 고조선) 간의 전쟁으로 보인다. 특히 여기서 나오는 신농은 농경의 신인 엔키를 숭배하는 키시 · 고조선의 단군이고, 황제는 이리두 · 하나라의 지배자이며, 치우는 우르 · 배달국의 천왕으로 그 각각이 전설화된 것으로 여겨진다. 그리고 탁록대전의 시기를 명시할 수 있는 것은 배달국 14대 치우천왕의 실존 시기를 예측할 수 있기 때문이다. 즉 치우천왕은 배달국이 세워진 후 약 400년 정도 지났으므로 BC 1800년경이 타당하다.

그 후에 하나라는 탁록대전에서와 같이 독립전쟁을 통해 배달국으로부터 독립을 쟁취하고 황하 유역을 중심으로 독자적인 발전을 해나간다. 이것이 중화 문명의 시작이다.

## (3) 하나라의 종교와 유물

### 종교

하나라는 이리두(夷族)가 세운 나라로 바람과 자연의 주신(主神)인 엔릴을 섬기는 나라이다. 여기서 엔릴은 자연과 삼라만상의 주재자로 수메르에서는 최고의 신이다. 삼라만상이란 하늘, 번개, 바람, 물, 불, 못, 산, 땅을 총괄하는 의미로, 이것은 태호·복희의 팔괘(天·澤·火·雷·風·水·山·地)의 근원이다. 지금 우리가 알고 있는 주역은 이리두의 신앙인 엔릴 숭배애서 나온 역술법이며 주나라 이후에 체계화해서 현대에 이르게 된 것이다. 그러나 그 근본은 팔괘를 통해 엔릴에게 길·흉·화·복을 알려 달라고 기원하는 행위이다. 여기서 주역은 태호(복희)의 발명품이라고 말하나, 실제로는 수메르에서부터 이전해 온 엔릴 신앙의 한 방편이다. 또한 복희의 성씨는 풍씨라고 하였는데, 이것은 고사에 복희의 성씨가 풍씨이고 풍산 사람이라는 기록으로 보아 초기 신분이 배달국의 풍백(風伯; 엔릴의 신관)으로 여겨진다.

청동술잔　*사진 [출처] 위키백과 / 일리타이 문화　청동 정　*사진 [출처] 위키백과 / 일리타이 문화

이러한 주역의 사상은 후에 동이족과 같은 이리두족에게는 자연관과 연결되어 음양오행(木・土・水・金・火)과 태극 원리에 적용된다. 그리고 도가(道家)사상이 혼합되어 풍수지리와 십간・십이지의 당사주로 발전하여 현대의 역술법으로 진화됐다.

또한 이리두족은 뱀신 사상을 가지고 있다. 이것은 복희와 여와가 뱀의 몸체를 가지고 있는 형상에서 알 수 있다. 그리고 이리두는 삼라만상에 대한 종교적 구현으로 다양한 동물의 형상을 만들어 숭배하였다. 특히 후기 이리두족은 엔릴 신앙에 따라 바람과 관계된 새의 깃털이나 흔들리는 버들가지(면류관), 사신도의 현무 등으로 종교적 상징물을 형상화하고 일상에 사용하였다.

### 유물

하 왕조의 실재를 알 수 있게 한 것은 '이리두(二里頭) 문화'였다. 1958년부터 하북성 서쪽에 하 왕조의 유적이 있으리라 추정하여 이 지역을 탐사하였는데, 그 결과 정주(鄭州)의 낙달묘(洛達廟), 낙양의 동간구(東干溝), 언사현(偃師縣)의 이리두를 중점적으로 발굴하였다. 이 지역은 바로 문헌상에 나오는 하족(夏族)의 활동 중심지였던 하북성의 서쪽과 산서성의 남쪽이었으며, 시간상으로 하남 용산 문화와 정주 초기의 상(은) 문화의 중간에 해당하였고, 그 발견된 유적지의 지명에 따라 이를 각각 '낙달묘', '이리두 문화'라고 부른다. 이리두 문화는 방사성 탄소 측정으로 BC 1900년경으로 보이며 4개 층으로 이루어졌는데, 초기 1・2층과 후기 3・4층으로 나누어졌다. 그런데 이와 유사한 형태로 산서성 하현(夏縣) 동하풍(東下馮) 문화가 있다. 이곳은 바로 《우공(禹貢)》에서 지적하고 있는 9주 가운데 중심이었던 기주(冀州)가 있는 곳으로, 확실히 이리두 문화의 영향을 받은 것으로 보여 하 왕조의 실재를 더욱 확실하게 해 주었다.

《죽서기년(竹書記年)》의 기록에 따르면 하 왕조는 471년 동안 유지되었다고 한다. 신자이 유적지와 이리두 유적지가 전후로 계승한 것은 지금으로부터 약 3850년~3520년 전으로, 고대사에서 서술한 하 왕조의 존속 시기와 기본적으로 부합한다. 다만 이 기본적인 시간이 특징하는 것 외에는 "후예(后羿)가 왕권을 찬탈했다."라는 등의 고대사에 기록된 하 왕조의 역사는 아직 고고학에서 입증되지 않았다. 게다가 이리두의 고고학 발굴은 역사서에 전혀 기록되지 않은 단점을 가지고 있다.

### (4) 하나라의 발전과 멸망

하나라의 성립역사를 살펴보면, 실제적인 황하 문명은 독자적인 문명이 아니라 배달국의 환인(칸)연맹체 중의 하나인 이리두족이 홍산에서 남하하여 BC 2070년경 황하 중류 지역으로 이주하면서 이룩한 청동기 문명이다. 다시 말해 하나라는 배달국의 3 종족 중 운사(황제)를 맡고 있는 이리두가 황하로 진출하여 세운 국가이다. 지금은 중국이 우리보다 크고 강력한 국가로 변했지만, 원래는 우리 한민족의 한 갈래인 이리두족에 의해 형성된 국가이다.

이렇게 성립한 하나라는 황하를 중심으로 중국의 새로운 문명을 시작하고 발전하다가 BC 1600년경 걸왕 때 상나라의 탕왕에게 멸망한다. 그리고 그 이후에는 동이, 고리 등으로 갈라진다. 여기서 이(夷)는 이리두에서 나온 명칭이다.

하나라가 상나라에 멸망한 후에는 상나라를 중심으로 동쪽의 태산 옆 태안과 산동반도에는 동이리두(동이)족이 그리고 황하 서 측 위수 강가에는 서이리두(서융)족이 또한 하북에는 고리족이 형성된다.

### 동이(東夷)족의 탄생과 이동

하나라의 멸망 이후에 이리두는 동이, 서이, 고리로 갈라진다. 그중 태산의 동쪽 산둥지역으로 간 이리두의 한 분파가 동이다. 여기서 이(夷)는 활(弓)을 가진 큰(大)사람이라는 의미이다. 당시 이리두족은 우르족이나 키시족보다 체격이 크고 활을 잘 쏘며 전투에 능한 사람들이었다.

기록상 동이족은 중국 동북부 지방과 한국, 일본에 분포한 종족을 중국인이 부르던 명칭이다. 그리고 동이는 상나라 때 인방이라는 이족(夷族) 집단으로도 불렸다. 그러나 한나라 이후에 쓴 사서에는 동이를 중국의 동부지방에서 활약한 동이와는 전혀 별개의 존재로 취급하기 시작했다. 그래서 중국인들은 변방의 종족을 동이(東夷), 서융(西戎), 남만(南蠻), 북적(北狄)이라고 불렀으며, 동이는 바로 동쪽에 있던 야만족을 가리키는 말이 되었다.

그러나 동이는 원래 이리두의 하나라가 키시의 상나라에게 황하 유역의 지배권을 빼앗기면서 사방으로 흩어질 때 동쪽의 태산과 산둥 지방에 정착한 아리두족의 한 일파이다. 이때 형성된 동이족은 BC 770년경 주나라가 산융(신한연맹)에게 쫓겨 동주로 천도한 후 제나라에 쫓겨 한반도로 이주한다. 그리고 그들이 한반도에서 마한연맹을 이룬다.

이들의 이주 과정을 보면, 중국의 태안에서 산둥반도를 거쳐 한반도의 중앙인 태안반도로 들어와 발안을 시작으로 내륙으로 이동하고, 천안 삼거리에서 남북으로 갈라졌다. 그리고 일단은 남하하여 이리를 거쳐 부안, 진안, 무안으로 가고, 일단은 북진하여 주안을 거쳐 황해도의 연백(안)과 수안에 정착한다. 그리고 이들은 마한연맹 54국을 구성하고 진국을 세운다.

### 고리(高夷)족의 탄생과 이동

하나라 멸망 후 동이와는 달리 북쪽으로 간 이리두는 과거 상나라의 땅에 자리 잡고 고죽국을 건설한다. 고죽국이 이리두의 나라인 것은 수도가 천안(遷安)으로 도시명에 '안(安)'자가 들어가는 이리두의 특성이 잘 나타나 있기 때문이다. 그 후 고죽국은 상나라와 병행, 발전한다. 그리고 상나라가 주나라에게 멸망한 후에는 고죽군의 자식인 백이와 숙제가 상나라 왕족 기자에게 군주의 자리를 물려주고, 수양산으로 들어가 고사리를 먹고 살았다고 한다. 여기서 우리가 주목해야 할 점은 수양산(首陽山)으로, 적봉지역을 지칭하는데 이들을 높은 곳으로 간 이리두라는 의미로 고리(高夷)라는 호칭이 부여된 것으로 보인다. 그들은 내몽골의 홍산지역의 하가점에 정착한다. 그리고 그곳에 남아 있던 배달국의 후예인 구려연맹의 우르와 웅족과 다시 연합하여 새로운 연맹을 신 결성한다. 이것이 하가점지역에 세운 신한(산융)연맹이다. 그 시기는 BC 1000년경이며 이렇게 결성된 신한은 키시의 고조선(번한)과 함께 공존했다.

BC 770년경 신한(산융)은 연맹 내에 이리두가 주축이 된 견융이 서주(西周)를 공격하여 주나라를 동쪽으로 몰아낸다. 이후 이 신한(산융)연맹은 춘추전국 시대 제나라와 연나라의 연합 공격을 받아 멸망하고, 새로이 서요하 동

쪽(사해, 흥룡아)으로 이주하여 우르와 고리족은 다시 통합한다. 여기서 진한
(辰韓)연맹을 결성한다. 이것은 구려로 불리며, 중국 측 기록으로는 동호이
다. 이러한 명칭이 생긴 이유는 그곳이 먼지(辰)가 많은 지역이기 때문이다.
그리고 이렇게 성립한 동호는 상당 기간 발전하다가 후에 흉노(웅)족의 묵돌
에게 멸망한다. 이 당시 동호에서 분리된 일부 우르족은 선비산으로 들어가
선비족이 되고, 고리족의 일부는 오환기에 남아 오환족이 된다. 또한 만주 동
북쪽으로 이동한 우르족은 말갈 등의 예족을 지배하면서 부여를 세운다. 그
후 고리족은 동명성왕 고주몽을 중심으로 동부여를 떠나 남만주로 이주한다.
그곳에서 우르족인 졸본부여(소서노)와 고조선 멸망 후 북만주지역에 흩어져
있던 키시족(예맥)과 동맹을 맺어 삼족오(三足烏; 삼족 동맹의 상징)의 고구
려(高句麗)로 재탄생한다.


### 서이(西夷)의 변천

서이는 황하의 서쪽으로 쫓겨 간 이리두와 하나라의 잔존 세력으로 최초
위수 강가에 거주하였다. 원래 서이는 황하 서쪽에 거주하다가 BC 1180년
경 히타이트의 이주민인 주나라에 쫓겨 더욱 서쪽으로 이동한다. 그리고 사
천성의 성도를 중심으로 고촉국(古蜀國)을 세우고 상나라의 제후국이 되었으
며, 이곳이 촉한지역이다.

서이는 하나라의 후예로, 3천여 년 전에 황하 유역의 중원 문명과 별도로
서쪽 변두리인 사천성 성도 평원에서도 고도로 발달한 이리두 문명을 이루고
있었다. 특히 장강 유역의 고촉국은 황하와는 또 다른 독자적인 청동기 문명
을 이룩하여 상나라와는 별개로 고대 문명의 중심지 역할을 하였던 곳이다.

즉 하나라의 멸망 이후 이리두족은 동쪽에 동이, 동북쪽에 고죽국(고리), 서남쪽에 고촉국을 세워 상나라와 병존하고 있었던 것으로 보인다.

그 후 BC 1046년경 상나라 말기에는 강태공을 중심으로 주나라의 문왕과 연합하여 상나라를 멸망시켰다. 특히 상나라를 멸망시킬 때는 이리두족 출신의 강태공이 위수 강가에서 낚시질로 소일하다가 주공을 만나 상나라의 정벌에 참여했다는 일화가 남아 있다. 이후 강태공은 서이의 군대와 주나라의 전차를 이용하여 상나라를 멸망시키고 동이족의 땅인 산둥 주변의 제나라 제후로 봉해진다.

그 후 BC 770년경에는 산(견)융이 주나라의 수도인 호경을 공격하자 주나라는 동쪽의 성주로 천도하고, 천도 때 평왕을 보필한 공으로 양공이 제후의 반열에 오르고, 황하 서쪽에 남아 있던 견융의 일부 세력과 서이의 잔존 세력을 통합하여 영토를 확장한다. 그 후 주나라의 지배권이 약화된 전국 시대 말기에는 함양(장안)을 중심으로 강력한 진나라를 만들어 중국을 통일한다.

3장

# 상(商)나라와 기자조선

# 3장 상(商)나라와 기자조선

## 1. 키시(箕氏)의 상나라(BC 1600년~BC 1046년)

### (1) 상나라의 성립

상나라가 한국 상고사에 등장하는 이유는 장소가 황하지역이지만, 민족사적인 측면에서 상나라는 우리 한민족(키시)의 역사이기 때문이다.

중국의 역사서에도 상나라의 계승자인 기자(箕子; 기씨 선생)가 조선(고죽국)으로 갔다고 명시해놓고 마치 자신들이 조선의 왕으로 책봉해서 간 것처럼 날조해서 역사를 호도하고 있다. 그러나 기자가 간 고죽국과 달리 고조선은 기자조선(고죽국)이 BC 660년 멸망 후에도 500년 이상 존속했으며, 춘추전국 시대에도 연나라와 계속 싸운 기록과 BC 280년 진개에 의해 요동 땅까지 빼앗긴 기록도 있다. 다시 말해서 황하 유역의 상나라 역사는 민족사적으로 우리 한민족의 역사이다. 즉 중국 고대의 하나라와 상나라의 역사는 한국 상고사의 중요한 일부다.

상나라의 시조에 대한 의견도 분분하다. 다만 일부 기록에 의하면 전설상의 인물인 황제 헌원의 후손인 탕왕(湯王)이 상나라를 세웠다고 전해지는 것으로 보아 황제와 관계가 있는 것으로 보인다. 그러나 이것은 다분히 허위적 요소가 많다. 왜냐하면 하나라의 황제는 이리두족이고, 상나라의 탕은 고조선 계열의 키시족이기 때문에 서로 다른 종족으로 탕이 황제의 후손이 될 수 없다. 그리고 탕왕은 하나라의 마지막 왕이자 폭군인 걸(桀)왕을 물리치고 상나라를 개국하였으므로 오히려 상호 적대적인 관계라고 보아야 한다. 참고로 키시는 삼황에서 신농이 타당하다.

탕왕 설화에 따르면 상나라의 시조는 '설'로 그의 14대 후손이 상나라를 건국한 탕왕이라고 한다. 또한 설은 하나라의 시조인 우를 도와 치수에 많은 공을 세웠다고 하며 설에 대한 난생설화가 전해진다. 그 내용을 살펴보면, 고대에 유융 씨에게 간적과 건자라는 두 딸이 있었는데 어느 날 천제가 보낸 제비를 잡으려고 하자 제비가 옥 광주리 안에 알 두 개만 남겨 놓고 날아가 버렸다. 그래서 간적은 이 두 개의 알을 먹고 상나라의 시조인 설을 낳았다고 한다.

우리는 이 설화에서 두 가지 중요한 내용을 알 수 있는데, 그 첫째는 제비(신시 형상)라는 존재이고, 두 번째는 옥 광주리이다. 여기서 제비는 달의 신 난나의 전령사로 신시 · 배달국에서 왔다는 의미이며, 옥 광주리의 옥은 키시족의 상징물이다. 즉 상나라의 시조인 설은 배달국에서 온 키시(箕氏)족이라는 의미이다.

기록상 설은 우(하나라의 시조) 임금을 도와 치수공사에서 많은 공을 세웠으며 그의 14대 후손이 상나라를 세운 탕왕이라고 한다.

BC 1700년경 고삼국 시대의 상나라(고삼국 중간지대 - 중개무역국) - 뒤에 고죽국 위치

탕왕은 명재상 이윤의 도움으로 하나라의 걸왕을 몰아내고 상나라를 세웠다. 이때 수도를 상(商)이란 곳으로 정했기 때문에 국호를 상나라라고 전한다. 그러나 상나라의 수도는 안양이다. 여기서 안양은 '양(땅)'이라는 명칭의 도시로 상나라가 키시의 국가라는 것이 명백하다.

기록에 따르면 하나라의 멸망은 걸왕의 폭정 때문이라고 한다. 그 때문에 제후들이 걸왕을 회피하고 명망 있는 탕을 따랐다고 한다. 그래서 걸왕은 탕을 하대에 유폐하여 죽이려 했다. 그러나 재물에 욕심이 많은 걸왕은 재물을 받고 탕을 풀어 주었다고 한다. 그 후 탕은 걸왕을 명조에서 격파하고 하나라를 멸망시켜 상나라를 세웠다고 한다. 그는 13년간을 재위에 머물렀다. 그 후 상나라는 무정 때 비로소 전성기를 맞아 주변의 종족들을 대거 복속시키고 국가의 영역을 크게 확대하였다. 그러나 왕조 말기의 왕인 제을과 제신

부자의 과도한 동방정책으로 동이족을 산둥지역으로 내몰았으나 상대적으로 서방 지역에 대한 영향력을 상실하였다. 그래서 이 틈을 탄 주나라가 서이를 비롯한 서방의 부족을 모아 상나라를 공격해서 결국 멸망하고 말았다.

과거의 기록상 상나라는 전설상의 국가이다. 그러나 20세기 초에 은허(殷墟; 안양)가 발굴되고 각종 고고학적 증거가 드러나면서 실재했던 국가임을 알게 되었다. 특히 동시대에 출토된 청동기나 갑골문자가 해독됨으로써 상나라 사회의 실체가 드러나기 시작했다. 이 당시 키시의 상나라가 한창 발전할 때 우르의 배달국은 이미 멸망한 상태에 있었다. 특히 배달국은 18대 환웅에서 멸망한 것으로 보아 상나라가 생기기 직전인 BC 1600년경에는 이미 배달국의 실체적 지배권은 고조선으로 넘어간 것으로 보이며, 홍산지역의 하가점 하층 문명기는 종료가 되고, 내몽골지역은 황폐화가 진행된 상태다. 그 당시 배달국에서 상당수의 우르와 웅족들이 황하의 하나라로 이주하여 정착하고 있었다. 그래서 황하에 인접한 대능하와 난하 사이에 고조선과 같은 키시족의 상나라가 건국된 것이다. 이 당시 고조선과 상나라 간에 전쟁 기록이 없는 것으로 보아 상호 간에는 돈독한 관계가 유지되었던 것 같다. 그리고 상나라의 국명이 거래를 의미하는 상(商)인 것으로 보아 상나라는 고삼국(배달국, 하나라, 고조선) 사이에서 중계무역을 하며 국부를 키운 국가일 것으로 짐작된다. 특히 상나라가 하나라를 멸한 후에도 고조선과 상나라 간의 관계는 상나라가 멸망한 BC 1046년경까지 계속 이어진 것으로 보이며, 상 멸망 후에 기자가 고조선으로 간 것은 마치 선조의 고향으로 되돌아 간 것과 같이 자연스럽게 여겨진다.

## (2) 상나라의 종교와 풍습 * [출처] 나무위키 / 동 제목 / 편집

상나라는 키시(箕氏)족의 국가이기 때문에 종교적으로는 고조선과 같이 땅과 물의 신 '키와 엔키'를 섬기는 나라이다. 그래서 종교적 행사나 주술적인 면에서 키와 엔키 신앙과 관련된 방법을 쓴다. 즉 엔키는 땅 · 물의 신이므로 점술법으로는 땅, 물과 관계된 사물에 의존하여 답을 구했으며, 이것이 지금 우리가 알고 있는 '갑골점'이다.

갑골(甲骨)이란, 우선 갑은 거북껍질(龜甲)의 갑이고, 골은 동물 뼈(牛骨)를 일컫는데 주로 소뼈의 골이다. 즉 갑골점이란 거북의 배딱지와 소의 어깨뼈를 이용하여 뼈의 한쪽을 파고 불로 태워 반대편에 생기는 균열 형상으로 점을 치는 행위이다. 이러한 갑골이 성립된 이유는 키시의 상나라가 섬기는 엔키가 물과 땅을 주재하는 농경신이라는 점에서 찾을 수 있다. 여기서 거북은 물의 신(엔키; 용왕)을 대신하여 신의 뜻을 전하는 전령사이고, 소는 땅을 대표하는 상징동물이므로 땅의 신(키; 地神)이 가진 뜻을 전하는 중개자이다. 그래서 갑골점은 그들의 뼈를 통해 엔키와 키의 예언(뜻)을 알아내는 행위에서 비롯된 것이다. 이러한 방식의 갑골점은 고조선에서도 행해졌으며, 고조선이 멸망한 후 한반도 남쪽으로 이주한 가야에서도 시행된 것으로 알려져 있다. 특히 가야에서는 구지가(龜旨歌; 거북이 가르쳐준다는 노래)를 부른 것으로 보아 갑골이 상당히 성행했던 것으로 보인다.

상나라에서 발굴된 갑골의 연대는 대부분이 BC 1200년경~BC 1020년경으로 상나라의 말기에 해당한다. 이 기간 동안 갑골은 문자를 기록하여 점을 치는 형식을 취하였다. 그리고 이렇게 갑골점을 시행한 갑골들은 주로 안

양지역을 중심으로 황하 유역에서 발견되었다. 또한 고조선의 영역인 발해만
요하 동부에서도 문자를 새기지 않은 갑골이 발굴되고, 한반도 내의 남해와
가야지역에서도 발견되었다.

이처럼 상나라의 종교는 수메르에서 전수되어 온 키시 신앙의 모체인 '엔
키'를 섬기는 행위로 귀결된다. 이것은 다른 측면에서 키시족이 물의 푸른색
선호 사상으로 푸른색을 띤 옥을 귀하게 여기며, 옥으로 각종 동물을 만들어
지니고, 숭배물로 장례 시 부장품으로 이용하는 경향을 갖는 원인이 되었다.
또한 엔키(용왕) 사상은 가상의 용을 만들어 숭배하고 용신 사상을 일상화하
였다.

상나라가 숭배하였던 또 다른 신은 제(帝)였다. 제는 조상신으로서 지금까
지 우리 한민족의 전통 신앙으로 남아 있다. 상나라에서는 왕이 죽으면 제가
된다고 믿었다. 즉 죽은 후 인간을 신적 존재로 받드는 고대 신정국가였다.

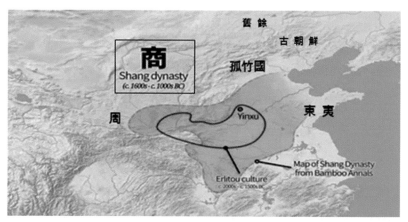

후기 상나라의 판도 – 붉은색은 초기 청동기 얼리터우 문화(二里頭文化) 유적의 영역, 녹색은 《죽서기년》
연구에 따라 중국 학계에서 비정하는 영토이다.                    *[출처] 나무위키 / 편집

왕은 제(帝)와 소통할 수 있는 유일한 제사장으로서 제에 대한 숭배 의식을 주도하였다. 제는 혈통적 의미가 있으므로 같은 조상 또는 신을 숭배하는 씨족 연합 국가임을 알 수 있으며, 이를 통해 상나라가 키시(箕氏)족들이 모인 도시국가였음을 알 수 있다. 그리고 제(帝) 신앙은 상나라의 멸망 후에도 불멸에 가까울 정도로 유지가 되었는데, 춘추전국 시대를 통일한 진나라에서는 위대한(皇) 상제(上帝)라는 뜻의 황제(皇帝)가 등장했고 진나라 멸망 후 전한과 후한 시기에 발흥한 도교 신앙과 결합이 되어 도교의 최고 신인 옥황상제가 등장했다. 그리고 AD 16세기 때는 외부 종교와 결합을 했는데 바로 기독교였다. 마테오 리치는 기독교의 신을 중국어로 표현하기 위해 신을 표현하는 단어들을 수집했고, 결국에는 상제라는 단어가 중국인들에게 잘 받아들여서 상제로 번역을 해 이후 천주 외에는 어떠한 단어도 허용하지 않겠다는 교황의 칙서가 떨어지기 전까지는 선교에서 폭넓게 쓰였다.

상나라의 중요한 풍습의 하나는 인신 공양이다. 상나라는 인신 공양으로 유명하지만, 상나라뿐만 아니라 고대에 인신 공양은 전 세계에 보편적으로 나타나는 현상이다. 청동기 시대 정복 전쟁이 시작되면서 많은 포로를 잡기 시작했고, 인신 공양 풍습이 시작되었다. 하지만 노예제가 확대되고 포로들이 노동력으로 인식되면서 점차 사라지게 된다.

상나라가 인신 공양으로 악명을 떨치게 된 것은 바로 상나라 시대부터 자세한 기록문화가 시작되었기 때문인데, '상서(尚書)'에는 '오직 상나라의 선인들만이 전(典)이 있고, 책(册)이 있었다.'라고 할 정도로 중국 최초의 역사 기록이 상나라로부터 시작되었다. 물론 이는 갑골문의 형태로, 갑골문자는 한자(漢字)의 원형이기도 하다. 그래서 주나라에서 약해졌다지만 주나라 시기의 인신 공양도 만만치 않았다. 인신 공양은 춘추전국 시대에도 계속 이어졌다. 인신 공양을 본격적으로 배척하기 시작한 건 춘추전국 시대 유가(儒家)가 발흥하면서부터의 일이다. 상나라의 후손들이 세운 나라가 춘추전국 시대 송(宋)나라이다. 그래서 주나라도 마찬가지이지만 송나라에서도 인신 공양 풍습이 있었다. 다만 인신 공양은 점차 사람이 아닌 소나 말로 대체되어 갔다. 상나라의 인신 공양 제물로는 노예들이나 유목민들인 강(羌)족이 주된 희생 양이었다.

상나라에서의 인신 공양 내용과 방법은 갑골문에 자주 나오며, 이와 관련된 것으로 보이는 유골 역시 다량으로 출토되고 있기에 고고학적으로 확인된 사실이다. 갑골문의 기록을 볼 때 농사가 안되거나 천재지변이 벌어지면 주술사를 제물로 썼다고 한다. 건축기술이 발달하지 않아서 건물이 무너지는 것을 막으려는 방편으로도 인신 공양을 했다. 신정일치(神政一治) 국가였던 상나라에서 인신 공양은 주로 노예나 강족과 같은 다른 민족의 포로를 잡아다가 죽여서 하늘에 제사를 지내는 형식으로 했다고 한다. 물론 적당한 제물이 없으면 자국민이라도 봐주는 건 없었다. 이렇게 제사로 쓸 인간을 죽이는 방법이 12가지나 되었다. 십이지의 하나인 묘(卯)자가 형벌의 한 종류로 쓰이기도 했다. 한자의 모양에서 짐작이 가겠지만 제물로 삼기 위해 세로로 두 토막을 내는 방법으로 소나 돼지 같은 동물을 정형할 때 모습을 상상하면 편할 것이다. 갑골문 기록 중에 '사로잡은 적국의 고위 여성을 이렇게 죽일까?' 하고 점치는 기록이 있다. 한자 '피 혈(血)' 역시 그 형상이 제기(皿)에 담긴 사람의 피를 나타낸다.

순장도 공공연히 벌어졌는데, 그냥 묻는 게 아니라 머리를 잘라버리고 묻었다. 이를 두고 '죽어서도 생각을 못 하고 명령에 순종하며 부림을 받게 하기 위해서'라고 해석하는 사람도 있다. 그러나 고대 중국에서는 생각하는 기관은 심장이라고 보았지 머리라고 보지는 않았기에, 무덤 주인의 혼의 기력을 보충하기 위한 것이라고 해석하기도 한다. 마치 실제 사람들이 건강을 챙긴다고 각종 보양식을 먹는 것처럼 영혼의 보양식 개념으로 순장한 것이라고. 어쨌든 이 잘린 머리들은 뼈 공장으로 보내져 뼈 그릇을 만드는 데 쓰였다. 이곳에서 출토된 두개골들은 윗부분이 톱 같은 도구로 잘려나간 흔적이 남아 있다.

게다가 인신 공양 제사의 흔적으로 발굴된 청동 솥 안에 삶긴 사람 머리가 있었다. 결국은 상나라가 멸망한 주요한 원인 중에는 제후국들에게 공포를 주기 위해 자행했던, 잔혹한 인신 공양의 대상이기도 했던 주변 제후국들이 같은 제후국인 주나라 편을 들었던 것도 이러한 이유였던 듯하다.

* [출처] 나무위키 / 동 제목 / 편집

### (3) 상나라의 왕 계보 * [출처] 나무위키 / 편집

사마천의 《사기》에서는 상왕실의 시조인 설을 상에 봉한 것이 제순 유우씨 시절이라는 기록이 나온다. 상나라는 이때 건국되었으되, 하나라를 내쫓고 중원의 일인자인 천자가 된 건 탕왕이라는 것이 《사기》의 기록이다.

《사기》에서는 하, 상, 주의 조상이 모두 황제 헌원 씨로 나오는데 이것이 사실이라면 가장 이상한 경우는 주나라이다. 상나라는 출토된 유물인 갑골문으로 나라의 존재와 왕들의 계보인 왕실 족보가 명백히 사마천의 기록과 일치함이 증명되었는데 황제 헌원 씨에서 하나라의 마지막 군주인 걸왕까지 총 20대, 황제 헌원 씨에서 상나라 중흥의 군주인 탕왕까지 총 17대이며, 황제 헌원 씨에서 상나라의 마지막 군주인 제신(주왕)까지는 총 46대이다. 그런데 주나라의 기록에서는 황제 헌원 씨에서 서주의 초대 군주인 무왕까지 총 19대에 불과하다. 여기서 약 1,000년 동안 약 20대가 벌어졌는데, 이를 적용하면 주나라는 직계에서 매우 먼 자손이 되어 버린다. 다시 말해서 주나라의 족보 기록은 상나라의 것을 바탕으로 과장한 것이며, 이것을 통해 주나라 왕실의 위상을 높이기 위한 기만행위로 보인다.

상나라의 계보상 시조 설로부터 13대째의 탕은 박(현재의 허난성 상추시)을 수도로 삼고 있었다. 탕은 현인 이윤의 도움을 빌려 하왕걸을 쓰러뜨리고 제후들에게 추천되어 왕이 되었다.

상나라 4대 왕인 태갑은 폭군이었기 때문에 이윤에게 추방되었다. 후에 태갑이 반성했고, 이윤은 이를 허락했다. 이후 태갑은 선정을 베풀어 태종(太宗)으로 칭해졌다.

9대 옹기 때에 왕조는 잠시 쇠약해졌다. 옹기의 다음 왕인 태무는 현인 이척을 임용해 선정을 베풀려 노력했고, 상 왕조는 부흥했다. 태무의 공적을 칭송해 태무는 중종(中宗)으로 칭해졌다.

중종의 사후에 다시 왕조는 쇠약해졌다. 조을은 현인 무현을 임용해 선정하려고 노력했고, 상 왕조는 부흥했다.

조을의 사후에 다시 왕조는 쇠약해졌다. 반경은 은허로 천도했고 탕 때의 선정을 부활시켰다.

반경의 사후에 다시 왕조는 쇠약해졌다. 무정은 현인 부열을 임용해 상

왕조의 중흥을 완수했다. 무정의 공적을 칭송해 무정은 고종(高宗)으로 칭해졌다.

상나라 고종 이후의 왕은 대체로 어리석은 폭군이었다. 상 왕조의 마지막 왕인 주왕(紂王)은 즉위 후 달기라는 미녀에게 빠지고 폭정을 자행했고, 백읍고가 아버지 희창을 위해 알현하고 원숭이를 바쳤는데 달기의 모함 때문에 주왕(紂王)에게 살해당하고, 부친은 사면을 위해 주왕에게 살해당한 백읍고의 육병을 먹은 뒤 귀가하고, 먹은 육병을 토했고, 임종 전에 상 왕조를 멸망할 대책을 세운 후 그의 아들인 희발(姬發)이 상나라의 여러 제후를 모아서 주왕을 주살하고 상 왕조는 멸망했다.

갑골문에서 발견되는 상나라의 역대 왕명은 모두 십간을 따라지었다. 상나라가 제정일치 성격이 강했던 면모의 일환으로 보이기도 하는데, 갑골문으로 확인한 왕명과 순서가 사마천의《사기》기록과 거의 일치한다. 물론 다 같은 것은 아니고 마지막 왕 '제신(帝辛)'의 기록은 다르다. 그동안 제신의 평가는 사마천의《사기》에 의존했는데 갑골문이 발견되면서 재평가되기 시작했다.

중시조인 탕왕 이후 상나라는 여러 번 천도하는데, 발굴되어 확인된 상나라의 도읍으로는 중기의 수도인 박(亳)으로 추정되는 하남성 옌스 유적 그리고 최후의 수도인 하남성 안양시의 은허 유적지가 있다. 갑골문은 주로 이 안양 은허 유적지에서 발굴된 것이다. 다른 유적지에서는 갑골문 출토가 드물다. 사실상 갑골문은 상나라의 문자가 명확하며, 은허 이전의 갑골문은 거의 없다고 봐도 무방한 수준이다. BC 13세기 무정(武丁) 시기에 전성기를 맞이했으며, 주변 종족들을 대거 복속시키면서 영향력을 확대했다. 그러나 왕조 말기의 왕인 제을(帝乙)과 제신(帝辛) 부자의 과도한 동방정책으로 서방 지역에서의 영향력을 상실했고, 이 틈을 탄 산시성지역의 주나라가 서방 부족을 모아 상나라를 공격했다.

결국 상나라는 BC 1046년 목야의 대회전에서 대패하여 국가가 멸망하고 말았다. 마지막 왕이었던 제신에게는 주나라에 의해 불명예스러운 '주(紂)'라는 시호가 내려졌으며 하나라의 걸왕과 함께 폭군의 대명사로 일컬어지게 되었다. 그리고 상나라 왕족인 미자(微子) 계(啓)에게 공작위를 수여하여 제후국인 송(宋)에 봉했고 나라의 근본인 상(商)의 제사(祭祀)를 계승하도록 했다. 송나라는 다른 제후국들과는 다르게 주나라 천자의 제례가 허락되었는데, 이것은 전 왕조의 후예를 대우한 것이었다.

### (4) 상나라의 유물과 유적 * [출처] 나무위키 / 동 제목 / 편집

상대를 특징짓는 것은 무엇보다도 도철문이 아로새겨진 청동기다. 즉 상나라는 청동기 문명권이었음을 알 수 있다.

이 시기 청동기들은 조형 수준도 뛰어나지만, 도철문의 형태나 크기, 위협적인 형태의 장식 등이 상나라 이후의 중국 왕조 문화와는 상당히 다른 모습을 보여주고 있다. 남아메리카 고대 문명의 모습을 연상케 할 정도이다. 상나라 시대의 청동기들은 종류까지 참으로 자유분방해서, 고고학자들이 하나하나 특징을 잡고 명칭을 붙이느라 애를 먹는다. 국내에 아직 번역되지 않은 《케임브리지 중국고대사》 '선진편'에 따르면 대략 4~5개 정도의 구분이 존재한다.

당시 청동기를 만드는 기술은 주나라 이후처럼 대량 생산하기는 어려웠던

**청동 항아리** * 사진 [출처] : 나무위키 / 동 제목 / 편집

모양인지 청동기들은 주로 제사에 쓰였다. 주나라 시대로 가면 장식이 다소

간략해져서 이전 시대보다도 오히려 청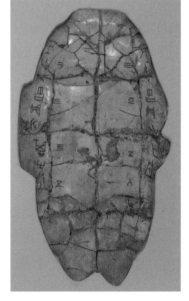
동기 주조 기술이 퇴보한 것처럼 보이지
만, 이는 단순히 주조 기술이 후퇴해서
가 아니라 청동기가 단순 제사용에서 확
장되어 귀족의 기념물에 이르렀기 때문
이라고 생각할 수 있다. 아닌 게 아니라
주나라의 청동기는 문양이 화려하지 않
은 대신, 유물의 주인이 주 왕실로부터
받은 은사나 선조의 공덕, 자기 자랑을
구구절절하게 새겼음이 특징이다. 그래
서 사료적인 가치는 오히려 주나라 것이
더 높다.

**갑골문(거북 배딱지)**
* 사진 [출처] : 나무위키 / 동 제목 / 편집

고도로 발전한 청동기 기술에 비해 상나라의 건축기술은 그다지 발달하지 못했다. 이를테면 기와가 발명되지 않아 자주 지붕을 갈아야 함은 둘째 치고, 한번 지은 건물의 공학적인 내구도가 낮아 자주 새로 지어야 했다. 건물이 붕괴하는 일도 잦아서 건물을 짓기 전 인간 제물을 땅에 묻어 건물이 튼튼해지기를 기원하기도 했다. 이런 풍습은 지진으로 건물이 자주 무너지던 일본이나, 아프리카나, 아메리카 원시문명에도 있었던 풍습으로, 이 때문에 상대의 건축물 기둥 유적 아래에서 사람의 인골이 나오는 경우가 많다.

### (5) 상나라의 멸망

기록상 상나라는 주나라의 무왕(희발)에 의해 멸망하였으며, 이 당시 상나라의 왕은 미희 달기와 함께 국민을 잔혹하게 다룬 30대 주왕(紂王)이다. 이 당시 상나라의 멸망에 대한 여러 가지 설화가 전해진다. 그러나 상나라를 멸망시킨 주나라의 본질은 철기와 전차를 가지고 동방으로 이주한 이란계 히타이트인이다. 그들은 BC 1180년경에 중동지역에서 해양족(그리스의 미케네인으로 추정)에게 멸망한 후 동방으로 이주하여 황하 서쪽으로 들어와서, 본래 그곳에 거주하던 서이족을 파촉지역으로 내몰고 국가를 건설한 이란계 중동인이다. 그리고 후에 강태공을 중심으로 한 서이족과 연합하여 그 당시까지 청동제 무기를 전투에 사용하던 상나라를 정복했다.

상나라의 멸망연대에 대해서는 여러 가지 설이 있다. 그러나 주나라 무왕이 상나라를 멸망시킨 연대는 중국 역사의 해당 시기를 판단하는 데 중요한 요소이다. 만일 상나라의 멸망연대가 잘못될 경우 그것을 기점으로 상나라와 주나라 역사는 모두 허위가 된다.

상나라의 멸망은 주나라의 무왕이 서이족의 강태공과 연합하여 일으킨 반란의 결과이다. 여기서 강태공의 일화를 살펴보면 그는 BC 1140년(?) 9월 12일에 태어났다고 하며, 키시의 상나라를 멸망시킨 인물로 염제 신농의 후손이라고 전해지고 있다. 그의 성은 강(姜)씨로, 강태공의 본관은 천수 강씨이며, 이름은 상(尙)이다. 그는 주문왕이 항시 꿈에서라도 바라던 인물로, 비로소 나타났다 하여 태공망이라고 불린다. 다만 여기서 강태공을 염제 신농의 후손이라는 것은 잘못된 역사적 오류이다. 왜냐하면 신농은 농경신(엔키)으로 키시(箕氏)족을 뜻하기 때문에 서이(西夷)족 출신의 강태공이 신농의 후손이 될 수 없다. 오히려 황제 헌원의 후손이 되는 것이 이치에 맞다. 이 강태공은 주나라 무왕을 도와 주나라를 건국한 일등 공신으로 상나라 멸망 후에 제나라의 제후가 된다. 그리고 강태공의 후손들은 대대로 제나라를 다스렸으며, 이 시기에 중국의 고(高)·노(盧)·여(呂)·정(丁)·사(謝)·하(賀)·최(崔)·역(易)씨 등 수많은 성씨가 강태공의 자손으로부터 갈라져 나왔다고 한다. 그러나 이것은 이들 성씨가 모두 이리두(夷族)의 대표적인 성씨로 강태공을 이리두의 중시조로 섬기는 데서 나온 것이다. 현재 강태공의 후손은 한국의 진주 강씨와 중국의 천수 강씨라고 한다.

BC 1046년 겨울에 상나라 주왕의 방탕한 정치가 계속되어 천하가 어지러울 때 강태공은 4만 5천의 군사로 72만의 상나라군을 대파하였다고 한다. 그러나 이런 멸망 연도에는 의문의 여지가 많다. 또한 기록상 그가 동이족이라고 하나, 그 당시 황하 서쪽 지역(위수강)에는 서이(西夷)족이 지배하고 있어서 그는 명백한 서이족이다. 그리고 그 지역의 서이족들은 후에 진나라를 부강시켜 전국 시대를 마감하고 다시 중국을 화하족으로 통일 하는 테 큰 역할을 한다.

## 2. 기자조선과 고죽국(孤竹國, BC 1000년~BC 660년) * [출처] 다음 / 백과사전 / 동 제목 / 편집

　　상나라가 멸망한 후 주나라가 기자를 왕으로 봉했다는 곳으로도 알려진 고죽국과 기자조선은 특별한 연관성을 가지고 있다. 여기서 고죽국은 상나라 때 제후국의 하나였다고 한다. 그리고 상나라가 멸망하고 주나라가 들어서자 고죽군의 아들인 백이와 숙제가 기자에게 양위하고 수양산에 들어가 충절을 지키다가 굶어 죽었다는 일화가 전해 오고 있는 곳이다.

　　수서(隋書) · 구당서(舊唐書) · 신당서(新唐書)의《배구전》에 "고리(高夷; 고구려)는 본래 고죽국이다. 주나라가 기자를 봉하여 조선으로 삼았다."는 기록이 있다. 그리고《삼국유사》에는 고죽국을 황해도 해주로 비정했으나, 이는 고대 지명에 대한 이해 부족으로 만든 오류이다.

　　고죽국의 고성(故城)은 지금의 하북성 천안현(遷安縣)에 있었던 것으로 보이며, 특히 고죽성(孤竹城)의 위치가 "노룡현 남쪽"이라고 기록된 것을 보면, 그곳은 지금의 하북성 노룡현으로, 천안현과 땅을 접하고 있는 지역이다. 그리고 그 당시 고죽국의 강역은 하북성 난하의 서쪽 부근에서부터 대능하 일대까지 포괄하는 지역이었다. 이 지역은 고삼국 시대에 원래 상나라가 있었던 곳으로 상나라가 하나라(이리두)를 멸하고 황하로 진출한 후에 하나라의 후예인 백이와 숙제의 선조에게 고죽군으로 봉해 다스리도록 한 곳이다. 이 때문에 고죽국을 백이가 상나라에서 이주해 온 기자(箕子)에게 다시 돌려준다는 의미로 군위를 넘겨줘 기자조선(箕子朝鮮)을 세우게 한 것으로 보인다.

고죽국은 본래 상나라 때까지는 고리(이리두)족의 나라였으며, 그 수도는 '안'자가 들어간 천안(遷安)이다. 특히 고죽군의 아들인 백이(伯夷)는 이름 자체가 '백이−이리두의 귀족'이라는 의미가 있는 것으로 보아 원래 고죽국은 고리족의 나라인 것이 명확하다.

그리고 기자조선(箕子朝鮮)은 요하의 조양과 선양에 있는 고조선과는 별개의 조선으로 존재하면서 번한(고조선)연맹체의 일원이 된 국가였다. 더불어 이곳은 훗날 연나라에게 멸망하고 복속된 고조선 영토의 일부이다.


## 3. 주나라의 본질

한국의 상고사를 기술하는 데 주나라의 본질을 찾는 이유는 중국이 말하는 주나라의 지배족은 화하족이 아닌 이민족이기 때문이다. 다시 말해서 주나라의 본질은 화하족을 약 800년 동안 지배한 이란계 히타이트의 이주자들이기 때문이다.

주나라의 한자를 분석해 보면 H, T, T, T로 분해된다. 이것은 '히타이트(HiTTiTE)의 땅'이라는 의미의 글자를 한자로 형상화한 것이다. 즉 '주(周)'자는 그 안에 히타이트라는 국명을 나타내는 상형문자임을 알 수 있다. 다시 말해서 주나라는 자신들의 본질이 중동에서 이주해온 이민족임을 숨기고

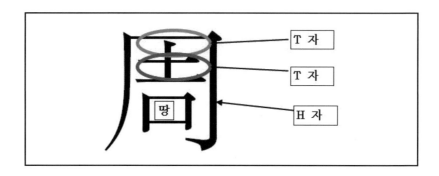

800년간 중국을 지배했던 것이다.

### (1) 히타이트의 붕괴와 주나라

주나라의 역사를 말하면서 중동에 있는 히타이트를 언급하는 것은 의외일 것이다. 그러나 고대 중국의 주나라는 엄연히 중국의 화하족이 세운 국가가 아니다. 중동의 히타이트가 붕괴하면서 동방으로 이주해 온 이란계 국가다. 그래서 지금의 중국말도 인도 · 유럽어족과 같은 어순과 발음법을 갖게 된 것도 이 때문이다. 특히 주나라 사람들은 철기와 2륜 전차를 다룰 줄 알고 전투에 능한 사람들이다. 그래서 그들은 우수한 무기를 갖고 서이족 강태공을 앞세워 그 당시 강성했던 상나라를 멸망시킬 수 있었던 것이다.

여기서 히타이트는 역사적으로 BC 2000년 무렵부터 BC 1190년에 걸쳐 소아시아를 중심으로 활동한 이란계 국가이다. 이들은 건국 후에 말과 전차 그리고 철제 무기를 사용하여 오리엔트 최강 국가를 이룩하였다.

흑해 넘어 코카서스지역에서 기원한 것으로 보이는 히타이트인들은 처음에는 아나톨리아 중부를 장악하고 하투샤를 수도로 정하였다. 고왕국 초기에는 시리아 북부로 세력을 확장하였고 바빌론까지 원정하였다. 그 뒤 왕위 계승을 둘러싼 내분으로 왕권이 불안정해지고 혼란한 시대가 계속되었으나, BC 15세기 중엽에는 다시 강력한 왕권을 확립하고 신왕국을 건설하였다. 그리고 BC 14세기에는 전성기를 이루고 아나톨리아 서남부에서 시리아까지로 히타이트 영역을 확장하였다. 이때 히타이트인들은 철제 무기와 2륜 전차에 의한 새로운 전술을 개발하고 발전시켰다. 특히 무와탈리시는 BC 1299년 시리아의 패권을 둘러싸고 이집트의 람세스 2세와 오론테스강변 카데시에서 대규모 전투를 벌였다. 이 전쟁에 대해 카르나크신전 비문에는 이집트가 승리한 것으로 기록되어 있으나, 그 후에도 시리아는 여전히 히타이트의 지배 아래 있었다. 그리고 전쟁 16년 뒤 하투실리시 3세와 람세스 2세가 상호방위

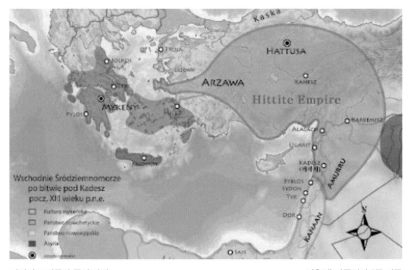

히타이트 제국과 주변 정세

* [출처] 나무위키 / 동 제목

조약에 의한 평화협정과 왕족 간 혼인을 맺고 전쟁을 끝냈다. 그러나 히타이트는 BC 1198년~BC 1196년의 3년간 대기근과 그 무렵 소아시아 서쪽에서 몰려온 해양 민족(미케네인으로 추정; 일리아드와 오디세이)과의 대규모 전쟁과 대기근에 의해 BC 1190년경 갑자기 와해되었다. 이때 히타이트를 지배하던 상당수의 사람은 동쪽으로 이주하였으며, 이들은 황하 서쪽의 관중(關中)지역으로 들어와 상나라 변방에 주나라를 세웠다.

히타이트 사회는 기본적으로 봉건적 농경사회였다. 평민은 자유인과 장인으로 구성되어 있었으며 노예가 있었다. 아나톨리아는 은과 철이 풍부했고, 히타이트 제국 시대에는 제철 기술을 발달시켜 철기 시대의 막을 열었다.

### (2) 주나라의 성립과 화하족

주나라의 근본을 따지면 중동지역의 히타이트가 BC 1190년경 멸망하면서 그들의 일부가 동방으로 이동하여 건설한 국가이다. 그들은 전차와 철기를 가지고 황하 서쪽으로 이주하여 상나라의 주변(周邊)에서 국가를 세우고, 뒷날 화하족의 강태공(여상)을 앞세워 상나라를 멸망시켰다. 사실상 강태공은 이민족(히타이트) 주나라의 앞잡이가 되어 화하족의 역사적 뿌리를 뒤흔들어 놓은 장본인이다. 결국 승자의 역사만이 남아 우리에게 전해지기 때문에 마치 강태공이 화하족의 시대적 영웅인 양 역사 속에 남아 전해오고 있는 것이다.

주나라의 역사가 화하족의 역사가 아닌 것은 주나라의 본질이 중동계 히타이트로, 그들이 지배한 800년은 중국이 식민 지배 시절로 화하족의 입장에서는 치욕의 역사이다. 인도가 영국에게 수백 년간 식민 지배를 받은 것이 자랑스러운 인도 역사가 아닌 것처럼, 중국이 이민족 주나라에게 식민 지배를 받은 800년은 떳떳한 중국의 역사로 내세울 수 없는 것이다. 그러나 지금의 중국 역사학자들은 주나라가 마치 화하족의 역사인 것처럼 기만하고 있다.

여기서 화하족을 식민 지배한 주나라의 중요한 특징을 살펴보면 다음과 같다.

첫째, 중국 역사상 처음으로 농경 중심의 봉건제를 시행하였다는 점이다. 이것은 히타이트의 사회 구조와 똑같다.

둘째, 전투에 철제 무기와 전차를 사용했다는 점이다. 이 당시 중국은 청동제 무기를 사용하고 있었으며 상나라 또한 청동 무기로 주나라와 싸웠기 때문에 몇 배나 더 많은 병력으로도 전쟁에서 지고 만 것이다.

셋째, 주나라 언어와 상나라 언어는 서로 다른 어순과 발음체계를 가지고 있다. 갑골문에서 비록 상당수의 글자를 식별할 수 있지만, 그중 대부분의 뜻은 해독할 수가 없는 상황이다. 이를 비교하자면 중국인이 한국식 문장을 보는 것과 같다. 다시 말해서 글자의 의미는 알아볼 수 있으나 전체 문장을 해독할 도리가 없다. 왜냐하면 주나라 때부터 중국말이 히타이트어와 같이 인도·유럽어의 어순을 갖게 된 것 때문이다. 그래서 갑골문을 현재의 중국 어순으로는 해독이 어려운 것이다. 고대 상나라는 키시(箕氏)족으로 우리의 조상인 고조선과 같은 교착어를 사용한 사람들이기 때문에 우리말 어순에 따라서 해독을 해야 올바른 해석이 가능하다. 즉 고대 중국의 하·상·주 시대를 각각 분류해 보면, 하나라와 상나라는 한민족의 고대국가이고, 주나라는 히타이트로 화하족이 아니다.

고대 하 · 상 시대에서 하나라는 멸망한 후 동이족과 고리족이 되어 마한과 고구려로 한반도에 들어오고, 상나라는 멸망 후 고죽국을 양위 받은 기자를 통해 고조선에 편입되어 한민족의 구성원이 되었다. 이것은 중국인들이 자랑하는 고대 하 · 상 · 주 역사가 한민족의 역사와 식민역사이며, 실제 화하족의 역사는 진시황제가 주나라를 멸하고 중국을 통일한 이후가 타당하다.

주나라 시대를 화하족의 식민역사로 볼 수 있는 것은, 주나라의 형성된 시기 BC 1100년경에 황하 서쪽에 별안간 출현했다는 점이다. 이것은 중동지역의 히타이트가 BC 1190년경에 멸망한 것과 직접적인 관련성을 가지고 있다는 것을 유추할 수 있다.

넷째, 그들은 스스로 "우리들의 혁혁한 조상은 곤륜에서 왔다."고 말한다. 여기서 곤륜은 히타이트의 본향 아나톨리아산맥을 의미한다.

다섯째, 주왕조의 초기 성씨는 희기, 희창, 희발에서와 같이 '희'자 돌림이다. 이는 자신들이 '히'타이트의 후예라는 것을 알리기 위해 만든 성씨임을 미루어 짐작할 수 있다.

여섯째, 현재 발굴된 주나라 때의 묘지에서 초기 서주 시대의 묘는 백인종(코카서스계)의 특징을 지닌 두상(頭像)과 벽화가 발견된다. 이는 상나라 묘의 전형적인 황인종 특징을 지닌 청동기 인면상과는 확연히 구분된다.

기록에 따르면 주나라의 무왕 희발이 상나라를 멸망시킨 연대는 BC 1127년~BC 1018년 사이일 것이라고 한다. 다만 지금은 BC 1046년으로 특정한다. 그러나 기록상 그중에서 가장 타당한 시기는 기록상 나타나는 오성취방 현상을 근거로 도출한다면 BC 1018년이 특정되기도 하였다. 즉 BC 1019년 9월 17일에 오성취방 현상이 있었으므로 BC 1018년이 가장 근접한 시기로 보았던 것이다. 여기서 오성취는 금성, 목성, 수성, 화성, 토성의 5개 별이 일직선으로 나열되는 매우 보기 드문 천체 현상이다. 특히 오성취방이란 5성이 방수 부근에 모이는 것을 일컫는 말이다.

이와 같은 사실에 근거하여 상나라의 멸망 과정을 정리하면 BC 1019년 9월 17일 중국 서쪽 하늘에 오성취방 현상이 있었으며, 이를 관찰한 서주의 무왕은 때가 되었다고 판단하고 서이족의 강태공과 연합하여 군사를 일으켰다. 그리고 드디어 군사를 이동하여 BC 1019년 12월 18일에 맹진에서 황하를 건넜다. 그 당시 상나라의 주왕(제신)은 나라의 안녕과 번영을 위해 제사를 지낸 후, 주나라 정벌전에 임했다. 그러나 BC 1018년 2월 22일 목야대전에서 결국 주무왕이 승리하고, 상나라는 멸망되었다고 하는 일설이 있다.

상나라가 멸망한 그해 기자(箕子)는 동쪽으로 이주하여 고죽국으로 망명하였다. 그리고 백아와 숙제에게 고죽국을 양위 받았다고 한다. 당시 고죽국은 고조선연맹에 속해서 포괄적으로 조선이라는 국명을 사용했던 것으로 여겨진다. 이것을 중국 역사서에서는 마치 주나라 무왕이 기자를 조선의 국왕으로 봉한 것처럼 역사를 호도한 것이다. 그 당시 연산산맥 넘어 요하와 발해만 지역에는 강력한 고조선(번한)연맹이 존재하고 있었기 때문이다.

### (3) 기자(箕子)가 고조선으로 망명

키시(箕氏)족의 상나라 백성은 이민족 주나라에게 멸망당한 후 같은 키시족의 고조선으로 대거 망명한다. 이것이 중국 고사에서는 기자 동래설로 이야기되는 것이다. 여기서 기자는 상나라 태정제의 아들로 주(紂)왕의 숙부이다. 주왕의 폭정에 대해 여러 차례 간언하다가, 받아들여지지 않자 미친 척하며 지냈다고 한다. 그러나 이것을 못마땅하게 생각한 주왕이 그를 유폐시켰으며, 그 후 상나라가 멸망한 뒤에는 석방되어 주(周)무왕이 신하가 되기를 권하였으나 거부했다고 한다. 그리고 상나라의 유민들을 이끌고 주나라를 벗어나 고죽국(훗날 기자조선)으로 이주하였다. 이것이 기자가 한반도로 옮겨가 기자조선을 건국했다는 이야기로 와전된 것이다. 즉 상나라가 멸망한 후 기자가 조선으로 이주했다는 것은 같은 동족(箕氏) 국가인 고조선의 인근 고죽국으로 망명한 것을 표현한 것으로 생각된다.

4장

# 대륙 삼한 시대

# 4장 대륙 삼한 시대

대륙 삼한은 훗날 한반도 내에 구성된 반도 삼한과는 달리, 내몽골 홍산에서 요하(발해만)를 거쳐 산둥반도에서 한반도에 이르는 광범위한 지역에 성립된 삼한연맹체이다.

대륙 삼한 시대는 전기와 후기로 구분된다. 전기는 우리 한민족이 황하 유역의 지배권을 히타이트계의 주나라에 빼앗긴 후 BC 1000년경 홍산과 산둥 · 발해만에 걸쳐서 형성된 삼한(신한, 번한, 마한)연맹체 국가들이다. 여기서 신한(산융)은 BC 1000년경 고죽국에서 올라온 백이(고리)가 기존의 구려(우르+웅족)와 연합하여 만든 연맹체 국가다. 그리고 전기의 신한(산융)과 고죽국(기자조선)이 BC 660년경 제나라에 멸망한다. 마한은 BC 1600년경 하나라 멸망 후 태산과 산둥 주변의 동이족연맹이고, 다만 후기 마한은 BC 770년경 주나라가 산융(신한)에게 쫓겨 동주(성주)로 천도하면서, 산둥지역에 살던 동이(東夷)족이 BC 5세기경 제나라에 밀려 한반도로 이주해서 만든 연맹체이다. 그리고 번한은 조양을 중심으로 요동 방향으로 국력을 확장하고 있었다. 그래서 실체적인 전기 대륙 삼한은 BC 1000년경부터 BC 660년으

BC 7세기경
전기 대륙 삼한(신한, 번한, 마한) + 고죽국

BC 5세기경
후기 대륙 삼한(진한, 번한, 마한) - 흉노

로 보아야 하며 중국의 서주 · 춘추(春秋) 시대와 비견된다. 후기는 신한이 진한(동호)으로 재편되고 산둥지역의 동이(마한)족이 한반도로 이주하면서 만들어진 것이 후기 대륙 삼한(진한, 번한, 마한)이며, 이는 중국의 전국(戰國) 시대와 비슷한 시기이다.

후기 대륙 삼한은 진한(동호)이 흉노에게 멸망하는 BC 203년까지 계속된다. 번한은 BC 280년 연나라의 진개에게 밀려 한반도로 쫓겨 들어오고 BC 194년 위만에게 멸망한다.

여기서 신한과 진한은 하가점 상층 문명기에 해당한다.

전기 대륙 삼한은 신한(산융), 번한(고조선), 마한(동이)이며, 후기 대륙 삼한은 진한(동호), 번한(고조선), 마한(진국)으로 변화한다.

전기와 후기 대륙 삼한에서 변화한 것은 신한+고죽국이 멸망하고 진한+흉노로, 동이 마한이 반도 마한으로 전환한 것이다. 전기 대륙 삼한에서 주의할 점은 고죽국이다. 역사 기록상 고죽국은 하북성 동북쪽 난하와 대능하 사이에 있었으며, 기자가 백이에게 양위 받은 곳으로 '기자조선'의 실체이다.

훗날 신한(산융)이 연과 제나라의 연합군에게 멸망당할 때, 공동운명체가 되어 연나라에 복속되는 운명을 맞는다. 이 당시 번한(고조선)은 연산산맥 넘어 발해만 연안(조양과 선양)지역에 있었으며, 고죽국(기자조선)이 멸망한 이후에는 직접 연나라와 국경을 맞대고 여러 차례 싸웠다는 기록이 나온다.

신한(산융)연맹은 고리(高夷), 우르(餘族), 웅(熊)의 3족 연맹체이며, 진한은 고리와 우르가 웅족을 떠나 동쪽의 사해 흥륭와지역에 새로운 연맹체를 결성해 만든 것이다. 진한이라는 명칭도 '먼지(辰)가 많은 곳에 세운 한(韓)연맹'에서 기인한 것으로 여겨진다. 번한도 '뻘(한자음; 번)이 있는 곳에 세운 한 연맹'이라는 의미가 있으며, 마한은 '산(뫼=마)이 있는 곳에 결성된 연맹'이라는 의미가 있다. 여기서 산은 태산을 지칭한다. 특히 후기 대륙 삼한 시대에는 진한에서 떨어져 나간 '웅족'은 '흉노(匈奴)'로 발전해, 훗날 묵돌선우가 동호(진한)국을 멸망시키고 한때는 한제국을 위협하는 존재로 성장하기도 한다.

진한(동호)이 멸망한 후 우르(餘族)족은 동쪽으로 이동하여 흉노의 영향력이 적은 북만주지역에서 부여(夫餘; 북우르)국을 건설한다. 고리(高夷)족은 초기에 우르(餘族)족의 부여에서 속해 함께 살다가, 동부여를 거쳐서 고주몽을 중심으로 고구려를 건국한다.


## 1. 전기 대륙 삼한 시대(BC 1000년~BC 667년)

전기 대륙 삼한은 신한(산융)연맹과 번한(고조선), 마한(동이)으로 구성된다. 이 시대의 역사적 시간은 신한연맹(BC 1000년~BC 660년)이 존속한 기간이다.

신한연맹은 배달국 후예인 구려의 우르(餘族), 웅(熊)족과 하나라의 후예 고리(高夷)족이 만든 연맹체 국가다. 주요 활동 무대는 내몽골 홍산이며 유목, 수렵, 채집으로 생활을 영위했다. 번한연맹은 키시(箕氏)족의 국가로 요하 유역과 발해만 연안의 바닷가를 끼고 있어 농사와 어로, 수렵, 채집, 유목 등의 다양한 산업 활동을 영위하였다. 마한연맹은 동이(東夷)족의 국가로 태산을 중심으로 산둥반도와 태산의 동남단에서 농경, 어로, 수렵, 채집의 생산 활동을 영위하였다.

고죽국은 하나라(이리두; 夷族)의 후예인 백이(伯夷)가 상나라(키시; 箕氏)의 후손 기자에게 양위를 한 곳이다. 양위 후 백이(伯夷)와 숙제(叔齊)는 무리를 이끌고 내몽골의 홍산으로 여겨지는 수양산(首陽山)으로 들어간다. 이것이 높은 곳으로 간 이리두(夷族)라는 호칭의 고리(高夷)족이 탄생하여 신한연맹에 합류하게 된 이유이다.

고죽국은 역사 기록상 기자(箕氏)가 백이(高夷)에게 양위 받은 기자조선으로 칭해진 곳이다. 이같이 전기 대륙 삼한의 국가들은 신시·배달국부터 고삼국(배달국, 고조선, 하나라)을 주도했던 우리 한민족의 후예들이 동북아 지역에서 재편되면서 만든 연맹체 국가들이다.

## 1) 신한(산융)(BC 1000년~BC 667년) * [참조] 나무위키 / 동 제목 / 편집

### (1) 개요

신한연맹은 새로운 한민족연맹으로 상나라가 멸망한 후 기자에게 고죽국을 양도한 고리족의 백이와 숙제가 내몽골 홍산의 하가점(수양산)에 들어오면서 만들어진 연맹체 국가이다. 다시 말해서 고리족이 배달국 멸망 후 홍산에 남아 있던 우르족과 웅족의 후예들이 규합해서 신한연맹을 결성한 것이다. 여기서 하가점(夏家店)은 '하나라의 후손인 백이와 숙제가 자리 잡은 곳'이라는 의미가 있다.

신한은 산융(山戎), 또는 무종씨(無終氏), 북융(北戎)으로 불리며 이들은 중국 춘추 시대에 존재한 유목민족으로 요서(홍산)와 하북에서 활동했으며, 제나라의 공격을 받고 멸망했다고 한다. 중국 측 기록에서 신한연맹의 호칭을 산융, 견융, 북융 등의 웅족을 주체세력으로 칭한 것은 후기 대륙 삼한 시대에 웅족이 발호하여 흉노가 되면서 중국에 심각한 위협이 되었기 때문이다.

고고학적으로는 한국학계에서 적봉부터 요서 일대에 걸쳐 있던 비파형 동검이 특징적인 유목 문화인 하가점 상층 문화를 산융으로 비정한다. 이것은 산융이 연나라와 접해있다는 지리적인 특징으로 연나라계 문화가 하가점 상층 문화가 팽창할 때 위축되고, BC 7~6세기 동안 급격히 몰락한다는 점 등 역사서와 일치하는 정황이 보이기 때문이다. 하가점 상층 문화의 후기에 요서에서 나타나는 십이대영자 문화, 즉 고조선(번한)에게 많은 영향을 미쳤던 것으로 추정된다.

이전의 중국 학설은 하가점 상층 문화를 동호(진한)에 비정하고 옥황묘 문화를 산융으로 비정하는 학설도 있으나, 동호는 BC 4세기부터 중국 역사서에 나타난다는 점과 이상의 증거에서 하가점 상층 문화는 산융에 더 적절하다는 점에서 반박되고 있다.

### (2) 신한연맹의 역사

신한(산융; 山戎)은 기록상 중국의 춘추 시대에 지금의 황하 서북부(홍산) 지역에서 유목을 하면서 연나라와 제나라 등의 여러 나라를 침입했던 부족연맹이다. 특히 이들 중의 하나인 견융(이)은 서주 시대 말에 주나라 수도인 호경까지 점령하여 유왕을 죽이고 주나라가 동쪽의 성주로 천도하게 만들었다. 원래 주나라는 무왕 때부터 소왕 그리고 목왕에 이르는 동안이 주왕조의 전성기였다. 그러나 BC 9세기부터 제후들이 이반하기 시작했고 견(산)융의 침입이 잦아져 주나라는 쇠퇴기에 접어들었다. 그 후 11대 선왕은 한때 견융을 격퇴하여 일시적으로 세력을 회복하였으나 그의 아들 유왕은 포사를 총애하여 내정을 문란시켰고, 이것이 또다시 견(산)융의 침입을 초래하여 유왕은 살해되었다. 그 후 유왕의 아들인 평왕은 BC 770년 도읍을 성주(낙읍)로 옮기고 다시 주왕조를 부흥시켰다. 그래서 평왕이 동천하기 이전을 서주(西周)라고 하고, 그 이후를 동주(東周)라고 한다. 또한 주나라가 견융의 침입으로 도읍을 옮긴 BC 770년부터 진(晉)이 한, 위, 조 3국으로 분열된 BC 403년까지를 춘추(春秋) 시대라고 하며 그 이후를 전국(戰國) 시대라고 한다. 여기서 춘추 시대라는 명칭은 공자가 편찬한 역사서 《춘추(春秋)》에서 비롯되었다.

이렇듯 중국의 역사에 자주 나타나는 산융과 견융은 중국식의 야만족이 아니라 우르(餘族)족과 고리(高夷)족 그리고 웅(熊)족을 중심으로 재편된 신한연맹으로 후기 청동기 문명기에 속한 우리 한민족 국가이다. 이들은 하가점 상층 문명으로 비파형 동검을 사용하면서 지역적으로는 내몽골에서 요서와 요동을 거쳐 한반도에 이어지는 청동기 문명권에 속한다.

신한연맹의 일파인 견융은 과거 상나라를 멸망시킬 정도로 막강한 주나라를 공격해 동쪽으로 천도하도록 만들 정도로 강력한 연맹계 국가였다. 또한 산융은 한때 강대해져 그 세력의 범위가 춘추 시대의 연나라, 조나라, 제나라까지 영향을 미쳤다. 연나라를 자주 침범했으며, BC 705년에는 연나라를 넘어 제나라를 공격하기도 했었다.

BC 679년, 제환공이 제후들 사이에서 패권을 잡고 산융이 중원에 끼치는 영향을 해결하고자 했다.

BC 664년, 산융이 다시 연나라를 공격하자 연나라는 제나라에 도움을 요청했고, 제환공은 연나라를 구하기 위해 군사를 일으켰으나, 이듬해인 BC 663년에 산융은 이미 북방으로 되돌아갔다.

제나라와 연나라의 연합군은 북진을 계속하여 산융의 고죽국 근거지인 무종산(無終山; 현재의 하북성 천안시 연산 일대)을 공격해 크게 이겼다. 산융의 왕은 고죽국에서 홍산으로 도피했고, 연합군은 최종적으로 산융을 북벌하고, 영지(令支)를 치며, 고죽군을 참한 뒤 남쪽으로 돌아갔다. 제환공의 산융 정벌 때 고죽국(기자조선)도 동시에 멸망하고 그 유민들은 번한(고조선)연맹으로 망명했다. 이로 인해 연나라의 강역은 대능까지 넓히게 되었고 제나라의 북쪽 방벽이 되었다.

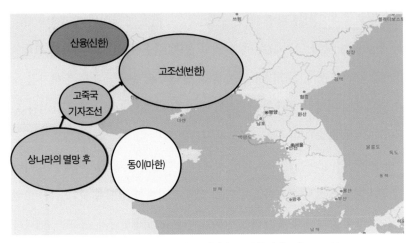

전기 대륙 삼한 때 시기에 키시(箕氏)족의 이동 경로 : 상나라 – 고죽국(기자조선) – 고조선

BC 660년, 제환공은 다시 군사를 일으켜 이지(離支, 홍산)의 땅을 쳐 산융을 정복했으며, 이때 신한연맹은 와해되었다.

### (3) 신한(산융)의 유적과 유물

신한연맹의 유물과 유적들은 홍산지역의 하가점 상층 문명에 속한다. 동일 지역에서 신석기 유물들이 같이 출토되지만, 신한연맹의 한민족 문명사적으로는 청동기 유물에서부터 찾아 나가야 한다.

신한연맹의 대표적인 유적으로는 남산근촌(南山根村) 유적이 있다. 이 유적은 중국 요령성 영성현(寧城縣) 남산근촌에 있는 청동기 시대 유물로, 청동 그릇, 비파형동검 등이 출토된 돌덧널무덤, 석곽묘 등이 발굴되었다. 노합하(老哈河)의 지류인 곤도하(坤都河) 상류의 남쪽 산 아래에 있는 다섯 갈래의 구릉상에 있다. 1958년 이곳에 있는 2기의 무덤으로부터 사람뼈(人骨) 1구와 청동기 71점을 수습하였다. 1961년에 본격적인 발굴을 시도하였고, 1963년에도 청동기를 다수 포함한 돌덧널무덤(石槨墓) 1기를 발굴하였다.

돌덧널무덤인 101호분은 타원형의 토광을 파고, 자갈돌로 벽을 쌓았다. 바닥은 작은 판석을 잇대어 깔았고 뚜껑돌(蓋石)에도 일부는 판석을 사용하였다. 바닥에 부식된 목질(木質)의 흔적이 있는 것으로 보아 원래 나무널이 있었던 것으로 추측한다. 장법(葬法)은 단인장(單人葬)이다.

101호분에서는 모두 500여 점에 이르는 청동 유물을 출토하였다. 중원(中原)지역에서 사용한 예기(禮器)와 유사한 각종 청동 그릇 11점과 함께 손칼, 도끼, 끌, 화살촉, 꺾창, 투겁창, 칼집, 방패, 투구 등의 공구와 무기들이 있었다. 차마구로는 재갈, 말방울, 장식, 고리, 단추 등이 있었고, 그 밖에 거울 및 각종 장신구 등이 있었다. 이와 함께 중원지역의 예기와는 양식이 전혀 다른 일상용 토기의 형태와 유사한 청동 그릇도 다수 출토하였다.

102호분은 101호분보다 소형이고, 앙신직지장(仰身直肢葬)이며, 머리가 동남쪽을 향하고 있다. 부장 유물로는 청동손칼, 끌, 송곳, 화살촉, 말 재갈, 마구, 거울 및 각종 장신구와 함께 돌도끼, 뼈 화살촉, 구슬 등을 출토하였다.

남산근 유적의 주요한 출토품인 고식(古式)의 비파형 동검은 이곳을 하가점 상층문화(夏家店 上層文化)의 표준유적으로 만들어 놓은 중요한 유물이다. 이 유적의 연대는 유사한 모양의 다른 유적의 연대로 미루어보아 서주 만기(西周晚期)~춘추 초기(春秋初期), 즉 BC 9세기 중반~8세기 후반으로 추정한다. 이 시기가 신한연맹 시대이다.

남산근 유적은 한반도의 청동기 문화와 관련이 깊다. 한국의 청동기 시대 설정이나 문화를 언급할 때 비파형 동검은 어느 유물보다 중요한 유물이다. 이 유물의 분포는 내몽고로부터 중국 동북 지방 그리고 우리나라의 남단에 이르기까지 광대한 지역에 퍼져 있다. 이점이 대륙 삼한의 강역을 비정하는 데 중요한지 표가 된다.

우리나라에서는 부여 송국리 등지에서 출토한 비파형 동검의 조형(祖型)이 남산근에서 발견되었다. 또 남산근의 돌덧널무덤과 유사한 형식이 대전 괴정동, 아산 남성리, 부여 연화리 등지에서 발견되었다. 나아가서 요령지방의 돌무지무덤(積石塚)과 돌널무덤(石棺墓)도 한반도와 유사한 형태를 가진다. 남산근 유적을 통해 요령지방에서 한반도에 이르는 지역이 당시에 문화적 동질성이 있었음을 알 수 있다.

### [의의와 평가]

요서 지방 청동기 문화의 주인공들과 그 성격을 중국학계에서는 동호(東胡) 또는 산융(山戎)이라 보고, 북한 학계와 일부 남한학계는 예맥(濊貊)으로 파악한다. 그러나 요서 지방의 청동기 문화를 하가점 상층문화라 통칭하면서, 그 문화의 성격과 주민을 일괄적으로 해명하고자 함은 타당성이 희박하다. 즉 요서의 청동기 문화는 노로아호산 이북의 남산근 문화와 그 이남 대릉하 유역의 십이대영자 문화(十二臺營子 文化)로 나누어진다. 그리하여 최근에는 남산근 문화(南山根 文化)는 북방 신한연맹계이고, 십이대영자 문화는 요동의 비파형동검 문화(琵琶形銅劍 文化)와 연계된 문화로 번한(고조선)연맹계로 보아야 한다. * [참조] 네이버 지식백과 / 요령남산근유적(한국민족문화대백과, 한국학중앙

## 2) 번한(전기 고조선)연맹 : BC 1600년경~BC 660년

### (1) 개요

전기 대륙 삼한 시대의 번한(藩韓)연맹은 키시(箕氏)족의 고조선이다. 고삼
국 시대의 초가 아사달인 우하량(牛河梁)지역을 벗어나 조양(朝陽)의 백악산
아사달로 영역을 확장하던 시기이다. 당시 주변국들의 정세는 상나라가 멸망
하여 기자가 고죽국으로 이주하고, 고죽국을 양위 받아 기자조선을 건국했
다. 그리고 백이와 숙제는 하가점(수양산)으로 들어가 주나라에 대항하기 위
해 우르 · 웅족과 연합하여 신한연맹을 결성한다.

여기서 단군신화 속의 아사달이 세 번 천도한 이유와 시기를 특정할 수
있다.

첫 번째는 배달국 이후 고삼국 시대를 거쳐 상나라가 멸망하고 고죽국이
기자조선이 되면서, 전기 대륙 삼한 시대로 넘어가는 BC 1000년경 아사달
(우하량)에서 백악산 아사달(조양)로 천도한 것으로 여겨진다.

두 번째는 BC 660년경 고죽국과 산융(신한)이 연과 제나라에 의해 멸망하
고, 연나라와 직접 국경을 맞대면서 백악산 아사달에서 장당경 아사달(선양)
로 천도한 것으로 보인다. 그리고 멸망한 신한연맹이 진한(동호)연맹으로 재
편되면서 후기 대륙 삼한 시대가 시작된다.

세 번째는 BC 280년경 연나라의 진개에 의해 요동지역까지 점령될 때 장

당경 아사달(선양)에서 한반도 내 아사달(평양)로 천도하였으며, 이때부터 고조선은 한반도 내의 영역으로 축소되었다.

## (2) 유적과 유물

전기 대륙 삼한 시대는 고조선 중기로 선양지역을 중심으로 십이대영자, 호두구, 부신 유적이 해당하며 비파형 청동검, 북방식 고인돌, 각종 다량의 옥기가 해당된다.

### 3) 마한(동이)연맹 : BC 1600년~BC 5세기경 * [참조] 위키백과 / 편집

전기 대륙 삼한 시대에 마한연맹에 대한 기록은 별로 남아 있지 않다. 다만 이들이 중국 동부 그리고 산둥반도와 황하 하류의 앙소(仰韶) 문화의 대문구(태안) 문화권에 해당되며 하나라 멸망 후 BC 1600년경부터 상나라와 주나라에 맞서 공존해왔다. 상나라 무정 때는 왕비이자 여장수인 부호와 전쟁을 한 기록이 남아 있으나, 그 후에도 동이는 상나라에 이은 주나라와의 전쟁과 갈등을 해결하고 비교적 평화롭게 공존하며 살아온 것을 미루어 짐작할 수 있다. 그러나 서주에서 동주로 천도한 뒤, 동주의 동진 정책에 따라 BC 5세기경 제나라에 멸망하면서 상당수의 동이족 사람들이 한반도로 이주를 했다. 이것이 한반도 내의 마한(진국)이다. 그래서 중국 문헌에서는 한민족을 동이족이라고 칭하기도 하는 것이다.

전기 마한에 대해서는 미약하게나마 후기 시대에 남겨진 기록에 의존해 유추해 볼 수밖에 없다.

참고로 동이(東夷)는 중국 역사에서 동쪽에 사는 이민족을 일컬어 부르는 역사 용어이다. 시대에 따라 그 의미가 변했으며 한나라 이전 동이는 현재 중국의 산둥성, 장시성, 하북성 일대에 살던 이민족을 통틀어서 일컫는 말이었다. 한나라 이후 동이는 만주, 한반도, 일본 등 중국의 동쪽에 거주하는 이민족을 부르는 말로 바뀌었다. 오늘날 한민족(韓民族) 원류를 형성하는 부여, 고구려, 백제, 예맥, 삼한 등이 동이로 불렸으며, 말갈, 선비, 오환, 왜 등도 동이로 불렸다.

동이는 중국을 중심으로 동쪽에 거주하는 이민족을 가리키는 말로 사용되었다. '사이(四夷)'와 같이 이(夷)는 오랑캐 전체를 일컫는 대명사로도 사용되었으나, 일반적으로 동서남북의 각 방위에 따라 구분하여 동이, 서융(西戎), 남만(南蠻), 북적(北狄)으로 불렀다.

동이가 최초로 등장하는 기록은 상나라 시대의 갑골문자로, 이(夷)에 해당하는 갑골문자는 尸(시; 주검)와 유사한 형태로 나타난다. 《설문해자(說文解字)》에는 이(夷)의 어원을 '큰 활을 가진 사람'이라 해석하였으며, '이(夷)'라는 글자가 '대(大)'와 '궁(弓)'이 합쳐서 만들어졌다는 추측이 전통적인 관점이었으나, 갑골문자의 발굴 결과와 다르기 때문에 현재는 인정되지 않고 있다.

상나라 시기 및 그 이전 시대를 기록하고 있는 문헌에서 등장하는 동이는 주로 신동성 일대에 거주하고 있는 종족으로, 중국 역사의 한 축을 담당하였다. 삼황오제(三皇五帝)의 여러 제왕을 비롯하여 은나라까지 동이 출신으로 기록하기도 한다. 당시의 동이를 9개의 종족으로 구분하여 구이(九夷)라고 부르기도 하는데, 《후한서》 '동이전'에서는 이들 구이를 견이(畎夷), 우이(于

夷), 방이(方夷), 황이(黃夷), 백이(白夷), 적이(赤夷), 현이(玄夷), 풍이(風夷), 양이(陽夷)로 구분하고 있으나 그 외에도 다양한 구분법이 기록으로 남아 있다. 그러나 '구(九)'라는 글자가 단순히 많다는 의미를 가져 구이는 동이의 수많은 종족을 가리키는 것으로 보는 것이 옳은 용법이다.

주나라 시기의 동이는 춘추전국 시대에 이르면 산둥반도의 래이(萊夷)나 장시성의 회이(淮夷) 등의 작은 세력으로 축소되었다.

한나라 시기의 동이는 만주, 한반도, 일본 열도의 종족들을 가리키는 말이 되었고, 이전의 동이와 문화·혈연적으로 아무런 관련이 없다고 보는 것이 일반적이다.

한민족의 동이의 기록은 중국 역사서《삼국지》'동이전(東夷傳)'에 기록되었기 때문에, 대한민국에서는 '동이전' 기록을 바탕으로 동이가 한민족을 가리키는 말로 이해되고 있다.

문헌상에 나타나는 동이를 살펴보면,《후한서(後漢書)》이후 중국의 역대 정사들은 열전 부분에서 '동이전'이나 기타 이민족의 열전을 편성하고 그 안에서 동이의 역사를 독자적으로 기록하고 있다. 동이전에 기록된 종족들은 한민족에 해당하는 여러 종족을 비롯하여 왜, 말갈, 유구 등이며, 주로 한민족의 기록이 중심이 되었다.

- 《후한서(後漢書)》제85권 '동이전'은 부여, 읍루, 고구려, 동옥저, 예, 한 등 한민족의 원류를 형성한다고 여겨지는 여러 종족을 다루어 한국사 연구에 귀중한 자료가 된다.
- 《삼국지(三國志)》'위서(魏書)' 제30권 '오환선비동이전(烏丸鮮卑東夷傳)'은 동예, 부

여, 고구려, 옥저, 왜를 동이에 해당하는 항목에서 서술하고 있다.

- 《진서(晉書)》 97권 '사이전(四夷傳)'에는 동이 항목에서 부여국, 마한, 진한, 숙신 씨 (肅慎 氏), 왜인(倭人) 등을 서술하고 있다.

- 《송서(宋書)》, 《남제서(南齊書)》, 《양서(梁書)》, 《위서(魏書)》, 《주서(周書)》, 《수서(隋書)》 등 남북조 시대의 사서들에도 각기 '동이전', '이만전(夷蠻傳)', 동남이전(東南夷傳)' 등이 편성 · 기록되어 있다.

- 《구당서(舊唐書)》, 《신당서(新唐書)》의 '동이전'에는 고구려, 백제, 신라 등의 역사가 기록되어 있다. 특이사항으로는 이전의 정사에서 일반적으로 동이로 취급되던 말갈이 북적으로 바뀌어 기록되어 있다는 점이 있다. *[참조] 위키백과 / 편집

이와 같이 동이는 후기로 갈수록 오랑캐라는 의미가 덧씌워져 일반화되었지만, 원래 동이는 하나라(夷族)의 후예로 중국의 동쪽 태산 아래 태안을 중심으로 산둥지역에서 퍼져 살다가 춘추 전국 시대에 제나라에 쫓겨 한반도로 이주한 사람들이다.

## (1) 개요

전기 대륙 삼한 시대의 마한은 원래 약 BC 1600년경에 구성된 동이족이 BC 1000년경 홍산에 신한이 건국되면서 삼한의 하나로 성립되었다.

이들은 하나라의 후예로 주된 구성원은 이리두(夷族)족이다. 하나라가 멸망한 후의 상나라 시절에는 중국의 동쪽 태산 아래 태안(대문구)을 중심으로 산둥지역에서 퍼져 살았다. 이 때문에 상나라에 의해 동이(東夷)족으로 불리

게 된 것이다. BC 770년경에 주나라가 산융에게 밀려 호경에서 성주로 천도함에 따라, 동이족은 제나라에 쫓겨 BC 5세기경 산둥반도에서 한반도의 태안반도로 이주하였다. 그 후 한반도 내의 서쪽 평야 지대를 따라 연맹체 국가를 이루었으며, 이것이 후기 대륙 삼한에서 한반도 내의 마한(馬韓)연맹이다.

전기 대륙 삼한 시대 동이(마한)의 강역을 살펴보면 부족연맹 국가의 중심적인 위치에 있는 도시명이 태산 아래 태안으로 '–안'으로 끝나는 것을 알 수 있다. 이는 이리두(夷族)의 공통적인 도시명으로 마한이 동이족(東夷族)의 국가라는 것을 미루어 알 수 있다.

동이 마한 사람들은 정주민이며 농업, 어로, 수렵, 채집 중심의 생활을 영위했다. 이와 더불어 마한지역에서는 번한이나 신한의 초기 청동기 시대(비파형동검 문화단계) 유물과 비교해 청동기 유물이 풍부했을 것으로 짐작되고 있다. 이 시대부터 대두되고 있던 선진적인 정치집단의 존재 여부를 확인하기는 쉽지 않다. 그 후 철기가 유입되기까지 이들은 청동기의 제작과 교역을 통하여 각지의 세력 집단(九夷)들에게 상당한 영향력을 행사하고 있었던 것으로 짐작된다. 특히 춘추 시대 이후에는 인접한 제나라에 상당한 영향력을 주고받으며 상호 갈등 속에 공존했으나, 제나라의 대대적인 침략으로 인해 BC 5세기경에 멸망한다. 그리고 상당수의 동이족 사람들이 한반도로 이주를 하면서 다시 연맹체를 구성한다. 이것이 반도 마한이다.

## (2) 역사

### 초기(BC 1600년~BC 1000년)

역사적으로 등장하는 최초의 동이족은 상나라에게 하나라가 멸망한 BC 1600년경부터이다. 이들은 주로 상나라의 동쪽 태산을 중심으로 산둥 지방에 살면서 상나라의 견제와 갈등 속에 공존해왔다.

### 중기(BC 1000년~BC 660년)

상나라가 히타이트족의 서주(西周)에게 멸망한 이후에는, 서주의 직접적인 영향력이 미치지 않은 비교적 안정된 시기였다. 그러나 BC 660년 신한이 제나라에 멸망한 후에는 제나라와 인접한 동이(마한)가 직접 위협을 받게 된다.

### 말기(BC 660년~BC 5세기경)

서주가 신한(산융)에게 BC 770년경 멸망하면서 성주로 천도해 동주 시대가 시작된다. 그리고 동주의 동진 정책으로 그 당시(춘추 시대) 패권을 잡은 제나라에게 BC 5세기경 동이(마한연맹)는 와해하는 과정을 겪으며, 이들의 상당수는 한반도로 이주한다. 그리고 후기 대륙 삼한의 한반도 내 마한(진국) 시대가 열린다.

### 문화 · 사회적 특징 * [출체 위키백과 / 동 제목 / 편집

동이(마한; 대문구 문화)의 문화적인 특징은 다음과 같다. 다만 역사적 연도는 동이족이 출현한 BC 1600년을 기준으로 재평가되어야 한다.

대문구 문화는 초기(BC 4100년~BC 3500년), 중기(BC 3500년~BC 3000년), 후기(BC 3000년~BC 2600년)로 크게 세 시기로 나뉜다. 초기는 발굴품에서 보여지는 바와 같이 출토된 인골의 성별 등에서 계급 차이는 크지 않았다고 생각할 수 있다. 이를 토대로 보면 당시 사회는 모계 씨족 공동체였다고 추측되고 있다. 이 시기는 삼족의 도기(도기로 만든 세 개 다리의 조리기로 다리가 길다)나 홍도로 완성된 솥(3개의 다리가 달린 그릇) 등 다양한 형태의 도기가 특징적이다. 또 초기 후반쯤에는 흙으로 만든 분묘도 많아진다.

중기에 들어가면 출토되는 도기가 홍도에서 회도, 흑도가 증가하며, 크기나 문양, 형태의 다양함이 나타난다. 또 사회가 부계 씨족 공동체로 바뀌어 부계 사회가 확립되었음을 알 수 있다.

〈02. 붉은구도기두(紅陶镂孔豆), 04. 회색도기두(灰陶豆), 05. 검은도기두(黑陶镂孔豆), 06. 붉은도기세발솥(紅陶三足折腹鼎), 07. 붉은도기세발솥(紅陶三足折腹鼎)〉

**대문구 문화권의 각종 토기들**　　　　　　　　　　　　　　　* [참조] 산동성 박물관 후기에 들어가면 분묘 안에 목제관이 나타난다. 대문구 문화도 부계 씨족 공동체의 말기에 들어가면 계층화가 진행되어 부장품이 없는 분묘가 있고, 대량의 부장품이 발견되는 분묘도 있다. 토기는 회도, 흑도가 주류를 이루고 있고, 그릇의 두께는 얇고 정교하게 변해가며 흑도나 란각도(卵殼陶, 알껍질과 같이 얇은 도기)를 특징으로 하는 용산 문화로 연결된다.

대문구 사회는 소위 '군장국가'에 해당하며 지배적인 씨족 집단이 마을에 지배력을 행사했으나, 권력은 강압보다는 종교적 권위를 통해 나타났을 가능성이 크다.

당시 이 일대의 온난 습윤한 기후는 다양한 작물에 적합했을 것이나, 대부분 지역에서는 기장을 재배한 것을 알 수 있다. 그러나 남부 대문구 문화권에서는 쌀이 더 중요한 작물이었으며, 이는 후기에 가서 더 명확해진다. 산동성 남부에서 발견된 인간 유해에 대한 분석 결과 상류층 사람들의 식단은 주로 쌀이었고, 일반 사람들은 주로 기장을 먹었다. 이들은 닭, 개, 돼지, 소를 키웠으나 말을 길들인 증거는 발견되지 않는다. 특히 돼지 유해가 85%로 가장 풍부하게 발견되어 돼지가 주요한 가축이었다고 여겨진다. 해산물도 주요한 식단 중 하나였다. 초기에는 생선과 다양한 조개더미가 발견되어 주식이었음을 알 수 있으며, 후기에는 덜 빈번해지나 여전히 식단의 중요한 부분을 차지했다.

유해에서는 두개골을 변형시키거나 치아를 삭마(削磨)하는 인체 변형 풍습의 흔적이 흔하게 발견된다. BC 3천년 경으로 비정되는 다원커우 사람의 두개골에서는 천두술의 흔적이 발견되었다.

농업과 양잠, 길쌈 등은 마한 전역에서 널리 행해졌다. 특히 평야가 많은 지역에는 벼농사가 일찍부터 행하여졌고, 황하 하류의 수리 시설인 저수지도 많이 만들었던 것으로 보인다. 그 외에 목축(牧畜)도 성했으며, 해안 지대에는 어업(漁業)을 행하였다. 마한의 장묘문화는 진흙을 구워 만든 옹기로 옹관묘제를 지냈다. 이는 동이족의 특성상 목재(널)를 쓰지 않고 석재나 옹기를 쓰는 관습에 따른 전통으로, 후기 대륙 삼한의 한반도 내 마한에서는 장사에 관(棺)을 쓰고 곽(槨)은 쓰지 않았으며 소와 말도 모두 장사에 썼다고 하는데, 이것은 가축을 순장(殉葬)했다는 의미이다.


## 2. 후기 대륙 삼한

후기 대륙 삼한은 신한(산융)이 멸망하고 진한(동호)으로 재편되면서 시작된다. 신한이 우르(餘族), 고리(夷族), 웅족(熊族)의 3족 연맹체라면, 진한은 우르(餘族), 고리(高夷族)의 2족 연맹체이다. 신한의 주 영역이 홍산의 하가점이라면, 진한은 그곳에서 동쪽으로 이동하여 사해와 흥륭와지역을 중심으로 활동하였다. 이 과정에서 신한(산융)의 주체세력의 하나인 웅족(熊族)이 떨어져 나가, 오히려 진한(동호)에 종속되는 상황이 되었다. 그러나 떨어져 나간 웅족은 훗날 흉노(匈奴)로 발전하여 BC 203년 묵돌이 진한(동호)을 멸망, 복속시킨다. 이때까지가 후기 대륙 삼한 시대이다. 이후 BC 3세기 초 진한에서 분리된 우르(餘族)의 동명왕이 흉노의 영향력이 비교적 적은 북만주 길림(부여성)지역에 부여(북우르)국을 건국한다. 그리고 2세기가 지난 BC 87년 해부루를 중심으로 일단의 우르(餘族)족이 가섭원(훈춘)에 동부여(동북

우르)를 건국한다. 그리고 부여국은 AD 494년에, 동부여는 AD 410년에 고구려(高夷族)에 복속된다.

### 1) 진한연맹(동호)(BC 7세기경~BC 203년)

**(1) 개요** * [참조] 위키백과 / 동 제목 / 편집

진한연맹(동호)이 역사에 등장하는 시기가 모호하지만, 여러 가지 가설이 있다. 문헌상 기원전 요서 지방에서 발생한 하기점 하층 문화가 사라지고 단계적으로 거주한 인종들을 동호족이라고 불렀다고 보고 있다. 따라서 동호족이 하가점 상층 문화에서 기원한 민족이라고 추정하고 있으나 확실하지 않다. 동호란 동쪽에 사는 이민족들을 뭉뚱그려 부르는 명칭이기 때문이다.

흥륭와 유적지 – 우르, 고리족의 2 부족이 만든 집단 주거지(동호 유적)

그러나 조금 더 살펴보면, 동호가 역사 속에서 나타나는 시기는 산융이 멸망한 후에 출현하고 흉노에 의해 멸망했다는 점을 고려해 BC 7세기~BC 203년경으로 보는 것이 타당하다.

동호는 만주지역에 사는 민족들을 통틀어서 부르는 명칭으로 사용하기도 한다. 그들이 사용하는 언어 계통에 대해서는 기록이 부족하다. 하지만 확실한 것은 이들은 한족과는 다른 이질적이고 다른 언어, 문화를 가진 민족들이었다. 그래서 동쪽 야만족이라는 명칭으로 동호라고 기록되었다는 것이다.

그러나 이들의 주체세력은 동양문명의 기원인 배달국과 하나라의 후예들로 구성된 우르(餘族), 고리(高夷族)의 2족 연맹체이다.

이들의 주요 활동지는 오환기의 사해, 흥륭와지역으로, 특히 흥륭와지역에는 진한(동호)의 2 부족(우르, 고리)이 조성한 집단 주거 유적지가 남아 있다.

또한 흥륭와 유적에서는 비취 등의 구슬 제품이 유물들로 출토된다. 이 유물들은 중국에서 가장 오래된 것이며, 용이 출현하는 문화 중에서도 가장 오래된 것이다. 또한 흥륭와 유적에서는 평저원통형의 비교적 낮은 온도로 구운 토기가 출토되었다. 황하 문명 외에 선사 시대 중국의 신석기 시대 문화가 남쪽의 장강 유역 및 북쪽의 요하에서 발견되어 흥륭와 문화는 요하 문명의 하나로 중요하게 보고 있다.

흥륭와 유적에서는 계획적으로 취락을 쌓아 올린 흔적을 찾을 수 있다. 주거가 열을 이루고 있는 상태의 취락 흔적이 세 개의 유적에서 발견되었고, 또 몇 개의 유적에서는 한층 더 큰 건물이 발견되었고, 굴에 둘러싸인 환호 집단 취락지도 발견되었다. 이 유적은 남동쪽 1.3km 위치에 있는 흥륭와 군락 유적에서 이름이 붙여졌다.

## (2) 유적 *[참조] 위키백과 / 동 제목 / 편집

진한(동호)의 대표적인 유적지는 흥륭와 유적지다. 이 흥륭와 유적은 내몽고 자치구의 적봉시 오한기의 구릉 남서쪽 기슭에 있다. 유적에서는 수혈식 주거지가 120개소가 발견되었다. 그리고 각 주거의 중앙에는 부뚜막이 있었다. 흥륭와 유적의 중앙에는 큰 건물이 있었던 흔적 외에도, 중국에서도 초기 시대에 발견되는 환호(굴을 파서 만든 집)도 발견되었다. 이 굴 안은 2만 m² 정도 되는 큰 취락이 존재하였다. 매장 풍습도 독특하여 몇 개의 유골은 주거 아래에 매장되어 있었다. 흥륭와의 다른 유적같이, 유적지의 분묘에서는 비취로 만든 구슬이 발견되었다. 그리고 또 다른 분묘에서는 구슬 제품 외에도 돼지 한 쌍과 함께 매장된 유골도 있었다. 최근 발견된 흥륭구유적(興隆溝遺跡)에서는 극소량이지만 잡곡이 있던 증거가 발견되었고, 요하 문명에 있어서 흥륭화 문명에 유일하게 농업이 존재했다고 보는 증거가 되고 있다.

## (3) 진한(동호)의 역사

원래 진한(동호)은 웅(흉노, 훈족)과 함께 신한연맹체의 국가였으나, 신한의 멸망 후 사해와 흥륭와 쪽으로 이동하여 진한연맹으로 재탄생하면서 웅족과 결별했다. 그래서 중국 기록에 동호는 흉노의 동쪽에 살고 있는 모든 이민족을 총괄하는 이름으로 사용하게 된 것이다. 또한 기록상 이들은 전국 시대에는 연나라에게 쫓겨 지금의 요하 상류인 사해·흥륭와지역으로 옮겨가서 유목과 수렵 생활을 하며 살았다고 한다. 그러나 동호는 우르(餘族)·고리(夷

族)연맹체이다. 즉 진한은 두 종족이 연합하여 세운 연맹체 국가이다.

동호는 전국 시대 후기에 세력이 강대해져서 웅(흉노)족으로부터 땅과 족장 부인 그리고 명마 등을 빼앗기도 했다. 그러나 BC 3세기 말에 흉노족의 우두머리인 묵돌선우의 공격을 받고 패하여 부족연맹이 와해되었다. 이 당시 동호의 주 구성원 우르족과 고리족은 오환기 일대로 흩어졌다. 오환산 일대에 흩어져 사는 동호의 고리족은 후에 오환족이라 부르고, 선비산 일대에 흩어져 사는 동호의 우르족은 선비족이라고 불린다. 그리고 이들 중에 선비족은 훗날 북위, 북주를 거쳐 수나라와 당나라를 세운다. 동호가 흉노에게 멸망한 후에는 상당수의 고리족은 구심점을 잃고 북만주를 방황하는 신세가 되고, 우르족은 동명왕(해모수)을 중심으로 부여(북우르)를 건국한다. 여기서 해모수를 부여국 건국자 동명왕과 같이 보는 이유는 해모수라는 이름 자체가 '해를 모시는 우두머리'라는 의미가 있으며, 해를 모시는 종족은 우르족이고, 부여는 우르족의 나라이기 때문이다. 참고로 해부르는 '해를 부르는 사람'으로 동부여(종북우르)의 건국자이다.

우르족과 함께 진한연맹을 구성했던 고리족은 훗날 동부여를 떠나온 고주몽을 중심으로 졸본부여(송양, 소서노)와 연합하여 새로운 나라 고구려를 건국한다.

동호의 멸망과 직접 관련이 있는 흉노(웅)족은 원래 내몽골지역의 토착 부족으로 최초에 배달국(환웅연맹)의 일원이었다. 그들은 고삼국 시대를 거치고 고리족이 우르족과 재결합할 때 같이 참여하여 산융(신한연맹)을 구성했었다. 그러나 BC 660년 제나라에게 신한연맹이 와해 되고 우르와 고리족이 동쪽으로 이동하여 동호(진한연맹)를 세울 때 분리가 되었다. 이 당시 내몽골

지역에 남은 웅족은 스키타이로부터 전수받은 기마 전투기술을 발전시켜 강력한 유목 부족으로 거듭난다. 이들이 중국 기록에 나타나는 흉노(웅)족이다.

흉노는 BC 3세기 무렵부터 몽골고원 지역에서 점차 세력을 확대하여 전성기에는 시베리아 남부와 북만주, 내몽골, 신장, 위구르지역까지 지배하였다. 이러한 흉노는 중국의 한나라와 군사적 충돌을 자주 빚었으며, 한나라를 제압한 후에는 조공무역이나 결혼 동맹을 맺는 등 복잡한 관계를 유지하였다.

### (4) 흉노(匈奴)와 진한의 멸망

흉노족은 원래 내몽골지역의 토착 부족으로 최초의 한민족 국가인 환웅연맹(배달국)의 일원이었다. 그 후 고삼국 시대를 거쳐 우르와 구려와 함께 구려연맹을 결성하고 다시 고리가 우르와 재결합할 때 같이 참여하여 신한연맹(산융)을 구성했다. 그리고 BC 7세기경 연나라와 제나라의 연합군에게 신한연맹이 와해 되면서, 우르와 고리족은 동쪽으로 이동하여 오환기지역에 진한연맹(동호)을 세울 때 웅족이 분리가 된다. 이때 내몽골지역에 남은 웅족은 기마 전투기술을 발전시켜 강력한 유목 부족으로 거듭난다. 이들이 중국 기록에 나타나는 흉노이다.

흉노는 BC 3세기 무렵부터 몽골고원 지역에서 점차 세력을 확대하여 전성기에는 시베리아 남부와 북만주, 내몽골, 신장, 위구르지역까지 지배하였다. 이러한 흉노는 중국의 한나라와 군사적 충돌을 자주 빚었으며, 한나라를 제압한 후에는 조공무역이나 결혼 동맹을 맺는 등 복잡한 관계를 유지하였다.

초기 동호의 우르족과 고리족은 웅(흉노)족과 함께 신한(산융)연맹체의 국가였으나, 신한이 멸망한 후 우르와 고리족이 사해·흥룽와 쪽으로 이동하여 진한연맹이 되면서 웅족과 결별했다. 그래서 중국 기록에 동호는 흉노의 동쪽에 살고 있는 모든 이민족을 총괄하는 이름이 된 것이다. 또한 기록상 동호는 전국 시대에는 연나라에게 쫓겨 지금의 요하 상류인 사해·흥룽와지역으로 옮겨가서 유목과 수렵 생활을 하며 살았다고 한다. 그런 동호는 전국 시대 후기에 세력이 강대해져서 흉노족으로부터 땅과 족장 부인 그리고 명마 등을 빼앗기도 했다. 그러나 BC 203년경에 흉노족의 우두머리인 묵돌선우의 공격을 받고 패하여 부족연맹이 와해되었다. 그리고 그 후에도 동호는 명목상

부여(BC 3세기 말~AD 494년) - 우르
옥저(BC 3세기 말~AD 285년) - 고리
읍루(BC 7세기~AD 3세기) - 우르

동호의 우르, 고리족의 이동 : 동호 → 부여 → 동부여(BC 87년)
동호 → 옥저(BC 3세기 말)

으로 존재하였으나 흉노의 괴뢰정권에 불과했다.

그 후 BC 3세기 말 초 흉노가 한나라와의 갈등으로 북만주에 대한 영향력이 감소되었을 때, 동명왕(해모수로 추정)이 부여성(길린)지역에 우르(餘族)족을 중심으로 예족을 규합해 부여(夫餘; 북우르)국을 세운다. 그리고 BC 87년 해부루가 부여를 떠나 가섭원(지금의 훈춘)에 동부여(동북우르)를 건국한다.

여기서 부여의 건국 시기를 BC 3세기 말로 특정한 것은 부여가 동호의 후예(우르)들이 만든 국가이므로 동호(진한)가 흉노(웅족)에게 멸망한 이후로 보는 것이 타당하기 때문이다. 또한 그 시기의 흉노는 한나라와의 갈등으로 북만주 쪽 지배력이 약해진 시기이기도 하다.

이들 부여와 동부여는 각각 AD 410년과 AD 494년에 고구려에 병합된다.

### (5) 선비(우르)족과 오환(고리)족 * [참조] 다음 / 백과사전 / 위키백과 / 동 제목 / 편집

선비족은 BC 1세기~AD 6세기에 남만주와 내몽골 지방에서 산 우르족 계통의 유목민족이다. 선비(鮮卑)라는 명칭은 '고조선의 비천한 종족'이라는 의미를 지니며, 이는 과거 중국인들을 지배했던 이민족을 폄하하기 위해 붙여놓은 이름이다. 그러나 선비라는 명칭에서와 같이 선비족은 고조선과 직접적인 관계가 있음을 알 수 있다.

이들 선비족은 동호에서 갈려 나와 흉노족이 힘을 잃은 후 내몽골 지방에서 형성됐으며, 위진남북조 시대에는 남하하여 중국에 북위 등의 나라를 세웠다. 특히 탁발 선비족은 사해와 홍륭와에 살던 동호(진한연맹)가 흉노에게 멸망하면서 선비산으로 도주한 우르족의 일파이다. 이들은 흉노, 돌궐, 말갈과는 태생 기반이 전혀 다르다. 또한 같은 선비족이라고 하더라도 부족에 따라 다소 차이가 있었다. 즉 내몽골지역의 탁발 선비와 우문 선비는 우르(餘族)족 계통이고 요동과 요서지역의 모용 선비와 단 선비는 키시(箕氏)족 계열이다. 그래서 모용 씨 일부는 후에 신라로 들어가 김씨 왕조의 바탕이 되기도 한다. 또한 탁발 선비족 출신인 당 태종이 황제(헌원)의 후손이라고 주장한 것도 이들이 배달국 3족 중의 하나인 우르족의 후예라는 의미도 포함된다.

BC 127년 한무제가 위청을 보내 하투(河套)지역을 흉노로부터 빼앗을 때 흉노의 공격을 막기 위해 하투지역에 계속해서 정착촌을 건설하는 정책을 추진했다. 이 시기에 내몽골 동부지역은 선비족이 점령했다. 본래 흉노에 예속되었던 선비족은 흉노가 한과의 전쟁을 치른 후 약해진 틈에 독립하여 이 지역에서 활발하게 활동하게 된다. 그들은 원래 동호의 북쪽 일파이며, 동호의 남쪽 일파는 오환(烏桓)족이다. 선비족의 흥망은 AD 1세기경 흉노족의 몰락과 때를 같이 한다. AD 87년과 AD 93년에 선비족은 흉노족의 두 선우를 처단했다.

원래 동호의 후예인 선비족은 동호 멸망 후 대흥안령산맥 기슭에서 목축과 수렵을 생업으로 하였으며, 흉노에 복속되어있었다. 그 후 흉노가 북과 남으로 분열하고, 한나라에 통합되는 부족이 나오면서 반독립상태가 되었다. AD 1세기가 되자 북흉노가 후한과의 항쟁을 계속하는 사이에 힘을 모아 북흉노를 몽골고원으로부터 서쪽으로 내쫓았다. AD 2세기경 단석괴(壇石槐)가 등장, 부족의 통합에 성공하여 강대하게 되었다. 그러나 단석괴의 사후 다시 분열되었다.

후한 시대에는 한나라가 남흉노와 연합하여 북흉노를 서아시아로 밀어낸다. 이 시점에서 사실상 흉노는 와해되고, 남흉노는 한나라에 종속 관계를 갖게 된다. 그 후 한나라가 멸망하고 중국의 삼국 시대가 시작되자, 이때부터 유목민족이 남하하여 한족과 통합되는 과정이 있었다. 흉노의 지배를 받았던 갈족과 말갈족도 하북성, 산동성 등으로 남하했다. 이러한 과정은 삼국 시대와 5호 16국, 북위, 동위, 서위, 북제, 북주까지 계속되었다.

그 후 수나라의 양견(楊堅)에 의하여 중국이 통일되었으나 양견은 우문부가 세운 북주의 외척이고 자신도 선비족 출신이다. 동일한 시기에 북주의 귀족이었던 당의 이연(李淵)도 선비족 출신이다. 그러나 북위의 한족화 정책으로 선비족은 한족에 동화되었다.

선비족으로 분류되는 요서지역의 민족은 원래 키시족으로 당나라 후기에는 거란(카라키탄)이 되었으며, 요나라를 세웠다. 이때 그 휘하에 있던 말갈족, 갈족들의 일부가 동만주로 이동했다. 말갈족, 선비족, 타타르 혼합 민족인 여진이 거란을 정벌하고 거란족이 반란을 일으키지 못하도록 그 주위에 여진족을 배치하여 감시하였으나, 그 때문에 거란과 여진의 민족 통합이 이루어졌다. 그래서 키시족 계통의 요서지역 선비족은 거란족을 거쳐 여진족으로 전환되었고, 금나라 멸망 이후 해서 여진, 야인 여진, 건주 여진으로 나누어진다.

요사(遼史)에는 "요나라의 선조는 거란이고, 본래는 선비의 땅이다. 요택(遼澤)에 살았다."고 한다. 이 요택(요하의 삼각주 유역)은 대능하와 요하 유역의 습지로 원래 고조선(키시) 땅이었다.

요나라 역사에는 "요나라는 조선의 옛 땅에서 유래했으며, 고조선과 같이 팔조법금의 관습과 전통을 보존하고 있다."고 했다. 또한 '요사'의 지리지에는 "(수도의 동쪽 관문인) 동경요양부는 본래 조선의 땅"이라고 기록되어 있다.

이것은 옛 고조선(번한)과 진한(동호)의 후예들이 고구려와 선비, 오환으로 나뉘고, 선비·오환은 다시 모용부(慕容部), 탁발부(拓拔部), 우문부(宇文部), 단부(段部) 등으로 분화되었다는 것을 알 수 있다.

오환족은 하북성, 요령성, 산서성과 베이징 근처 그리고 내몽골 등 중국의 북부에 거주한 유목민이었다. 이들도 동호의 후손으로 동호가 흉노에게 멸망한 후 오환산으로 도주한 고리(이리두)족 계열이다. 이들은 한 왕조의 후반에 활동적이었으며 한나라의 정규군에 참여하기도 하였다. AD 190년경 후한이 멸망할 당시 오환은 중국의 반란과 내전에 참여하였다. AD 200년경에는 오환의 3부는 황하 이북의 중요한 군주였던 원소를 지지하였다. AD 207년 조조는 오환의 영토로 깊숙이 행군해 들어와, 그들을 백랑산(白狼山)에서 격파하였다. 그 후 다양한 오환족 지도자들이 AD 3세기~AD 4세기에 산발적인 반란을 이끌었지만 결국에는 선비족과 같이 한족에 흡수되었다.

### 2) 번한(중·후기 고조선)

#### (1) 연나라와 고조선

후기 대륙 삼한 시대의 고조선을 이야기할 때 연나라를 빼놓을 수 없다. 전국 시대의 연나라는 고조선과 연산산맥을 중심으로 인접해 있으면서 상호 간의 영토분쟁이 심했다. 특히 연나라가 고조선과의 전쟁을 통해 영토분쟁을 자주 벌여 고조선은 초기 중심지였던 조양(백악산 아사달)에서 선양(장당경 아사달)으로 천도한 것으로 보인다. 특히 고조선 후기 BC 280년경에는 연나라에게 영토를 국경에서 요동까지 2천여 리를 빼앗겨 선양에서 한반도 내의 평양으로 또다시 천도하게 된다.

이 당시 연나라와의 전쟁 과정에는 진개라는 장수가 있었다. 그는 전국 시대의 연나라 소왕 때 장군으로 BC 3세기 초에 동호에 볼모로 잡혀 있었다. 이때 진개는 동호와 고조선의 허실을 모두 정탐했고, 연나라로 돌아가 다시 동호를 공격하여 1천여 리의 영토를 탈취했다. 그리고 인접한 고조선도 공격하여 2천여 리의 영토를 침탈하여 그 지역에 상곡, 어양, 우북평, 요서, 요동의 5개 군을 설치하였다고 한다. 여기서 나타나는 요서, 요동은 요하를 중심으로 동쪽과 서쪽을 가리킨다.

이 당시 기록을 보면 연나라와 고조선 사이에는 최소 두 번의 전쟁이 있었던 것 같다. 여기서 1차 전쟁은 상호 간의 화해로 끝이 났으며, 2차 전쟁은 진개의 공격으로 고조선이 심각한 타격을 받은 것 같다. 그리고 진개 이후에는 연나라와 고조선이 전쟁을 했다는 기록이 없으며, 얼마 후 연나라는 진(秦)나라에게 멸망하였다. 그리고 중국은 진나라에 의해 통일이 되어 고조선은 발해만의 주도권을 영원히 잃게 되었다.

## (2) 번한(고조선)의 흥망

번한(고조선)은 BC 280년경 연나라의 진개에 의해 요동까지 영토를 잃은 후에는 한반도 내로 축소된다. 그래서 고조선은 평양(아사달)을 중심으로 황해도 북부에서 압록강 넘어 간도까지로 영토가 재편된다. 이것이 한반도 내의 고조선이며 주체세력은 키시(箕氏)족이다. 이로써 그동안 유지되었던 번한연맹체는 와해되고 기씨(箕氏)에 의한 왕권이 강화되어, 비로소 단일 국가 체제인 기씨 · 고조선이 완성된다. 그리고 이때까지를 진한, 번한, 마한의 후기 대륙 삼한 시대로 보는 것이 타당하다.

고조선의 멸망은 한 고조(유방)의 '공신숙정의 난'과 관련이 있다. 즉 공신숙정의 난 때 연(燕)왕 노관의 부하인 위만이 고조선으로 망명해 오고, 왕권을 찬탈하면서 일어난 일이다.

여기서 노관은 한고조인 유방과 같은 마을 사람이며 유방이 거병하기 전부터 행동을 같이했고 동료로 그를 따랐다. 유방이 한왕이 되자 장군이 되고 유방이 항우와 싸울 때는 태위가 되어 전쟁을 치렀다. 그리고 항우가 격파되자 노관은 임강왕 공위를 공격해 멸망시키고 연왕의 반란을 진압했다. 그래서 한고조 유방은 노관을 연왕으로 봉했다.

노관은 한고조 11년에 진희가 반란을 일으키자 흉노에게 도움을 요청했는데 부하의 배반으로 모함을 받았다. 그 때문에 한고조가 노관을 소환했으나 노관은 병을 칭하고 가지 않았다. 그 당시는 한제국이 기틀을 잡기 위해 공신숙정을 진행하고 있던 때였다. 그래서 한고조는 연나라를 공격했고, 노관은 연나라를 탈출해 흉노에 투항했으며, 흉노의 선우인 묵돌은 노관을 동호(흉노의 괴뢰정권)의 왕으로 삼았다. 이렇게 노관이 흉노에 투항하자 연나라의 장수인 위만은 고조선으로 망명했다.

### (3) 위만조선의 성립

한나라의 고조 유방이 천하를 통일한 후 친구 노관을 연왕에 봉했으나 공신숙정의 난으로 노관이 모반하고 흉노로 달아났다. 이때 연나라의 장수 위만은 유민 1,000여 명을 이끌고 고조선의 땅으로 망명해 왔다.

이 당시 고조선의 준왕은 위만의 망명을 받아주었으며, 이후에도 준왕은 위만을 신임하여 박사로 임명하였다. 그리고 100여 리 땅을 하사하고 고조선의 서쪽 변방을 지키게 하였다. 그러자 위만은 한나라의 유랑민들을 모아 자기 세력을 키웠다. 그 후 한나라가 고조선을 침공해오자 수도 방어를 구실로 군사를 이끌고 들어와 정변을 일으켰다. 그리고 준왕을 몰아내고 왕위를 찬탈하였으며 스스로 조선왕이라고 칭하였다. 이 당시 준왕은 남쪽으로 내려와 군산(어래산)을 거쳐 목지국(천안으로 추정)으로 망명하여, 청주에서 한(韓)왕이 되었으며 청주(淸州) 한씨의 시조가 되었다.

위만이 고조선에 망명한 시기는 노관이 흉노로 망명한 BC 195년일 것으로 여겨지나 그의 왕위 찬탈연대는 분명하지 않다. 다만 BC 194년경에 해당할 것이다. 그리고 기록에 따르면 위만은 노관의 부하 장수로, 국적은 연나라 사람이라고 되어있다. 그러나 위만이 망명할 때 조선옷을 입고 상투를 틀었으며, 정변 후에도 국호를 계속 조선이라 한 점을 들어 위만은 본래 연나라에 거주한 옛 고조선 계통의 키시족 인물일 가능성이 크다. 또한 노관이 흉노로 망명했음에도 그의 부하 장수로 노관을 따라가지 않고 고조선으로 망명한 것은 그가 키시족과 연관성이 있음을 미루어 짐작할 수 있다. 더불어 정권 찬탈 후에도 고조선 내부에서 심각한 반발없이 왕권이 원만하게 이양된 것도 이와 같은 사실을 반증한다. 그러나 필자의 소견으로 위만조선은 연나라의 아류 정권으로 한민족 역사로 다루어서는 안 된다고 생각한다.

위만이 왕위를 찬탈했을 당시는 중국의 한제국이 국가체계가 아직 확립되지 못했으며 계속적인 흉노의 침입 때문에 위만조선에 대한 정책은 소극적이었다. 그래도 인접한 요동 태수는 위만에게 한나라의 신하가 될 것을 요구했다. 그러나 적극적으로 강요하지는 않은 것 같다. 다만 변방의 야만족들이 한나라의 변경을 침범하지 못하게 지켜주고 그들의 군장들이 황제를 입조(入朝)할 때 막지 말라고 하였다. 그래서 위만은 그 대가로 한나라의 군사와 물자를 원조받았다. 그리고 위만은 한나라에서 원조받은 군사와 물자로 진번(황해도)과 임둔(강원도)을 쳐서 조선의 지배하에 두었으며 그렇게 취한 땅이 수 천 리에 달했다.

### (4) 위만조선의 멸망

위만은 고조선의 왕위를 찬탈한 후에도 나라 이름을 계속 조선이라 했으며 고조선의 주민들도 적극적으로 반발하지 않았다. 이러한 점을 미루어보면 위만의 집권이 고조선 내에서의 단순한 정권교체로도 볼 수 있다. 그리고 위만조선은 한나라의 철기 문화를 적극적으로 받아들여 주변 지역을 활발히 정복하고 중개 무역으로 막대한 이익을 취했다. 그 후 위만조선은 세력이 커지면서 진국과 한나라와의 직접적인 교역을 가로막았다. 그래서 한무제는 흉노와의 전쟁에 방해가 될 것을 염려하여 섭하를 위만조선에 사신으로 보냈다. 그러나 그가 살해되자 그것을 빌미로 BC 109년에 대대적으로 침공하였다.

한나라와의 1년간의 전쟁 끝에 위만조선에서는 내분이 발생하였고, 이 과정에서 위만의 손자이며 마지막 왕인 우거왕이 살해되었다. 그리고 우거왕의 대신인 성기도 주살되면서 BC 108년에 왕검성이 함락되고 위만조선은 멸망

열국 시대 부여국     * [참조] 위키백과 / 편집     한사군과 고구려     * [참조] 위키백과 / 편집

하였다. 그리고 그 자리에 한사군이 설치되었다고 한다.


### (5) 위만조선의 멸망과 한사군(BC 108년~AD 314년) * [참조] 위키백과 / 동 제목


한나라는 BC 108년에 위만조선을 멸망시킨 후 낙랑군, 진번군, 임둔군의
3군을 지역 내에 설치하였으며, BC 107년에 다시 예맥(濊貊) 지방에 현도군
을 설치하였다. 그러나 그 위치는 한반도 내에 있었다는 주장보다 유물과 사
료로 볼 때 남만주와 요동의 일부 지역이라는 학설이 유력하다. 낙랑국과 낙
랑군의 혼용도 혼란을 부채질한 것이 사실이다. BC 82년에 이르러 진번과
임둔 양군을 폐지하여 진번군을 낙랑군에, 임둔군을 현도군에 각각 병합시켰
으며 BC 75년(전한 소제 원봉 6년)에는 토착민들의 반발(BC 87년 동부여의

건국과 관련이 있을 것으로 추정)로 현도군이 요동 방면(지금의 혼하(渾河) 상류의 홍경(興京) 노성(老城) 지방)으로 옮겨졌다. 이때 현도군에 통합되었던 임둔군의 현들은 낙랑군에 편입되어 최종적으로 옛 위만조선의 영역에는 낙랑군만이 남게 되었다. 낙랑군은 진번과 임둔의 영역에 각각 남부도위(南部都尉)와 동부도위(東部都尉)를 설치하여 관리하였다.

왕망의 신나라 시대에는 태수의 관직을 태윤(太尹)으로 바꾸었는데, 평양 인근에서 '낙랑태윤장(樂浪太尹章)'이라 찍힌 봉니(捧泥)가 발굴되었다. 신나라 말기의 혼란기에 낙랑군에서 반란이 일어나 낙랑 사람 왕조(王調)가 스스로 대장군 낙랑태수(大將軍 樂浪太守)라고 칭하였다. 이 시기가 고구려 내무신왕(AD 18년~AD 44년) 때로 '호동왕자와 낙랑공주의 사랑 이야기'와 같은 시기이다. 시기적으로 고구려가 낙랑국을 정복했고, 후한 광무제가 AD 30년 왕준(王遵)을 시켜 낙랑군을 다시 정복하고 패수 이남을 영토로 확정하였던 때이다. 한편 현도군은 후한 초기에 고구려의 압력을 받아 다시 무순(撫順) 방면으로 이전하였다.

AD 2세기 후반, 중국이 혼란에 빠지자 요동군(遼東郡)을 중심으로 공손탁이 독립적인 세력을 갖추어 낙랑 및 현도까지 지배하였다. 이 시기 낙랑군은 주변 소국들을 제압하지 못하여 다수의 백성이 삼한으로 이주하기도 하였다. 공손강은 AD 3세기 초 낙랑군의 남쪽 현을 분리하여 대방군(帶方郡)을 설치하였다.

위나라가 건국된 후 명제는 AD 238년 사마의를 파견하여 공손연을 토벌하는 과정에서 유흔(劉昕)과 선우사(鮮于嗣)를 파견하여 낙랑과 대방을 평정하였다. 서진이 건국된 이후 백제 및 고구려의 공격이 가속화되어 낙랑 및 대방군은 점차 약화하였다. AD 276년에는 유주(幽州)를 분할하여 평주(平州)를 신설하고 낙랑과 대방을 속하게 하였다. AD 300년 이후 오호십육국 시대의 혼란이 시작되면서 서진의 수도 낙양이 전조에 함락되자(311년) 낙랑군과 대방군은 더 버틸 힘을 상실하였다. AD 313년 미천왕은 낙랑을 공격하여 2천의 남녀를 포로로 잡았으며 낙랑과 대방의 군벌 장통(張統)이 모용 씨에게 투항한 뒤, AD 314년에 대방군까지 축출되면서 소멸하였다.

한반도 내의 낙랑군을 축출하면서 비로소 고구려가 위만조선 때 찬탈당했던 고조선의 옛 영토를 되찾을 수 있게 되었다.

### 3) 마한(진국, BC 5세기 ~ AD 369년)

한반도 내의 마한은 중국의 황하나 만주의 요하지역의 격변기에 대하여 비교적 영향을 적게 받아 문명적인 변화가 적었다. 이 때문에 오랫동안 청동기 시대를 벗어나지 못하고 후기 대륙 삼한 시대까지 문명적 발전이 더뎠던 것으로 여겨진다.

마한의 지정학적 위치가 문명의 발전 속도가 빠른 대륙과의 중간에 고조선이 위치하고 있어서 고조선의 문화적 영향을 크게 받고 있었다. 특히 초기 마한은 황해도 수안에서 한강 하구의 주안까지 포함된 영역이었으나, 고조선이 한반도 내로 축소되면서 한강 이북과 황해도지역으로 영토를 확장하여 기존의 마한 영토가 줄어든다.

후기 대륙 삼한 시대에 마한연맹에 대한 기록은 별로 남아 있지 않다. 다만 이들이 한반도 내에서 큰 갈등과 분쟁 없이 비교적 평화롭게 공존하며 살아

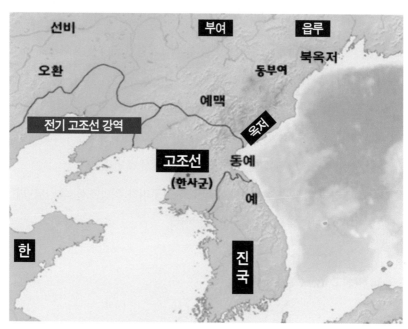

진국(마한)과 한반도 내의 고조선(번한) 부여, 옥저, 읍루

온 것을 미루어 짐작할 수 있다. 그래서 후기 마한에 대해서는 미약하나마 후기 시대에 남겨진 기록에 의존해 유추해 볼 수밖에 없다.

초기의 마한은 하나라의 후예인 동이족이 한반도로 건너와서 만든 54국 연맹체 국가이다. 그리고 그 시기는 후기 청동기 시대에 해당하는 BC 5세기경이다. 그래서 중국 문헌에서는 한민족을 동이족이라고 칭하는 것이다.

이들은 문명적으로나 사회적으로 격변이 많은 황하와 요하지역에서 멀리 떨어져 있어서, 어느 정도 격리가 되어있었기 때문에 문명의 발전이 비교적 더딘 편이었다.

(1) 개요 * [참조] 위키백과 / 동 제목 / 편집

후기 대륙 삼한 시대의 마한은 약 BC 5세기경에 한반도 서남지역에서 성립되었다.

이들은 하나라(夷族)의 후예로 주된 구성원은 동이(東夷)족이다. 원래 하나라가 멸망한 후 상나라 시절에는 중국의 동쪽 태산 아래 태안(대문구 문화)을 중심으로 산둥지역에서 퍼져 살았다. BC 770년경에 주나라가 성주(낙읍)로 천도함에 따라 동이족은 BC 5세기경 제나라에게 쫓겨 산둥반도에서 한반도의 태안반도로 이주하였다. 그 후 한반도 내에서 서쪽 평야 지대를 따라 연맹체를 이루었으며, 이것이 한반도 내의 마한(진국)연맹이다.

마한(馬韓)은 고대 한민족의 54개 부족 국가 연맹체이다. 마한은 훗날 반도 삼한의 근간(根幹)으로서 가장 넓은 지역에 걸쳐 있었다. 그 범위는 한강 유역(경기도)으로부터 충청도와 전라도에 퍼져 있었으며, 목지국(目支), 백제(伯濟) 등 54개국이 지역적 연합체를 이루고 있었다. 후에 부여(우르) 등 북방계 유이민을 중심으로 형성된 백제(百濟)가 마한을 병합, 흡수했다.

AD 369년 백제의 공격을 받아 영토를 빼앗기고, 근초고왕대에 영토를 상당 부분 잃었다. AD 530년경에는 최종적으로 백제에 흡수된다. 마한은 중앙집권체제가 아닌 소국들의 연맹체였다. BC 18년 이후 군주들의 이름, 시호에 대한 기록이 실전되었다.

마한은 서해에 접하고, 동쪽은 진한(辰韓), 남쪽은 변한(弁韓)에 접해있었다. 한강 이남 서울 남동부를 중심으로 했던 나라 등 54개국의 지역적 연합체를 이루고 있었던 마한의 54개 부족 국가는 지금의 경기도와 충청북도, 충청

남도, 전라북도, 전라남도에 해당하며, 그 외에도 강원도 서부와 황해도 남부까지를 세력권으로 하였다. 삼한 시대 마한이 진한과 변한을 모두 지배하였다.

여기서 마한의 강역을 살펴보면 부족연맹 국가의 핵심적인 위치에 있는 도시명이 천안, 수안, 주안, 부안, 무안 등 모두 '－안'으로 끝나는 것을 알 수 있다. 이것은 이리두(夷族)의 공통적인 도시명으로 마한이 동이족(東夷族)의 국가임을 알 수 있다.

마한 사람들은 정주민이며 농업 중심이다. 이와 더불어 반도 삼한 시대 마한지역에서는 한반도 동남부 변한이나 진한의 초기 청동기 시대(세형동검 문화단계) 유물과 비교해 청동기 유물이 풍부하게 출토되고 있다. 이 시대부터 대두되고 있던 선진적인 정치집단의 존재를 반영하고 있다. 그 후 철기가 유입되기까지 이들은 청동기의 제작과 교역을 통하여 중남부 각지의 세력 집단들에게 상당한 영향력을 행사하고 있었던 것으로 짐작된다. 경기도 고양과 용인, 충청남도 부여, 전라남도 영암 등지에서 각종 청동기 거푸집(鎔范)이 발견되어 청동기 제작 사실을 뒷받침해 주고 있다.

《삼국지(三國志)》 위서(魏書) '동이전(東夷傳)'에는 마한지역에 위치한 54개 소국(小國)의 명칭이 열거돼 있다. 큰 것은 1만여 가(家), 작은 것은 수천 가구였다고 한다. 규모가 큰 나라의 지배자는 '신지(臣智)', 작은 것은 '읍차(邑借)'라고 하였다.

마한의 전체 호수(戶數)는 10여만 호였으며, 큰 나라는 1만여 호, 작은 나라는 수천 호였다. 특히 목지국(目支國)은 진국의 중심지였을 뿐 아니라 삼한 시대에도 목지국의 왕은 진왕(辰王)이라 일컬어 마한과 진한 등 여러 나라의 맹주 대접을 받았으며, 반도 삼한의 초기에는 그 세력이 진한과 변한에까지도 영향을 미쳤다고 한다. 진한과 변한은 총 호수가 4~5만인데, 큰 나라는 4~5천 호였고, 작은 나라는 6~7백 호에 지나지 않았다. 이 중 북방에서 이주해 온 부여족(扶餘族; 우르) 계통인 온조(溫祚)를 중심으로 형성된 백제국(伯濟國)이 마한에서 점차 세력을 확대했고, AD 4세기 중엽(백제 근초고왕 재위기)에 마한연맹체를 통일했다.

김부식의 《삼국사기》에 따르면, 마한은 AD 8년에 온조왕이 다스리는 백제에 병합되었고, AD 9년에 멸망하였다고 한다. 그러나 AD 121년 고구려의 제6대 태조대왕(太祖大王)이 현토성과 요동 공격에 마한의 군사를 동원한 기록도 있다. 이는 온조왕 때에 백제가 마한의 부족 국가 연맹체를 해체, 흡수한 것이 아니라 목지국을 대체할 연맹체 내의 우두머리 국가로 부상하였고, 한반도 북쪽에도 마한의 세력이 미쳤음을 추정케 한다.

### (2) 역사 * [참조] 위키백과 / 동 제목 / 편집

한국 고대사에서 정확한 실상을 파악하기란 대단히 어렵다. 김부식의 《삼국사기(三國史記)》와 일연의 《삼국유사》 외에는 고대사에 대한 기록이 거의 없다고 볼 수 있다. 다만 일부 후대 기록에서는 조선 시대까지는 BC 2세기 초에 고조선의 준왕(準王)이 위만(衛滿)을 피하여 바닷길로 달아나, 월지국(月支國)에 세운 나라라는 견해가 있다. 발굴된 유적의 특징으로 볼 때, 원주민(동아족)들은 BC 3세기 이전부터 청동기 문화를 바탕으로 한반도 서남부를 중심으로 정치집단을 이루었고, 목지국을 중심으로 한 소국연맹의 형태를 유지한 것으로 보인다. 실제 마한지역 소국 중에는 백제처럼 북방계 유이민의 정착을 계기로 하여 형성된 집단도 있고 초기 철기 문화를 배경으로 대두되는 집단도 있어 그 형성 시기가 일정하지는 않은 듯하다.

AD 3세기 전반에 마한 소국 연맹체의 맹주는 목지국(《삼국지》에는 月支國으로 되어 있음)의 진왕(辰王)이었다. 마한을 형성한 주체에 대해서는 고예맥족(古濊貊族; 개마족)이 남하한 선주(先住) 토착 집단이라는 견해도 있고, 북마한(北馬韓)이 남쪽으로 이주한 세력이라는 주장도 있으나, 필자가 앞서 이야기 한 바와 같이 주 구성원은 동이족이다. 목지국의 위치는 충청남도 직산과 성환, 아산만 일대 또는 공주, 전라북도 익산(이리) 등지에 비정되고 있으나 정확한 위치는 알 수 없고, 이리두(동이)족의 특성상 천안일 가능성이 크다. 특히 천안삼거리는 교통의 요지로 고대사회의 교역 중심지일 가능성이 크기 때문이다. 목지국이 언제부터 마한 소국 연맹체의 맹주가 되었는지는 잘 알 수 없으나, 《삼국지》에는 진·변한 24국 중 12국이 목지국 진왕에게 종속되어 있었다는 기록이 있어, 진왕이 진·변한의 일부 지역에 대하여 영향력을 행사하였던 것으로 보인다.

백제가 체제를 정비하고 고대국가로 발전하기 시작한 고이왕(古爾王) 시기부터 마한의 중심 세력이 목지국에서 백제로 이동했다고 추측되고 있다. 이후에도 마한의 일부 세력은 전라남도 해안 지방에서 독자적으로 명맥을 유지했다는 주장이 제기되고 있다. 일부 역사가들은 근초고왕 때 마한이 완전히 병합된 것으로 본다.

하지만 최근에는 영산강 유역에서 땅을 파서 돌방을 만드는 백제의 무덤과 달리 흙을 쌓아서 그 위에 돌방을 만들고 옹관묘를 안치하는 마한식 무덤이 출토되고 있는 점, 백제의 행정구역이 AD 6세기 중엽에 이르러 22담로에서

37군으로 바뀌는 점, AD 6세기 즈음 백제의 양식과 다른 금동관이 발견된 점을 들어 마한의 잔여 세력이 영산강 유역에서 독립적 혹은 자치적으로 AD 6세기 중엽까지 존재했을 것이라는 학설이 주장되고 있다.

### (3) 문화 사회적 특징 *[참조] 위키백과 / 동 제목 / 편집

마한의 문화적 특징은 다음과 같다.

- 성곽은 없으며, 활, 방패, 창 등을 잘 다루었다.
- 청동기 유물을 풍부하게 활용했다.
- 집은 초가지붕에 흙으로 벽을 세웠고, 문을 위쪽으로 내었다.
- 옥을 좋아하고, 금, 은, 비단을 중요하게 여기지 않았다.
- 농업과 양잠업에 힘썼다.

농업과 양잠, 길쌈 등은 마한 전역에서 널리 행해졌다. 특히 평야가 많은 지역에는 벼농사가 일찍부터 행하여졌고, 수리 시설인 저수지도 많이 만들었던 것으로 보인다. 그 외에 목축(牧畜)도 성했으며, 해안 지대에는 어업(漁業)을 행하였다.

이 시기에 이르러 제정은 서로 나뉘게 되었다. 마한의 여러 국읍에는 정치를 맡은 군장 이외에 천신을 제사하는 사람을 각각 따로 두어 이를 천군(天君)이라 일렀다.

그리고 마한 여러 나라의 특별한 지역에는 소도라는 것이 있었다. 이것은 큰 나무를 세워 방울과 북을 달아매고 귀신을 제사하던 곳인데, 본래 이것은 단군신화에 보이는 신단수의 유풍을 받은 것으로서 만주 풍속의 신간(神竿)과도 같이 신역을 상징하는 것이며, 방울과 북은 신을 즐겁게 하는 악기였던 것이다.

이 신역에서는 도망하여 들어간 죄인도 잡아내지 못할 만큼 법률의 힘도 미치지 못하였던 곳인데, 이것 역시 고대사회의 공통된 풍습이었다. 그리고 천군은 종교적으로 보면 단군의 원류를 받은 것으로, 뒷날 향무(鄕巫; 골무당 또는 단골무당)의 근원도 여기에 있다.

이 밖에 마한에서는 연중행사로 5월에 씨뿌리기가 끝나면 귀신에게 제사하고, 여럿이 모여 주야로 노래하고, 춤을 추고 놀았다. 수십 명이 같이 손발의 장단을 맞추어 가며 추었다고 하는데, 이것은 지금도 남아 있는 전라도 지방의 '강강술래'와 같은 노래와 춤의 근원이라고 할 수 있다.

마한에서는 이러한 제사 노래를 10월에도 행하였다 하는데, 이는 상고 농업사회에서 공통으로 널리 행하여진 것으로 5월에는 풍년을 기원하는 기년제(祈年祭)이고, 10월에는 풍년을 축하하는 것이었다. 장례는 일반적으로 후하게 지냈다. 마한에서는 장사에 관(棺)을 쓰고 곽(槨)은 쓰지 않았으며, 소와 말도 모두 장사에 썼다고 하는데, 이것은 가축을 순장(殉葬)했다는 의미이다. 이러한 풍습은 뒷날 백제 문화의 기초가 되었다.

### (4) 제3기 대륙 삼한(BC 3세기 말~BC 194년) 시대

제3기 대륙 삼한은 동호를 뒤이은 부여(餘族)와 고조선(箕氏), 진국(東夷

族)이 한반도에서 북만주에 걸쳐 이룩된다. 그러나 제3기 대륙 삼한은 고조선이 BC 194년 위만에게 국권을 찬탈당하면서 짧은 기간 동안 존속된다. 다만 여기서 우리가 알아야 할 중요한 사실은 부여의 존재이다. 부여는 어떠한 경우에도 우리 한민족 역사의 한 축으로 중요한 위치를 차지하고 있음을 소홀히 해서는 안 된다.


## 3. 열국 시대

열국 시대의 시작은 동호(진한)의 멸망과 궤를 같이한다. 중국의 전국 시대 말에 동호(우르+고리)가 흉노에게 멸망하고, 고조선(키시)은 연나라에게 밀려 한반도 내로 영역이 축소되면서, 또다시 위만에게 국권을 찬탈당한다. 그리고 위만조선은 한나라에게 멸망하면서 한반도 북서부에 한사군이 설치된다. 다만 열국 시대는 반도 삼한에서 가장 늦은 변한(가야)의 성립 시기인 AD 42년까지로 한다.

BC 203년경 동호 멸망 후 북만주에는 우르(餘族)의 부여(BC 3세기 말~AD 494년)가, 한반도 북동부에는 고리(高夷)족의 옥저(BC 3세기 말~AD 285년)가 세워지고 뒤이어 동부여(餘族; BC 87년~AD 410년)가 건국한다. 또한 고조선이 BC 194년 멸망한 후에 동해안에 키시(箕氏)족의 동예(BC 82년~AD 6세기경)가 건국한다.

이로써 BC 1세기를 전후하여 한반도의 동해안 선을 따라 배달국의 후예인 환 3족 중심으로 읍루(餘族)-부여(餘族)-동부여(餘族)-옥저(高夷)-동예(箕

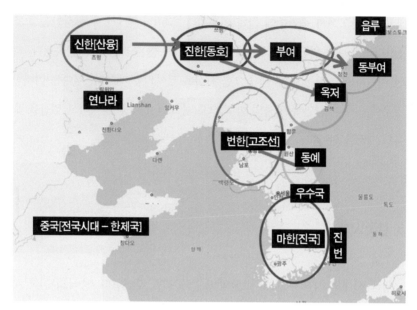

열국 시대 각 지역 국가들의 변천 경로

氏)-우수국(餘族; 우수주) 등의 소국들이 건국된다. 여기서 우수국은 지금 강원도 춘천의 중도로 온조 한성백제의 초기 국가이다.

### 1) 부여(BC 3세기 말~AD 494년)와 동부여(BC 87년~AD 410년)

(1) 개요 *[참조] 나무위키 / 동 제목 / 편집

부여(BC 3세기 말~AD 494년)는 동호 멸망 후 우르(餘族)가 중심이 되어 북만주의 예족을 통합시켜 만든 국가이다. 주도는 부여성(길림)으로 훗날 동부여와 고구려의 모태가 된다.

부여의 존속기간은 고조선 후기와 삼국 시대 중반에 걸친다. 대한민국 역사 교육에서는 단군과 고조선에서 모든 한국사가 시작되는 일원적 개념처럼 설명하고는 있으나, 부여는 후기 고조선과 동시대에 공존했던 고대 군장국가이며 그 중심 지역도 상당히 떨어져 있어 별개의 문화를 형성하고 있었다. 그리고 고구려, 백제 등 한민족의 조상이 되는 주요 국가의 왕가들이 적어도 그들이 스스로 내세운 주장에도 각기 고조선이 아닌 부여계 국가에서 나왔음을 표방한 것도 눈여겨볼 부분이다. 현재의 한민족은 만주에서 한반도로 이르는 지역에서 분포했던 여러 종족이 환 3족과 예맥족을 중심으로 수천 년에 걸쳐 융합된 것이며, 부여는 고조선과 별개로 한민족의 조상 격인 국가이다.

　《삼국유사(三國遺事)》나 《삼국사기(三國史記)》의 기록에서는 북부여, 동부여, 졸본부여, 갈사부여, 연나부여 등 다양한 부여 국가가 존재하며, 고조선과의 관계에 대해서는 명확하지는 않으나 《삼국유사》의 내용을 보면 고구려 건국자인 추모(주몽)의 아버지를 단군으로 표현하는 등 고조선과도 연관이

동단산성에서 본 부여성지(관저성, 용담산성) – 길림시 송화강변
* 사진 [출처] 나무위키 / 동 제목 / 우리역사넷 / 편집

있음을 알 수 있다.

부여는 궁궐, 성, 창고, 감옥 등 체계화된 조직과 제도를 가졌던 나라였다. 정치는 귀족 정치로서 지배계급에는 군주왕 그 밑에 가축의 이름을 붙인 마가(馬加), 우가(牛加), 저가(猪加), 구가(狗加) 등의 가 및 대사(大使), 사자(使者) 등 귀족들의 관직이 있었다. 관직의 명칭에 대해서는 《만주원류고》에 중국인들의 무지로 관직명에 가축의 이름을 넣었다는 비판이 있다. 또 지방을 크게 네 구역, 즉 사출도(四出道), 사가도(四街道)라고도 함)라 칭하는 지역으로 나누어 마가, 우가 등의 제가가 각각 그 일부 지역을 맡아 다스렸다.

사출도 중의 큰 지역은 주민 수가 수천 호(戶), 작은 것은 수백 호가 되었다. 피지배 계급인 민(民)을 하호(下戶)라고 칭했는데, 그들은 지배계급에 대하여 각종 노역과 물자 공급을 부담했기에 노비 취급을 받았다. 이들은 전쟁시 직접적으로 참전하지 않았고, 식량 보급과 물자 운송을 담당했으며, 그때는 귀족들이 중심이 되어 집마다 갖추어 놓았던 무기를 갖고 호민(豪民)들을 모아 참전했다. 호민이란 하호 중 부유하면서 어느 정도 자체적인 세력이 있었던 자들로, 영국의 요먼과 비슷한 계층이었다. 이로 미루어보아 부여는 봉건제 사회였던 듯하다.

부여의 국왕은 귀족 연맹체의 제사장적인 성격이 강해, 농사가 흉년이 들거나 자연재해가 일어나면 귀족 회의에서 폐출되거나 보통은 죽임을 당했다. 귀족 연정체제에서 '왕'이라 불리는 대표자를 뽑는 선거군주제가 계속 유지되었던 것으로 보인다. 사실 이름이 '왕'이라서 오해를 살 뿐, 당대로서는 제사장일 뿐이다. 제가들도 나라를 세우는 데에 일조했고, 왕을 제가들이 뽑았으니 내쫓거나 죽일 권리가 있다는 논리다.

그러나 점차 왕권이 강화되면서 이러한 관습은 사라졌으나, 다른 주변국들처럼 강력한 왕권을 행사하지는 못했다. 전쟁 시 왕은 귀족들과 휘하의 부대를 이끌고 참전했지만 어디까지나 귀족의 대표로서 군림하였을 뿐 귀족은 각자의 집단을 자치적으로 이끌었고, 중앙정부의 통제력은 당연히 약했다.

이런 정치제도 때문에 고구려와의 관계에서 우위였음에도 대소왕이 고구려의 대무신왕과의 전투에서 잡혀 참수당하자 귀족 세력들 간에 내분이 일어났다. 이는 결과적으로 부여의 힘을 분산시켜 후대에 부여가 고구려의 국력을 넘어서지 못하여 연맹 국가에서 고대국가로 발전하지 못하고 결국 멸망하는 사태를 초래했다.

혼인을 할 때는 혼납금으로서 신랑 집에서 신붓집으로 소와 말을 보내는 풍습이 있었다. 또한 간음을 엄격히 금지해서 남녀가 간음을 하거나 부인이 질투를 하는 경우에는 모두 죽였으며, 특히 부인이 질투하는 것을 나쁘게 여겨 죽인 뒤 시체를 산 위에 버려 썩게 했다. 만약 죽음 당한 여인의 친정에서 딸의 시체를 거두어 가려면 남자 집에 소와 말을 보내야 했는데, 이것은 혼인 때의 혼납금을 반환하는 것과 같았다. 또한 고구려와 같이 형이 죽으면 동생이 형수를 아내로 맞는 풍습인 형사취수가 있었다. 고구려의 사회법 중 대부분이 부여와 유사한 거로 보아 고구려의 사회법도 부여에서 따온 거로 추정된다.

추수가 끝난 후 영고라고 불리는 제천행사를 벌여 하늘에 제사를 지내고 음주·가무를 즐겼다고 한다. 그래서 고구려의 동맹, 동예의 무천과 함께 거론되는 경우가 많다. 다만 영고는 유목민족의 수렵제와 같은 성격이 남아 있어 동맹이나 무천과 달리 10월이 아닌 12월에 거행되었다.

노비 제도가 존재했다. 순장은 대부분 노비로 채워졌다. 순장된 노비는 전쟁 포로 출신뿐 아니라 형벌 노비와 부채 노비도 있었다. 때문에 변상이 여의치 않을 경우 노비로 삼았을 것으로 추정된다. 부여의 법에는 살인자는 죽이고 그 가족을 노비로 삼았다. 그리고 남의 물건을 훔쳤을 경우 12배로 배상하게 했다. 이 12배 변상은 고구려도 마찬가지로 같은 예맥 계통인 고구려어와 비슷했을 거라는 게 대체적인 의견이지만, 관련 자료가 워낙에 부족한 관계로 얼마나 유사성이 높았는지는 아직 정확하게 알 수 없다.

東夷相傳以爲夫餘別種, 故言語法則多同, 而跪拜曳一脚, 行步皆走

동이가 서로 전하기로는 (고구려는) 부여별종(夫餘別種)이라고 한다. 그래서 언어와 법칙이 대부분 같고 궤배(跪拜; 무릎 꿇고 엎드려 절함)할 때 다리 하나를 끌고, 행보(行步)할 때 모두 뛰어다닌다.

부여 사람이 쓰던 성 해씨(解氏)에서 '해'가 '태양'을 뜻하는 현대 한국어 '해'의 어원이라는 주장이 제기된 바 있으나, 근거가 부족한 탓에 주류 학계에서는 해당 주장을 받아들이지는 않고 있다. 이 성씨를 지닌 사람은 2015년 통계청 기준으로 아홉 명이 확인된다고 한다. 여담으로 순우리말 해(日)와 흰(白)은 어원이 같다고 하는데, 이와 관련해서인지 백의민족 기록이 부여에서도 나타난다.

"부여 사람들은 국내에 있을 때의 의복은 흰색을 숭상하며 흰 포목으로 만든 소매가 넓은 도포와 바지를 입는다." 《삼국지》, 부여

부여는 만주의 넓은 평야 지대에서 농사를 주요 산업으로 한 농경 국가였으나, 동시에 목축과 기마술에도 능한 반농반목의 경제 체제를 갖추고 있었다. 이 덕분에 당시 북방의 패자로 자리매김했으며, 중국에 말을 수출하기도

했다.

　주요 수출품으로는 말, 붉은 옥(적옥, 赤玉), 구슬 장식품(미주, 美珠), 담비나 돼지, 여우, 원숭이 등의 짐승 가죽이 있었다. 다만 원숭이의 경우는 부여에서 생육되지 않는 짐승이다. 이 때문에 일본 북단의 북해도에서 잡아 와 산업화시킨 것으로 여겨져 고대 부여의 활동 영역이 북만주에서 일본열도에까지 이른 것으로 생각된다.

　부여의 중심 세력은 동호의 우르(餘族; 해모수)족으로, 고리(高夷)족은 한동안 집권 세력에서 밀려나 있던 것으로 보인다. 그리고 훗날 동호(진한)의 다른 한 축인 고리족(고주몽)을 중심으로 고구려가 탄생한 것도 이와 무관하지 않다.

BC 1세기경 부여의 우르(餘族)족들이 한반도 내로 이동한 경로
백제와 진한연맹의 성립

부여의 우르족은 BC 1세기를 전후하여 위만조선을 정복한 한나라의 침략을 피해 동쪽과 남쪽으로 대거 이동을 시작한다. 그중에 동쪽으로 간 일단은 가섭원(훈춘)에 동부여를 건설한다. 그리고 남쪽으로 내려간 무리들은 속초(울산바위)에서 갈라져 일단은 미시령을 넘어 춘천에 소머리(우수주; 중도)국을 세우고, 일단은 동해안 선을 따라 내려가 울산(우르)에서 서쪽 벌판(서벌)으로 가 진한(사로국)을 건설한다. 춘천의 우르족은 고구려에서 내려온 소서노, 온조와 함께 한강을 따라 서쪽으로 내려가 위례에 한성백제(서우르; 서울)를 건국한다.

그 후 한성백제는 근초고왕 때 마한을 통합해서 백제로 발전한다.

### (2) 유물과 문화 * [참조] 나무위키 / 동 제목 / 편집

부여 문화의 출발은 청동기 시대의 서단산 문화로서, 그로부터 초기 철기시대의 '대해맹−포자연 문화'로 이어져 형성되는 것으로 파악되고 있다.

그래서 대해맹−포자연 문화를 부여로 인식하는 연구자들도 더러 있는 편이다. 서단산 문화의 니질계의 회도들이 확인되는 층위의 위로 대해맹−포자연 유적의 층위가 확인되고 있으며, 토기의 유형 또한 유사하다는 점에 기인한 것이기도 하다.

가장 우측의 토기는 유수 노하심 유적의 출토품이고, 그 옆의 토기는 서단산 문화에 해당하는 유적에서 확인된 토기이다. 부여의 청동 가면에서 한국인의 얼굴이 보인다.

이는 BC 1세기 말부터 AD 3세기 사이의 유적인 중국 지린성 유수시 노하

부여의 유수 노하심 토기와 서단산 토기          부여의 금동 가면

심촌 유적, 즉 유수 노하심 유적에서 확인되는 독특한 형태의 동이류의 토기들과도 관련이 있다고 파악하기도 한다. 파수부가 2개씩 부착되는 특징이 확인되며 독특한 구연부의 형태를 보이는 것이 특징인데, 이러한 특징적인 요소들이 부여 문화의 기저 유형으로 인식되는 서단산 문화에서 확인되는 토기 유형과 유사하다는 점이다. 특히 서단산 문화가 확인되는 유적의 층위 바로 위로 포자연 유적, 대해맹 유적들이 확인되는데, 이 유적들에서 바로 저러한 쌍이부호들이 확인되므로 연속적으로 이어지는 것이라고 보는 견해가 있다.

　본격적으로 전개되는 부여와 관련된 유적으로는 통상 '유수 노하심' 유적이라고 불리는 중국 지린성 위수시 노하심촌의 노하심 유적이 대표적이다. 그 외에도 길림성 길림시의 동단산 유적, 서단산 유적, 모아산 유적 등이 있다. 조사가 되었지만, 정식으로 확인된 유적은 유수 노하심 유적밖에 없으며, 다른 유적들은 간략한 형태로만 짧게 보고되고 있다. 모아산 유적 같은 경우에는 당대의 사회상을 많이 포함하고 있는 고분 자료 중심의 유적이지만, 자세한 연구가 어려운 실정이다.

## 2) 동예(BC 82년~AD 6세기경)와 옥저(BC 3세기 말~AD 285년) * [참조] 위키백과 / 동 제목 / 편집

### (1) 동예

#### 개요

동예(東濊, BC 82년~AD 6세기경)는 한반도 동해안 일대에 동옥저와 자리 잡았던 부족 국가의 하나이다. 이들은 고조선(BC 194년 멸망)의 유민 집단으로 키시(箕氏)족이다. 예(濊)라고 불렸으나, 넓은 의미의 예와 구별하기 위해 통상 '동예'라고 부른다. 강원도 북부의 동해안을 중심으로 북쪽으로는 함경남도 원산으로부터 남쪽으로는 강원도 강릉(명주)과 경상북도 일부 지역에 이르렀고 영서지역 산간까지 세력범위로 하였는데, 서쪽의 마한, 백제와 군사적으로 대립하였다는 기록이 있다. 농사를 주업으로 하였고, 직조 기술도 발달하였다. 산과 하천을 경계로 읍락이 구분되어 각 읍락을 삼로(三老)가 통치했다.

AD 6세기에 신라의 진흥왕에게 완전히 복속되어 신라의 하슬라주(何瑟羅州)로 편입되었다. 진흥왕은 옛 동예 영토의 위에 황초령 진흥왕 순수비와 마운령 진흥왕 순수비를 세워 신라의 영토임을 확실시하였다.

#### 역사

지금의 원산에서 강릉까지 사이의 중부 동해안 지역에 자리 잡고 있던 키시(箕氏族) 계열의 부족 국가로 고조선 멸망 후 유민들이 세운 국가이며, 옥

강릉 동예국 성지(북벽과 동벽)                                    * 사진 [출처] 한국민속문화대백과 / 동예

저와 마찬가지로 한군현에 속해 있다가 AD 6세기 이후 멸망했다.

멸망 이후, 동예의 옛 땅은 확실히 신라의 영토가 되었음이 문헌과 금석문, 발굴을 통해 입증되었다. 현재 멸망에 대한 기록은 남아 있지 않으나 몇 가지 가설이 제시되어 있다.

그중 대표적인 것이 신라가 전성기일 때 함경도 일대 동해안까지 진출함으로써 신라에 정복되었다는 설이다. AD 6세기 중반 신라 진흥왕의 북진으로 신라에 완전히 병합되어 하슬라주가 된 사실과 강원도 위쪽 지방인 함경남도에 마운령 진흥왕 순수비와 황초령 진흥왕 순수비가 발견된 사실로 볼 때, 가장 유력한 설로 평가된다. 또한 신라 김씨 왕조의 시조인 김알지의 태생이 고조선계 유민으로, 초기 동예를 거쳐서 내려간 키시족이기 때문에 동예가 신라의 김씨 왕조에게 쉽게 복속된 것이 아닌가 여겨진다.

## 정치 · 문화

동예는 공열(孔列) 토기로 대표되는 무문토기 문화이다. 주민은 옥저 · 고

동예 유물(바리)
* 사진 [출처] 문화유산 / 중앙박물관 / 동예

동예 유물(항아리)
* 사진 [출처] 문화유산 / 중앙박물관 / 동예

구려와 같은 예맥족으로 분류되며 언어 · 풍속도 거의 같았다. 중기 이후로는 고구려의 압력을 받아 크게 성장하지 못하였다.

《삼국지》 '위지(魏志)'에 따르면, 호수(戶數)는 2만 정도이나 군주가 없었으며, 옥저의 삼로(三老)와 같이 중국의 영향을 받아 후(侯), 읍장(邑長), 삼로(三老)의 관명을 사용하며 서민을 다스렸다.

한편 책화(責禍)라는 씨족 사회의 유습(遺習)이 남아 있었다. 책화란 다른 마을을 침범할 경우에는 재물과 가축으로서 그를 보상한다는 제도이다. 또 족외혼에도 역시 씨족 사회의 유습이 드러난다. 동예의 법 속으로는 살인자는 사형에 처한다는 원시 형법이 사용되었으며, 도적이 적었다.

**특산물과 풍습**

단궁(檀弓), 문표(文豹), 과하마(果下馬), 반어피(班魚皮, 海豹皮), 명주(비단)와 삼베 등의 특산물이 있었다.

- 과하마 : 나무 밑을 지나갈 수 있는 키 3척의 말
- 반어피 : 수·당대 이후로 해표(바다표범)의 가죽이라고 하였다.
- 명주(비단)와 삼베 : 방직 기술이 발달

혼상법(婚喪法)은 고구려와 비슷하여 동성(同姓) 간에는 혼인을 하지 않고 (족외혼), 질병자나 사망자가 있으면 곧 집을 버리는 등 금기(禁忌)가 많았다. 주민은 검소·근면하고 싸움에 능하였다. 매년 10월에 무천(舞天)이라 일컬어진 제천행사가 있었다. 다른 부족의 생활권을 침범하면 노비와 소, 말로 변상하는 책화라는 풍습이 있었다. 또한 새벽에 별자리를 관찰하여 그해의 풍흉을 점쳤다(별점).

## (2) 옥저

### 개요

옥저(沃沮, BC 3세기 말~AD 285년)는 동호(BC 203년 멸망)가 멸망한 후 그 유민(고리족)들이 이주해서 만든 국가로 여겨진다. 이들은 동호 시절 우르(餘族)의 부여와 갈라져서 각자가 국가를 형성하였다. 남옥저는 함경남도 영흥 이북에서 함흥과 경흥을 거쳐 두만강 유역까지 그리고 북옥저는 약

800리(300km) 정도 떨어져 연해주 일대와 읍루까지 넓은 지역에 걸쳐 있었다. 여기서 이들을 후기 대륙 삼한 시대 동호(진한연맹)의 유민들로 비정하는 것은 첫째, 국가의 성립 시기가 동호 멸망 직후인 BC 3세기 말경이라는 점과 둘째, 옥저의 주요 도시가 경흥, 함흥, 영흥 등 '−흥'으로 끝나는 도시명을 가지고 있다는 점이다. 이것은 동호의 핵심 도시인 '흥륭와'의 '흥'자에 대한 명칭 계승에서 나온 도시명으로 여겨지기 때문이다. 또한 지금은 러시아령인 북옥저의 중심도시인 블라디보스토크나 하바로스크도 고대에는 연해주와 관련된 도시명으로 '연흥'이 아닌가 추측된다.

옥저는 토지가 비옥하여 오곡을 생산하였고, 어물과 소금 등의 해산물이 풍부했는데, 고구려에 소금, 어물 등을 공납으로 바쳤다. 옥저는 동예(箕氏)와 같이 부여(扶餘)의 한 갈래였으나 풍속이 달랐다. 신랑과 신부가 어린 나이에 약혼을 하고, 신부가 신랑 집에서 살다가 어른이 되면 예물을 주고 신부를 데려오는 민며느리제가 있었고, 가족이 죽으면 시체를 풀이나 흙으로 가

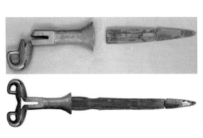 

**촉각식 동검 – 복원 전 · 후(연해주)** * [사진] 〈조선일보〉  **위나라 동전(칠원 인근, 연해주)**  * [사진] 〈서울경제〉

매장한 후 나중에 그 뼈를 추려서 가족 공동 묘인 커다란 목곽에 안치하는 세골장도 있었다. 그 입구에는 쌀을 담은 항아리를 매달아 죽은 자의 양식으로 하였다. 고구려의 후방 기지 역할을 한 옥저는 위나라의 고구려 정벌의 여파로 동천왕 때 침략을 받기도 하였다.

북옥저는 치구루(置溝婁)나 구루로 나타내었는데, 이는 고구려어로 성(城)을 의미한다고 한다.

### 지리적 위치

남옥저는 고대에 함경남도 함흥평야를 중심으로 함경도 전역에 걸쳐 있던 고리족의 부족 국가이다. 북쪽은 북옥저가 연해주지역에 자리 잡고 있으며, 남쪽은 예(濊)에 접하고 있었다. 북옥저는 북으로 읍루와 서북쪽은 부여에 접한다.

옥저는 동옥저로도 불렸고, 다시 남옥저와 북옥저로 구분되었다는 주장이 일반적이다. 남옥저는 함흥 일대에 있었고, 남으로 영흥 부근에서 동예와 경계를 이루었으며, 북옥저는 길림 연변에서 연해주까지 다양한 주장이 있다.

《삼국지》 위서 '동이전'에 의하면, 옥저와 주변국에 대한 위치 설명은 다음과 같다.

- 동옥저는 고구려 개마대산의 동쪽으로 큰 바다(大海)를 접하였다. 그 지형은 동북은 좁고, 서남은 길어서 천 리나 된다. 북쪽에는 부여와 읍루, 남쪽에는 예맥에 접하였다.

  東沃沮在高句麗蓋馬大山之東 濱大海而居 其地形東北狹 西南長 可千里 北與挹婁 夫

餘 南與滅貊接

- 고구려는 요동 동쪽 천 리에 있으며 남으로 조선 예맥, 동으로 옥저, 북으로 부여와 접하였다.

  高句麗在遼東之東千里 南與朝鮮 滅貊 東與沃沮 北與夫餘接

- 북옥저는 치구루라고도 불린다. 남옥저에서 8백여 리의 거리에 있으며, 그 풍속은 남과 북이 같으며, 읍루와 접하였다.

  北沃沮一名置溝婁 去南沃沮八百餘里 其俗南北皆同 與挹婁接

- 읍루는 부여 북동쪽 천여 리에 있으며 큰 바다와 접하였다. 남쪽으로는 북옥저에 접하였고, 북쪽은 그 끝을 알지 못한다.

  挹婁在夫餘東北千餘里 濱大海 南與北沃沮接 未知其北所極

BC 2세기~BC 1세기 옥저의 온돌 유적                    * 사진 [출처] 북방역사기행 / 강인욱

- 예는 남으로 진, 북으로 고구려, 옥저와 접하였으며, 동쪽으로는 바다와 접하였다. 지금 조선의 동쪽이 모두 그 땅이다.

濊南與辰韓 北與高句麗 沃沮接 東窮大海 今朝鮮之東皆其地也

《후한서》 '동이열전'의 옥저에 대한 내용은 《삼국지》 위서 '동이전'과 같거나 거의 비슷하다.

- 《후한서》에서 "한 무제가 조선을 멸망시키고 옥저 땅으로 현도군을 삼았다. 뒤에 이맥(夷貊)의 침략을 받아 군(현도군)을 고구려 서북쪽으로 옮기고는 옥저를 현으로 고치어 낙랑의 동부도위에 속하게 했다."라고 하였다.
- "(옥저는) 큰 나라 사이에 끼어 있어서 마침내 고구려에 신속(臣屬)하게 되었다."라고 하였다.

### 역사적 변천

남옥저(주도는 함흥)의 중심 지역의 집단은 BC 2세기경 위만조선에 복속되었고, BC 108년, 다시 한 군현에 복속되었다. 임둔군에 소속된 후 BC 82년 임둔군이 폐지되자 현도군으로 소속이 바뀌었고 BC 75년 현도군이 제2 현도군으로 이동하였을 때 낙랑군 동부도위(東部都尉)에 소속되었다고 여겨진다. AD 30년 한의 제후국으로 봉해졌으나 AD 56년에 다시 고구려에 복속되었다. AD 244년 관구검이 이끄는 위(魏)나라 군대에 큰 피해를 입고, AD 285년에 고구려의 직접 지배가 시작되었다. 북옥저지역에 남은 무리들은 이후 동부여로 이주했다고 보는데, 이 동부여는 AD 410년에 광개토대왕의 원정으로 인해 소멸되었다.


### 3) 읍루(BC 16세기~AD 285년)와 우수국(BC 18년~BC 5년)


#### (1) 읍루(숙신) : BC 17세기경~AD 3세기 * [참조] 나무위키 / 동 제목 / 편집


#### 개요

읍루는 고대의 숙신으로 칭하는 우르(餘族)족의 한 갈래이다. 읍루가 우르
족 국가인 이유는 우선 읍루라는 한자명의 원발음은 '울루스'(튀르크조어)로
우르와 같다. 그리고 《삼국지》 위지 '동이전'에서는 "읍루 사람들은 부여 사
람과 흡사하나, 언어는 다르다."고 하였는데, 용모에서 유전적 동질성이 있
다는 것은 그리 멀지 않은 조상에서 갈라져 나온 동족 관계임을 예측할 수 있
다. 여기서 부여인들이 우르족(餘族)이므로 읍루인들도 우르계임을 미루어
짐작할 수 있다. 또한 읍루인들은 칠성단과 같은 천제단을 만들어 놓고 숭배
하였는데, 이는 신시·배달국의 삼위태백 중앙에 있는 칠성당과 같다. 그리
고 읍루인들이 살던 삼강 평원의 강(江) 명칭을 살펴보면, '아므르강'은 '암(暗
黑)우르'이며 '어두운 우르의 강'으로 '흑룡강(黑龍江)'이고, 우수리강은 우수
(牛首), 즉 '소머리의 강'이란 뜻으로 강 이름들이 우르족과 직접적인 관련이
있음을 알 수 있다. 이런 관점에서 보면 읍루가 배달국의 우르(餘族)와 연관
성이 있음을 추측할 수 있다.

초기 읍루의 국가성립 시기는 BC 1700년경 배달국이 멸망한 이후이며,
읍루가 건국된 이후에는 이곳의 혹독한 기후를 피해 이들 중 일부가 동해안

포태산 성지에서 바라본 칠성단 – 배달국(신시)의 삼위태백 중앙 칠성단과 같은 형식
* 그림 [출처] 장선리 마한 시대 토실 유적 / 춘하추동 방송

선을 따라 한반도로 내려오고 상당수는 알류산 열도를 넘어 중앙아메리카로 이주했고, 그곳에서 마야 문명을 이룩한 것으로 보인다. 그리고 후기 읍루는 BC 8세기~BC 7세기경부터 본격적으로 나타나는 것을 보면 BC 660년 내 몽골지역의 산융(신한)이 멸망할 때, 신한연맹에서 빠져나와 북만주에 정착한 우르족일 가능성이 크다.

《후한서》 기록에 따르면 읍루는 오랫동안 부여에 종속되어 있었다. 그러나 AD 220년~226년경에 부여의 세금과 부역이 무거워 반란하여 종속에서 벗어났다고 《삼국지》 위지 '동이전'에 기록되어 있다. 특히 이 과정에서 읍루인들이 화살에 독을 발라 공격하니 부여의 군인들이 이기지 못했는데, 고구려 영양왕 시절 말갈인들을 동원하여 요서를 공격할 때, 말갈인들이 독화살을 잘 쏜다고 표현한 거로 보아 두 부족 사이에 관련성이 있다고 볼 수 있다. 학계에서도 읍루가 말갈의 전신이라고 여기는 견해가 있으나 확실한 정체성은 아직 밝혀지지 않은 듯하다.

## 문화와 풍습

읍루인들은 지역적으로 매우 추운 지방에 거주했으며 문화가 발달하지 않아 땅에 깊은 토굴을 파놓고 거주했고, 몸에 돼지기름을 발라 추위를 면했다. 목축과 농경을 같이 했다.

그들은 항상 산림 속에 살며 동굴 속 생활을 한다. 대가(大家)는 그 깊이가 9계단이나 되며, 계단이 많을수록 좋다고 여긴다. 그 지방의 기후는 추워서 부여(夫餘)보다 혹독하다.

그들은 돼지 기르는 것을 좋아하여 그 고기는 먹고, 가죽은 옷을 만들어 입는다. 겨울철에는 돼지기름을 몸에 바르는데, 그 두께를 몇 푼이나 되게 하여 바람과 추위를 막는다. 여름철에는 알몸에다 한 자 정도의 베 조각으로 앞뒤를 둘러서 형체만을 가린다. 그들은 깨끗하지 못해서 집 한가운데에 변소를 만들고 그 주위에 빙 둘러 모여 산다.

활의 길이는 4자인데 그 위력은 쇠뇌(弩)와 같다. 화살대로는 싸리나무(楛)를 쓰는데 길이는 한 자 여덟 치나 되며, 푸른 돌로 화살촉을 만들었으니, 이

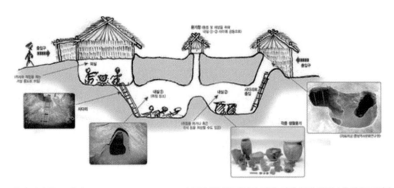

**토굴의 단면 구조 예시**　　　　　* 그림 [출처] 장선리 마한 시대 토실 유적 / 춘하추동 방송

는 읍루가 옛 숙신 씨의 나라이기 때문이다. 또한 활을 잘 쏘아 사람을 쏘면 어김없이 명중시킨다고 한다. 그들의 이러한 특징은 오늘날 한국인이 양궁 경기에서 세계 최고 수준인 점과 무관하지 않은 것 같다. 그리고 화살에는 독약을 바르기 때문에 사람이 맞으면 모두 죽는다. 적옥(赤玉)과 좋은 담비 가죽이 산출되는데, 이른바 읍루의 담비 가죽이 그것이다. 참고로 우르족은 적(赤)색 선호 사상을 가지고 있다.

읍루는 배를 타고 노략질하는 것을 즐겼는데, 동해 인근에서 해적질을 하기도 했다. 특히 북옥저는 이를 두려워하여 여름에는 이들을 피해 산에서 지내다가 얼음이 어는 겨울에 내려왔다고 한다.

특이한 점이 또 있는데, 이들은 소금을 구할 길이 없어 나무를 태운 다음 그 재를 물에 타서 이것을 소금물로 사용했다고 한다.

읍루인들이 집의 가운데에 화장실을 만들어 거기서 똥과 오줌을 눈다고 적었는데, 실제로 읍루인들의 후손으로 추정되는 나나이족 같은 시베리아 원주민들이 살았던 전통 가옥들은 그런 구조다.

화살대로는 싸리나무를 쓰는데, 이걸 사용하는 이유는 싸리나무가 곧고 습하거나 건조해도 휘어지지 않으며, 만주와 밀림 지역에서 많이 자라서라고 한다. 또 독화살의 경우는 베링해를 건너 알래스카, 사할린 북부, 아무르강 하구, 아이누 등에서도 공통적으로 발견되기 때문에 이들과 동일한 문화권이 아닌가 하는 추측도 있다고 한다.

읍루인의 문화 수준은 매우 뒤떨어졌으나, 대단히 사납고 난폭한 부족이기 때문에 군사력이 강력하여 주변의 다른 국가들로부터 두려움의 대상이었다. 고구려를 공격했던 중국 위나라 관구검의 군대는 고구려의 동쪽에 있는 옥저까지 쳐들어가 3,000명의 옥저인들을 죽이거나 사로잡고 모든 마을들을 파괴했으나, 읍루인들의 영토에는 쳐들어가지 않았다.

**유적과 유물** * [출처] 네이버블로그 / 씽입신시 봉림고성의 수수께끼와 포태산 칠성단 / 편집

읍루의 대표적인 유적은 봉림고성으로 흑룡강성 쌍압산시 우의현 성부향 칠성하 주변에서 발견되었다. 이 성은 크기 측면에서도 주목을 받지만, 궁궐과 궁성이 잘 기획되어 수만 명의 대규모 인구가 거주했던 도읍지로 추정되기 때문이다.

총면적은 110만 m²이고 모두 9개 구역으로 나누어지고, 그중 7구역은 중앙에 위치하며 사각형으로 성벽이 더 높고 사각 누각 흔적이 있어 왕의 거처

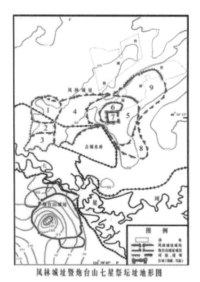

포태산 칠성단(북두칠성)을 향해 날아가는 봉림고성 (새; 봉(鳳))

봉림고성의 토성벽(치가 발견된다) – 삼좌점 석성, 성자산성(신시)과 동일 형식

로 추정된다. 내성 동벽은 길이 110m이고, 남벽은 112m, 서벽은 124m, 북벽은 119m이며, 성벽에 치가 있다. 주거는 깊이 1m의 반지하식으로 온돌이 잘 발달되어 있었다.

봉림성지 건너편에 대면성으로 포태산성이 있으며 북두칠성의 칠성단이 있다. 여기서 칠성단은 다산을 기원하는 포태 신앙의 대상이다. 칠성단에는 북극성과 북두칠성 성혈(星穴)이 배열되 있어 축조 연대를 짐작할 수 있으며, 그 연도는 BC 1700년~BC 1500년경으로 추정된다. 또한 봉림고성의 성곽 형상은 날아가는 새(봉; 鳳) 형상이며, 그 방향은 칠성단의 북두칠성이다. 여기서 새의 형상을 봉으로 단정하는 것은 성 이름이 봉림(鳳林)이기 때문이다. 그리고 그런 성곽 형상은 배달국 수도인 성자산성(신시)이 북쪽(북두칠성)으로 날아가는 새(제비) 형상과 같은 형식이다. 따라서 읍루인들은 배달국의 우르족 후손이거나 직접적인 인과관계가 있다고 볼 수 있다. 또한 우리 한민족이 가장 고귀하게 여기는 봉황(鳳凰)새의 근원을 찾을 수 있으며 그것이 봉림고성(BC 1600년경으로 추정)의 성곽 형상으로 나타낸 봉(鳳)이다.

봉림고성에 인접한 소남산 유적지에서는 다량의 토기와 옥기가 출토되어

소남산 토기(쌍압산시 박물관)

소남산 옥검

읍루인들의 생활상이 배달국 사람들과 크게 다르지 않음을 알 수 있다. 소남산 유물의 주요 특징은 동북아 최초의 적석총 유적이며, 특유의 옥 · 석기 문화의 기본형을 담고 있다.

배달국 신시와 읍루의 봉림고성 그리고 잉카의 마추픽추는 건설 시기나 장소가 서로 다름에도 불구하고 많은 공통점을 가지고 있다. 우선 성곽의 형태가 모두 새라는 점이며, 그 날아가는 방향은 의도적으로 북두칠성 혹은 태양이라는 것이다. 또한 중심부에는 신성소를 만들어 신단수, 웅상나무(고목 신앙), 인티와타나를 두고 숭배했다는 점이다.

이와 같은 공통점을 고려해 보면 이것들을 측조한 종족들은 모두 우르계

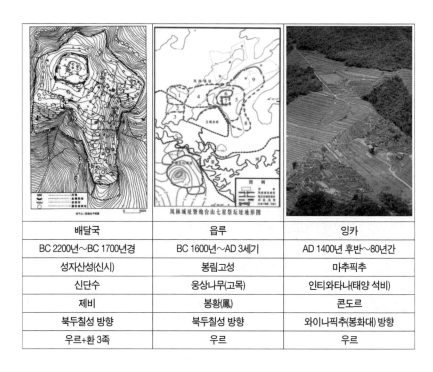

| 배달국 | 읍루 | 잉카 |
|---|---|---|
| BC 2200년~BC 1700년경 | BC 1600년~AD 3세기 | AD 1400년 후반~80년간 |
| 성자산성(신시) | 봉림고성 | 마추픽추 |
| 신단수 | 웅상나무(고목) | 인티와타나(태양 석비) |
| 제비 | 봉황(鳳) | 콘도르 |
| 북두칠성 방향 | 북두칠성 방향 | 와이나픽추(봉화대) 방향 |
| 우르+환 3족 | 우르 | 우르 |

사람들로 넓은 의미에서 우리 한민족과 같은 혈족 관계의 사람들이다. 그래서 그들은 현재 우리 한국인들에게 직·간접적인 조상이 된다.

포태산 칠성단 성혈을 살펴보면 북극성의 위치가 성자산성 제단의 북극성 2번과 유사한 것을 발견할 수 있다. 이것은 성자산성의 제단에 그려진 북극성 2번과 포태산 칠성단 제단의 북극성 조성 시기가 서로 연속성을 가지고 있다는 의미가 된다. 성자산성(신시)의 북두칠성과 북극성 성혈을 살펴보면, 북극성으로 추정되는 별 3개가 나열되어 있다. 이들 북극성의 존재 시기는 북두칠성과의 편각을 고려해 지구 세차(歲差) 주기(약 26,000년)에 적용하면, 용자리의 알파별 투반에 근접해있어 그 시기는 약 BC 3000년~BC 1500년경으로 추정된다. 이 기간은 배달국(BC 2200년~BC 1700년경) 존속 시기와 유사하다.

여기서 기록상 남아 있는 최초의 북극성을 살펴보면, BC 2천 년 전 피라미드에 새겨져 있는 것으로 용자리의 알파별 투반(Thuban)이었다. BC 1500

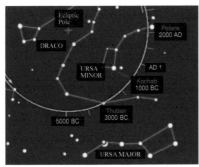

시기별 북극성과 북두칠성 위치도
* [출처] 나무위키 / 북극성 / 편집

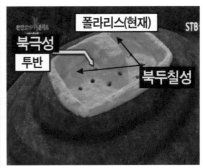

포태산 칠성단 복원도(북극성 – 투반 )
* [출처] 네이버블로그 / 쌍입신시 봉림고성의 수수께끼와 포태산 칠성단 / 편집

성자산성(신시) 북두칠성과 북극성 성혈. 북극성으로 추정되는 별 3개가 나열되어 있다.

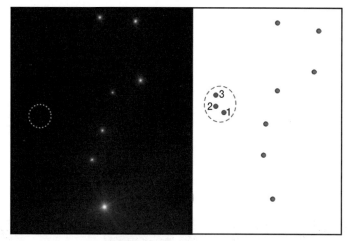
북극성(Thuban) 위치가 성자산성혈 1~3과 같은 위치의 3성 연장 선상에 있다.

년이 되면서 작은곰자리 베타별 코카브(2등성)가 북극성이 되었다. 그리고 5세기 이후 현재까지 폴라리스가 북극성이 되었다.

이런 점에서 보면 읍루의 봉림고성과 칠성단은 내몽골 배달국이 멸망한 후 성자산성을 떠난 우르족 사람들이 북만주지역에 건설한 성곽과 제단이다. 따라서 초기 읍루(숙신)는 배달국의 뒤를 이은 우리 한민족의 고대국가이다.

## (2) 우수국(십제; 우수주) : BC 18년경~BC 4년경)

### 개요

우수(소머리)국은 지금의 춘천 중도지역에 건국되었던 청동기 문화권의 우르(餘族)계 국가로 훗날 신라의 우수주로 편입된다. 이들은 원래 고주몽과 함께 고구려를 건국했던 '소서노와 온조' 집단으로 졸본을 떠나 남행하여 당시 낙랑, 동예, 마한의 경계 지역이고 완충지대였던 춘천 중도에 건국했던 것으로 보인다. 《삼국사기》에 따르면 백제 온조왕 초기에 말갈(동예)의 잦은 침입으로 인해 자주 전쟁을 치렀다는 기록이 나온다. 이 기록에 따르면 온조의 백제가 강릉의 동예와 근접했거나, 아니면 동예가 태백준령을 넘어 먼 거리를 원정해서 침략 전쟁을 벌였다는 결론이 나온다. 이 부분에 있어서는 전자의 가능성이 더 크다. 다시 말해서 초기 온조 백제는 한성이 아니고 춘천에 있었다고 추론할 수 있다. 특히 백제 건국 시기인 BC 18년에는 한강 주변에 한사군의 하나인 낙랑군이 버티고 있어서 국가 건립이 불가능한 시기이다. 따라

춘천 중도(중우르) 적석총　　　　　　　　* 사진 [출처] 세계역사를 바꾼 중도유적 / 이기환

서 BC 18년에 온조 백제는 춘천 십제일 가능성이 크다. 그리고 BC 5년에 모후 소서노가 사망하고 AD 10년경 중국에서 전한이 멸망하면서 왕망의 신나라로 전환하는 혼란기에 접어들었다. 그래서 이 시기에 백제가 춘천(중도)에서 서쪽의 한성 위례(서우르; 서울)로 진출했을 것으로 여겨진다. 따라서 백제 부여계 후손인 일본 왕가에서 서울과 춘천에 신사를 건립하려고 한 의도도 짐작할 수 있다.

**유적과 유물** * [출처] 한국민속문화대백과사전 / 중도유적 / 편집

강원도 춘천시 중도유적(中島遺蹟)은 청동기 시대와 열국(원삼국) 시대의 대규모 부족 국가 유적이다. 신석기 시대의 화덕자리와 구덩이 유구, 고구려와 관련된 무덤도 확인되었다. 중도유적은 1,300기에 달하는 집터를 비롯하여 방어 시설인 환호와 고인돌, 경작지 등으로 구성된 중도유적은 우리나라 고고학 역사에서 최대 규모를 갖는 청동기 시대 유적이다. 그리고 원삼국~한성백제 중간 시기의 중도유적은 환호와 경작지를 갖춘 대규모 부족 국가에 해당하며, 고구려와 관련된 무덤의 존재를 통해서 볼 때 춘천지역의 역사적 성격을 이해하는 데 중요한 유적이며, 고구려와 한성백제의 연결 고리를 찾는 주요한 열쇠다.

중도유적에 인간의 점유가 시작된 것은 신석기 시대로 화덕자리 1기와 구덩이 6기가 확인되었으며, 절대연대 측정 결과 그 시기는 BC 2620년~BC 2020년으로 나왔다.

청동기 시대는 구획 및 방어 시설인 방형 평면의 환호 1기를 비롯하여 집터 1,273기, 지상 건물 14기, 구덩이 유구 745기, 소성(燒成) 유구 2기, 무

덤 150기 등이 발굴되었으며, 경작 유
구로 추정하고 있는 그물 모양 도랑이
광범위하게 분포하는 것으로 밝혀졌다.

청동기 시대 유구에서 나온 유물은 비
파형동검(琵琶形銅劍) 등 청동기 6점을
비롯하여 토기, 석기, 옥 등 모두 6,476
점에 달한다. 이뿐만 아니라 기존에 보
고된 중도유적의 발굴 결과를 더 한다면
집터는 1,300기가 넘는 등 그 규모는
더욱 늘어난다.

우리나라에서 발굴된 환호는 대부분
타원형이나 원형인 데 비해서 중도유적

**바파형 청동검**　　　　　 * [출처] 문화재청

의 환호는 방형의 형태를 띠어 주목된다. 환호의 평면 형태는 전체적으로 볼
때 방형을 띠며 서 · 남 · 북변은 직선으로, 동변과 동북 모서리 부분은 활처
럼 굴곡 형태를 갖는다.

출입구는 동 · 서 · 남쪽 세 곳에 두었으며, 환호 전체의 길이는 121.6m,
비는 87.2m, 장단비는 1.39:1이다. 환호의 도랑 폭은 1.7~2.5m이며, 깊
이는 56~102cm이다. 환호의 전체 둘레는 403.7m이며, 면적은 9,516m$^2$
이다.

한반도 남부의 청동기 사회는 비파형동검 시기부터 요녕(遼寧)지역의 고조
선과 밀접한 관련이 있었으며, 중도유적의 청동기 사회도 이러한 영향을 받
아 방형 환호를 조성했을 것으로 추정된다.

원삼국~삼국 시대는 AD 2세기~AD 5세기에 해당하는 여자형(呂字形) 또는 철자형(凸字形)의 형태가 주류인 집터 149기를 비롯하여 두 줄이 1세트로 구성된 환호 1기, 지상 건물 21기, 구덩이 355기, 매납 유구 75기, 무덤 12기와 함께 제철 공방, 경작지(밭), 도랑 유구(방형 구획 시설) 등이 발굴되었다.

대부분의 유구는 원삼국 시대에서 한성백제기에 속하는데, 환호는 AD 3세기대에 축조되었다. 돌덧널무덤 2기에서는 고구려의 금제 귀걸이와 토기가 나온 점으로 볼 때 고구려의 춘천지역 진출과 관련되는 것으로 추정된다.

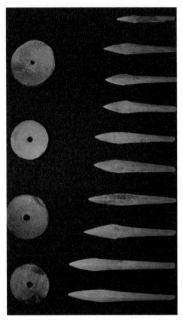

**석전과 석촉**　　　　　* [출처] 문화재청

5장
# 반도 삼한 시대

# 5장 반도 삼한 시대 * [참조] 위키백과 / 우리 모두의 백과사전 / 동 제목

삼한(三韓)은 삼국 시대 이전 한반도에 자리 잡고 있던 마한(馬韓), 진한(辰韓), 변한(弁韓)을 통칭하는 말로, 청동기 시대에 한반도 중남부 지역에 성립하였던 진국에 기원을 둔 것이다. 이후 마한의 백제국(伯濟國)이 백제로, 진한의 사로국(斯盧國)이 신라로, 변한의 구야국(狗邪國)이 가야가 되었다는 설

AD 3세기 초(열국 시대)의 반도 삼한의 형세 * [참조] 위키백과 / 동 제목 / 편집

5장 반도 삼한 시대  223

이 일반적이다. 삼한으로 통칭되는 78개 '국'(國)의 성격을 두고는 여러 가지 논의가 진행되어 왔는데, 대개 신지(臣智)를 정점으로 읍차(邑借)에 이르기까지 여러 단계로 서열화되어 있는 상당한 정치 수준으로 추정된다.

한편 삼국 시대 후기부터 삼한이 고구려, 백제, 신라의 삼국을 의미하는 단어로 치환되어 이해되는 경향이 생겨났으며, 후대로도 계속 이어져 대한민국이라는 국호의 어원이 되었다. 그리하여 '삼한'이라 하면 고구려, 백제, 신라를 뜻하는 동음이의어가 되었다. 그러나 세분하면 한반도 중남부에 위치한 삼한은 각각 마한이 백제로, 진한과 변한은 신라로 발전하지만, 고구려는 남만주 졸본에서 시작하여 동예, 옥저, 낙랑, 현도, 부여 등을 통합하여 대국으로 성장하는 과정을 거치기 때문에 삼한과 삼국은 엄연히 다르다.


## 1. 마한(진국, 백제)

### (1) 개요 * [참조] 위키백과 / 동 제목 / 편집


마한은 동이(東夷)족의 국가로 삼국 시대 이전부터 한반도에 정착해 있던 반도 삼한(三韓) 중 가장 큰 정치집단으로 54개 소국의 통칭이다. 마한은 서해에 접하고, 동쪽은 진한(辰韓), 남동쪽은 변한(弁韓)에 접해있었다. 한강 이남 서울 남동부를 중심으로 했던 나라 등 총 54개국의 지역적 연합체를 이루고 있었다. 이 마한의 54개 부족 국가는 지금의 경기도와 충청도, 전라도에 해당하며, 그 외에도 강원도 서부와 황해도 남부까지 세력권으로 하였다. 삼한 시대 마한이 진한과 변한을 모두 지배하였다.

마한인은 정주민이며 농업 중심이다. 이와 더불어 마한지역에서는 그 당시 한반도 동남부 변한이나 진한의 초기 청동기 시대(세형동검 문화단계) 유물과 비교해 청동기 유물이 풍부하게 출토되고 있다. 이 시대부터 대두되고 있던 선진적인 정치집단의 존재를 반영하고 있다. 철기가 유입되기까지 이들은 청동기의 제작과 교역을 통하여 중남부 각지의 세력 집단들에게 상당한 영향력을 행사하고 있었던 것으로 짐작된다. 경기도 고양과 용인, 충청남도 부여, 전라남도 영암 등지에서 각종 청동기 거푸집(鎔范)이 발견되어 청동기 제작 사실을 뒷받침해 주고 있다.

《삼국지(三國志)》 위서(魏書) '동이전(東夷傳)'에는 마한지역에 위치한 54개 소국(小國)의 명칭이 열거돼 있다. 큰 것은 1만여 가(家), 작은 것은 수천 가구였다고 한다. 규모가 큰 나라의 지배자는 '신지(臣智)', 작은 것은 '읍차(邑借)'라고 하였다.

마한의 전체 호수(戶數)는 10여만 호였으며, 큰 나라는 1만여 호, 작은 나라는 수천 호였다. 특히 목지국(目支國)은 진국의 중심지였을 뿐 아니라 삼한 시대에도 목지국의 왕은 진왕(辰王)이라 일컬어 마한과 진한 여러 나라의 맹주 대접을 받았으며, 삼한의 초기에는 그 세력이 진한과 변한까지도 영향을 미쳤다고 한다. 진한과 변한은 총 호수가 4~5만인데, 큰 나라는 4~5천 호였고, 작은 나라는 6~7백 호에 지나지 않았다. 이 중 북방에서 이주해 온 부여족(扶餘族) 계통인 온조(溫祚) 집단을 중심으로 형성된 백제국(伯濟國)이 마한에서 점차 세력을 확대했고 4세기 중엽(백제 근초고왕 재위기)에 마한연맹체를 통일했다.

## (2) 역사

마한의 시작은 고대 황하 유역의 하나라이다. 하나라(夷族)가 BC 1600년
경 멸망한 후 동쪽 산둥지역으로 간 이리두족(夷族) 집단이 동이족(東夷族)이
다. 이들은 초기에 상나라와 많은 갈등 속에서도 상호 공존하였으나, 전국 시
대 초기에 제나라에 밀려 한반도로 건너와 연맹체를 구성했으며, 이것이 마
한연맹이다. 중국 측 기록에 우리 한민족을 동이족이라고 하는 이유도 여기
에 있다. 마한은 격변하는 황하와 요하지역에서 멀리 벗어나 있어 후기 대륙
삼한 시대에도 큰 변화 없이 연맹체를 유지할 수 있었다. 그러나 한민족(우
르, 키시, 이리두)이 한반도 내로 집약되면서 비로소 본격적인 변화를 맞게
된 것이다.

마한의 본격적인 성립 시기인 BC 5세기~BC 4세기가 되면서 한국식 동
검 문화가 출현하고 청동을 소재로 한 무기, 공구, 의기 등의 다양한 청동기
가 제작되었다. 그리고 송국리형 토기에 이어 덧띠토기와 검은간토기 등이
새롭게 출현한다.

BC 3세기 무렵부터는 중국 연나라의 영향으로 청동기 문화에 이어 철기
문화가 등장하여 한국식 동검 문화와 철기 문화가 공존하게 된다. 이처럼 한
국식 동검 문화, 덧띠토기 문화, 철기 문화 등 다양한 선진문화를 받아들이
게 되면서 정치 · 사회적으로 큰 변화가 일어난다. 즉 청동기와 철기를 소유
할 수 있는 유력자가 등장하여 권력의 최상층으로 성장하고, 또한 사회집단
이 통합되어 읍락 사회가 구성된다. 결국 이러한 정치 · 사회적 변화에 따른
소국 연맹체인 마한 세력이 출현하게 되어 이들이 고대 정치체제로 성장 · 발

전한다. * [참조] 마한자료실

　김부식의《삼국사기》에 따르면, 마한은 AD 8년에 온조왕이 다스리는 백제에 병합되었고, 9년에 멸망하였다고 한다. 그러나 AD 121년 고구려의 태조대왕이 현토성과 요동 공격에 마한의 군사를 동원한 기록도 있다. 이는 온조왕 때에 백제가 마한의 부족 국가 연맹체를 해체·흡수한 것이 아니라 목지국을 대체할 연맹체 내의 우두머리 국가로 부상하였고, 한반도 북쪽에도 마한의 세력이 미쳤음을 추정케 한다. * [참조] 위키백과 / 편집


## 2. 진한(사로국, 신라) * [참조] 위키백과 / 동 제목 / 편집


### (1) 개요

　훗날 신라가 되는 진한(辰韓)은 그 근원이 대륙 삼한의 진한(동호)이다. 즉 반도 내의 진한은 과거 동호의 후예들로 이루어진 연맹체라는 의미이다. 그리고 진한사람들은 자신들이 만리장성을 쌓는 노역을 피해온 사람들이라고 했다. 이와 같이 두 개의 진한은 상호 종족적 연관성이 있으며, 이것이 한민족의 근원을 고대의 동호, 산융, 배달국으로 연결하는 고리가 된다. 특히 신라의 핵심적인 성씨인 성골 삼성(박, 석, 김)을 살펴보면 뚜렷이 알 수 있다.

　우선 박혁거세의 박(朴)씨는 한자에서 보이듯이 나무(신단수) 옆에서 점을 치는 사람이라는 뜻으로 신관 출신이라는 의미이며, 읍루(숙신)의 봉람고성

〈표 4〉 종족별 성씨 분류

| 성골 삼성씨 | 종족 | 대표적 성씨 | 공통점 |
|---|---|---|---|
| 박(朴)혁거세 | 우르(餘族) | 朴, 宋, 朱, 李, 揚, 林, 柳, 解, 餘, 徐, 申, 夫, 白 | 나무(木) : 신단수, 태양 |
| 석(昔)–탈해 | 이리두(夷族) | 昔, 高, 洪, 黃, 崔, 尹, 鄭, 姜, 呂, 大, 吳, 安 | 돌(土土) : 둑, 성벽 |
| 김(金)–알지 | 키시(箕氏族) | 金, 箕, 韓, 玉, 良, 徐, 劉 | 땅(箕) : 기와, 옥, 금속 |

에서 계림(서라벌)으로 내려온 우르(餘)족이다.

석탈해의 석(昔)씨는 태양 위에 성을 쌓는 사람이라는 의미이며 북옥저(용성국)에서 내려온 고리족(高夷族)이다. 여기서 태양(日)은 우르(餘族)의 우두머리 박씨 왕조를 뜻한다. 즉 석탈해가 박씨 왕조 남해왕에게 충성을 다하고 그의 뒤를 이은 것에 대한 상징적인 의미가 내포되어 있다.

김알지는 동예(강릉)의 키시(箕氏)족 출신이다. 김(金)은 키임에서 나온 성씨로 '키시(箕氏)이다.'라는 의미가 있다. 즉 우리말에서 '–임'은 '–이다.'이고, '–함'은 '–합니다.'의 함축적인 의미를 가지고 사용되고 있다. 이와 같이 신라(진한)의 성골 삼성은 대륙 삼한 시대에 진한연맹의 대표적인 종족인 우르(餘族) 박씨와 고리(夷族) 석씨 그리고 고조선의 키시(箕氏) 김씨가 자신들의 우월성을 강조하기 위해 만든 계급체계이다.

신라의 지배계층은 초기 진한연맹의 우르(餘族)족의 박씨와 고리(夷族)족의 석씨가 이어가다, 17대 내물왕 이후 고조선(箕氏)계의 김씨가 왕권을 이어받아 성골 삼성을 이룬 것이다.

이러한 점에서 살펴보면 이들 성골 삼성은 신시 · 배달국의 핵심 세력들이며 수메르에서 온 환인 3족으로 우리 한민족의 뿌리에서 나온 성씨들이다.

진한(辰韓)은 BC 1세기경부터 AD 3세기 무렵 한반도 남부에 있던 삼한 (三韓)의 하나로서 고대 한반도의 연맹체 국가였던 진(辰)을 계승한 부족 국가이다. 지금의 강원도 영월군, 삼척시, 태백시를 포함한 영동 남부지역 일부와 경상북도 전 지역으로 동해에 접하고, 서쪽은 마한(馬韓), 남쪽은 변한 (弁韓)에 접해있었다. 모두 12개의 국가로 되어 있었으며, 사로국이 이들을 병합하여 신라(新羅)가 되었다.

《삼국지》, 《후한서》 및 《후한서》를 인용한 《삼국유사》에 의하면, 진한은 중국 진(秦)에서 한반도로 옮겨온 유민인데, 마한이 동쪽의 땅을 분할하여 이들을 살게 하였다고 한다. 그러나 이들은 동호 멸망 후 진에 복속되어 있던 동호(진한) 사람들로 진의 노역을 피해 한반도로 이주한 사람들이다.

• 三國史記 卷第一 新羅本紀 第一 赫居世 居西干 三十八年春二月 (BC 20년 2월 (음))

《삼국사기》의 기록에는 예전에 중국인들이 진(秦)의 난리를 괴로워하여 동쪽으로 온 자들이 많았다. 이들 중 마한 동쪽에 자리 잡고 진한(辰韓)과 뒤섞여 산 경우가 많았다. 이후 점점 번성하자 마한이 이를 싫어하여 책망한 것이다. (前此, 中國之人, 苦秦亂, 東來者衆. 多處馬韓東, 與辰韓雜居. 至是寖盛, 故馬韓忌之, 有責焉.) 요약하자면, 중국인들이 마한의 동쪽으로 대거 이주하여 점점 번성하자 마한이 이를 꺼렸다는 내용이다.

• 北史 列傳 新羅 新羅者, 其先本辰韓種也.

《북사》의 기록에는 신라(新羅)는 그 선조가 본래 진한(辰韓)의 종족이었다. 그 땅은 고구려(高句麗) 동남쪽에 있는데, 한나라 때의 낙랑(樂浪)지역이다. 대대로 전해오는 말에 의하면 진(秦)나라 때 유망인(流亡人)들이 노역을 피하여 마한으로 가자, 마한에서는 그 동쪽 지경을 분할하여 그들을 살게 하였다고 한다. 그들의 언어와 물건 이름은 중국 사람이 쓰는 것과 비슷하니 마한과 같지 아니하다. 이것은 대륙 삼한의 진한(동호)과 마한이 서로 다른 언어를 사용했다는 반증이 된다. (新羅者, 其先本辰韓種也. 地在高麗東南, 居漢時樂浪地. 辰韓亦日秦韓. 相傳言秦世亡人避役來適, 馬韓割其東界居之, 以秦人, 故名之日秦韓. 其言語名物, 有似中國人, 名國爲邦, 弓爲弧, 賊爲寇, 行酒爲行觴, 相呼皆爲徒, 不與馬韓同.)로 되어 있는데, 요약하자면 신라의 선조인 진한은 중국 진나라에서 노역을 피하여 도망 온 사람들로서 마한과 언어가 달랐다.

• 北史 卷九十四 列傳 第八十二

《북사》'新羅에 初附庸于百濟'라는 기록이 있는데 신라는 초기에 백제에 부용되어 있었다는 의미로서, 여기서 부용은 속국이라는 의미라고 한다.

• 梁書 東夷列傳 新羅

《양서》에 신라는 백제(百濟)의 동남쪽 5천여 리 밖에 있다. 동으로는 큰 바다와 면해 있고, 남북으로는 고구려, 백제와 접하고 있다. 나라가 작아서 독자적으로 사신을 파견할 수 없었다. AD 521년(신라 法興王 8년)에 성은 모(募), 이름은 진(秦)인 신라왕이 처음으로 사신을 파견하였는데, 백제를 따라와 방물을 바쳤다. (其國在百濟東南五千餘里. 其地東濱大海, 南北與句驪·百濟接. 其國小, 不能自通使聘. 普通二年, 王姓募名秦, 始使使隨百濟奉獻方物.)라는 기록이 있다.

반면에,《삼국사기》'신라본기'의 기록에는 진한의 소국 중 하나인 사로국(斯盧國)의 원 거주민들이 고조선의 유민으로 기록되어 있으며, 실제로 발굴되는 유물의 양상도 고조선 계통으로 나타난다. 이 때문에 일반적으로 진한(辰韓)은 고조선 계통의 종족으로 이해되고 있다. 진한의 12국은 진왕(辰王)에게 소속되어 있었는데, 진왕(辰王)은 마한 사람이 대대로 이어갔다고 한다. 이를 두고 마한의 진왕(辰王)이 진한 12국의 종주권을 가지고 있는 것이라고 보는 견해가 있고, 진한(辰韓)의 지배자인 진왕이 따로 존재했다고 보는 견해가 있다.

진한은 초기에는 마한의 통제를 받았고, 마한이 망한 뒤에는 사로국의 통제를 받았다. 그러나 AD 3세기 무렵부터 중국에 독자적으로 사신을 보내기도 하는 등 소국 연맹체의 세력이 크게 신장하였다. 이후 경주의 사로국을 중심으로 복속되며 신라로 성장한 것으로 보인다.

한편 AD 5, 6세기에 조성된 경상북도 의성지역 고분에서 수발형 장식이 달린 백제식 금동관모가 출토된 적이 있는데, 의성은 진한 소국 중 하나인 조문국이 있었던 지역이다. 금동관모와 함께 경주지역 토기와 다른 의성을 중심으로 한 경북 북부지역에서 출토되는 '의성 양식 토기' 등도 출토되었다. 《삼국사기》에 "조문국은 AD 185년 신라의 전신인 사로국 벌휴 이사금에 의해 정벌 되었다."라고 기록되어 있지만, 지역 사학자들은 당시 의성 일대의 진한이 신라에 의한 '멸망'이나 '합병'이 아니라 상당 기간 독자적인 세력이나 정치체제를 유지했으며, 그 과정에서 신라뿐만이 아닌 백제와도 교류했었다고 보고 있다.

진한은 AD 3세기경에 사로국으로 병합된다.


## 3. 변한(구야국, 가야) *[참조] 위키피디아 / 동 제목 / 편집


### (1) 개요


변한(弁韓)은 한반도 남부에 있던 삼한의 하나이다. 지금의 전라도 남쪽과 동쪽 및 경상도의 남쪽과 서쪽 지역으로 남해에 접하고, 서쪽은 마한, 동쪽은 진한에 접해있었다. 《삼국지》 위서 '동이전'에 의하면 12개국이 있었다고 전하며, 나중에 구야국을 중심으로 가야로 발전했다고 추측된다.

변한의 주 구성원은 고조선(번한)의 후예로 키시(箕氏)족이다. 이들이 배달국 3족 중 키시족에 해당하는 이유는 그들의 종교 행위에서 찾아볼 수 있다.

변한 12국이 발전하여 만들어진 6가야연맹의 초대왕 김수로의 난생설화에서 구지가(龜旨歌)가 나오는데 이는 키시족의 엔키(용왕) 신앙에 대한 발현이다. 다시 말해서 구지가의 내용은 갑골점을 통해 해답을 구하는 과정을 묘사한 것이며, 이를 통해 가야가 엔키 신앙을 가지고 있는 키시족의 국가임을 알 수 있다.

가야국의 주체세력인 김씨는 키시족으로 위만조선이 멸망한 후 한나라(낙랑, 현도)의 속박을 피해 남쪽 진국(辰國) 영역으로 집단이주한 유이민일 가능성이 크다.

상고사에서 보여준 우리 한민족의 중요한 특징 중 하나는 역사적 환경에 의해 이주하는 경우 반드시 흔적을 남겼는데, 그것은 지명(地名)이다. 이것을 참조해 키시족 김씨의 예상 이동로를 살펴보면, 지명에 김, 금(金)이 들어간 곳을 찾아 북에서 남으로 연결해 보면 알 수 있다.

고조선의 수도 평양을 시점으로 김포(금천, 금정, 금강), 금산, 금릉, 김천(금호강), 김해에 도달하는 경로가 만들어진다. 이것이 번한연맹의 후손인 키시족 김씨들이 김해에 도달하여 변한연맹을 세우는 과정이다.

여기서 금천, 금정, 금강 안의 도시들은 다른 의미의 '금'자로 되었으나 지역적 연속성이 있는 것으로 보아서 훗날 의미가 다른 '금'자로 바뀌었을 가능성이 크다.

더불어 배달국의 환 3족들은 각각 우르족은 지역명에 '울'자를 써서 울산, 울진, 울릉도, 서울 등을 남기고, 이리두족은 '안'을 이용해 태안, 발안, 천안, 주안, 수안, 무안, 집안 등을 남겼으며, 또한 키시족(고조선)은 땅 '양'자를 써서 조양, 선양, 평양 등을 남겼다.

## (2) 역사

《삼국지》에 따르면 변진(변한)은 진한과 잡거(雜居)하였다고 한다. 정치·
사회·문화적인 면에서 진한과 다를 것이 없었으나 한가지 다른 것은 제사의
방식이다. 고고학 발굴 결과에서도 변한과 진한 사이의 결정적인 차이점은
발견되지 않았다. 낙동강 하구 지역에서 양질의 철이 생산되었기 때문에 삼
한과 동예(東濊), 왜(倭), 한사군 등에 수출하였다. 또한 철을 화폐로 사용하
였다. BC 39년 봄 정월에 변한이 신라(혁거세 거서간 통치 시)에 나라를 바
쳐 항복해 왔다는 기록이 있으나 신채호는, 이는 당시 신라의 국력으로 볼 때
이치에 맞지 않는다고 보았다.

일반적으로 변한지역의 소국들은 가야연맹을 이루는 소국들로 발전하였다
고 보고 있다.

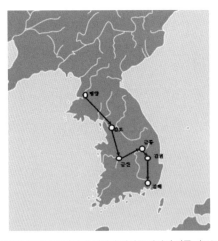

번한(고조선) 멸망 후 변한(가야연맹) 성립과 키시족 김씨의 이주 경로(평양 → 김해)

# 4. 반도 삼한과 진국(辰國) * [참조] 나무 위키백과 / 동 제목 / 편집

진국은 반도 삼한(마한, 진한, 변한)의 통칭이며 초기 마한의 국명이기도 하다.

진국은 마한의 본격적인 형성 시기인 BC 5세기~BC 4세기경부터 '세형동검문화(細形銅劍文化)' 혹은 '점토대토기문화(粘土帶土器文化)'가 성행했던 한반도 중서부(서남한)의 충청, 호남을 중심으로 한 중남부 지역에서 청동기 제작과 보급을 통해 원거리 교역을 주관하면서 일정한 범위의 정치집단들을 통합하던 정치적 구심체로 볼 수 있다.

## (1) 개요

진국은 한반도 내에 있는 이리두(夷族)의 나라이다. 이들은 주로 한반도 서해안의 평야나 낮은 구릉지역에서 부족 연맹체 국가로 이루어졌다. 이들은 초기에 마한연맹을 구성하여 신정국가 형태를 취했으나, 그 후 제정일치 국가로 변화하면서 다소 중앙집권적인 경향을 띠게 된다. 그러나 우리의 역사 속에서는 진국을 반도 삼한 내의 마한과 혼동하거나 별개의 국가로 보고 있다.

## (2) 역사

초기 진국은 춘추 · 전국 시대에 중국의 동쪽에 있었던 동이(東夷)족이 전란을 피해 한반도의 태안반도로 건너오면서 성립되었다. 그리고 그들은 BC

5세기~BC 2세기경에 청동기 및 초기 철기 문명을 바탕삼아 본격적으로 부족연맹을 결성하고 한반도 중북부인 수안과 남부의 무안지역에 분포하였다. 이들은 초기 고조선과 공존하였으며 제정일치 사회로 세형동검을 사용한 것으로 보아 일찍이 주나라가 동주로 천도하는 시기에 이주한 집단일 가능성도 있다.

또한 진국은 삼한의 각 부족 국가 간의 명칭이 생기기 이전부터 있었으며 초기 진왕 세력 하의 부족 연맹체 국가로 결성되었다. 이 당시 진국의 지배자는 각종 천신 제사 의식과 교역을 주관하는 동시에 행정과 군사를 겸하였다. 그리고 진국의 지배 계급 묘제는 이리두의 특성을 보여주는 석곽묘였으며, 경제적으로는 석제와 목제 농기구를 사용하여 벼와 함께 조, 기장, 수수 등의 잡곡을 경작하는 농업경제를 기반으로 하였다.

이러한 진국이 중국으로부터 금속 문화를 받아들이기 위하여 한나라와 통교하고자 하였지만, 위만조선이 방해하였다고 한다. 특히 청동기 유물에서 전남 화순지역에서 발견된 팔주령은 8개의 방울이 달려있어, 이것은 주역의 팔괘와 동일한 의미를 가지고 있다. 즉 이 지역은 청동기 시대 때 동이족이 거주하던 곳이라는 뜻이다. 이들은 팔주령을 통해 자연신인 엔릴(이리두의 바람신; 태호 복희)에게 주술을 행하는 행위를 한 것으로 보인다. 그래서 팔주령의 존재를 통해 우리는 이곳이 동이족 지역임을 알 수 있다. 여기서 팔주령은 팔괘의 천, 택, 화, 뢰, 풍, 수, 산, 지의 8가지 자연현상을 의미한다.

### (3) 목지국(目支國) * [참조] 나무위키 / 동 제목 / 편집

목지국은 월지국이라고도 한다. 진국의 중심국으로 청동기와 초기 철기 시대 이래 충청남도와 전라남·북도지역에서 형성되고 발전해 온 토착 정치집단이며 동이족이 주축인 마한연맹체의 중심 국가로 실체적인 수도 역할을 했던 곳이다. 이들은 후에 부여(우르)족의 백제가 마한의 주도 세력으로 성장하기 전까지는 마한연맹체의 중심 세력이었다.

목지국의 위치는 현전하는 기록은 적지만, 학자들이 추정하는 주요 위치는 충청남도 천안시 동남구 청당동 일대이다. 근거로는 현 천안시 동남구 목천읍 일대에 있던 대목악군(大木岳郡)의 목(木)이 목(目)과 한국어 독음이 비슷함이 주로 거론된다.

또한《삼국사기》에 따르면 백제가 목지국을 멸망시킨 후 대두산성(大豆山城)을 축조하고 탕정성(湯井城)을 쌓은 뒤 대두성의 민호를 나뉘어 거주하게 하였다고 하는데 이는 목지국 일대 병합으로 늘어난 백제 국경을 방어하기 위해 성을 축조한 것으로 여겨지며, 탕정성(현 아산시 읍내동 일대)의 근처에 천안이 위치했다는 사실도 주목할 만하다. 마한 소국들을 북에서 남으로 나열한《삼국지》위서 '동이전'에서 "목지국이 중간 지점에 위치하였다."고 한 것도 역시 주된 근거이다.

또한 목지국은 마한의 맹주국이자 사실상 수도 역할을 했던 곳이다. 3세기 중후반 이후 한성백제에게 마한연맹의 주도권을 내주고 백제의 간접 지배 영역으로 전락하며, 4세기 중반엔 직접 지배로 넘어가 사라진 것으로 추정된다. 더불어 필자의 소견으로는 한반도의 중남부 지역에서 청동기 유물이 비교적 풍부하게 발견되고 지금도 '천안 삼거리'라고 칭하듯 마한(진국)의 중심부에서 교통의 요지가 되는 천안이 맞다고 생각된다.

이러한 목지국의 멸망 시기를 분명하게 알 수 있는 기록은 없다. 다만 목지국의 쇠퇴는 백제의 성장에 그 원인이 있는 것으로 보인다. 특히 백제의 웅진 천도는 목지국 세력이 백제에 병합되는 일련의 과정을 보여주는 좋은 예이다.

6장

# 삼국 시대와 건국 설화 재해석

# 6장 삼국 시대와 건국 설화 재해석

우리 민족이 한반도를 중심으로 만주 일대를 본격적으로 지배하기 시작하였을 때는 고구려, 백제, 신라의 삼국이 성립한 이후이다. 그 시기는 신라의 경우 BC 57년이고, 고구려는 BC 37년 그리고 백제는 BC 18년이다. 이러한 삼국 중 신라의 성립연대가 가장 빠른 것은 박혁거세의 출신이 동호(진한)이며, 동호가 흉노에게 멸망한 후 흉노와 잔제국의 박해를 피해 한반도로 내려온 동호의 유민(우르, 고리)이기 때문이다. 고구려의 고주몽(고리)은 부여에서 갈라져 나온 동부여에서 자라서 졸본부여(우르)와 통합하여 국가를 세웠기 때문에 시기적으로 늦을 수밖에 없다. 또한 백제는 고구려에서 갈라져 나온 온조(우르)에 의해 세워진 국가로 삼국 중 성립 시기가 가장 늦다.

이들 삼국은 초기에 지배계층이 우르, 키시, 이리두로 각각이 상호 연맹 형태로 성립되었다. 그러나 차츰 고구려는 고리족(고씨) 중심의 국가가 되고, 백제는 우르(해씨)가 지배하는 국가로 그리고 신라는 키시(김씨)가 세습하는 국가로 변한다. 즉 우리가 알고 있는 삼국 시대는 배달국의 삼족이 한반도를 중심으로 재편되어 상호 견제하고 발전해 가는 시기이다.

# 1. 고구려

## (1) 고구려의 성립

### 하나라의 이리두가 내몽골로 이동

하나라의 후예인 고리(高夷)의 백이, 숙제가 고죽국에서 내몽골로 이동하여 처음 정착한 곳이 적봉의 하가점(夏家店)지역이다. 이곳은 원래 배달국의 땅이었으나 기후변화 등의 영향으로 농경에 어려움이 생기자 배달국의 백성들이 동쪽으로 이동했거나 주변으로 흩어져 비어있는 상태였다. 그래서 이 지역에 남아 있던 우르와 웅족을 중심으로 유목 부족 연맹체인 구려연맹을 결성한다. 그리고 그 후 다시 이 지역을 황하 유역(하나라)에서 이주한 고리족과 합치면서 신한연맹을 만든다. 그로 인해 이곳 지명이 '하나라가 점유한 곳'이라는 의미로 하가점이 된 것이다.

고구려의 장군총

고구려 집안의 고분군

## 고리(高夷)와 우르(餘族)의 연맹

고리가 하가점지역으로 들어와 내몽골지역의 웅족을 지배하면서 우르와 재결합하고 신한연맹을 세운다. 후에 이들이 서주를 공격하여 성주(낙읍)로 천도하게 만든 견융(견이)의 실체이며 우리 상고사에서는 신한이다. 이후 신한연맹은 BC 660년경에 제나라의 침입을 받아 멸망하면서 고리와 우르가 사해와 홍륭와지역으로 이주해 웅족과 분리된다. 여기서 고리(高夷)족이 우르(餘族)와 다시 연합하여 동호로 재탄생하게 된다. 그리고 후에 동호가 흉노(熊族)에게 멸망하면서 또다시 고리족과 우르족은 분리가 된다. 이때 우르족의 해모수는 북만주로 이주하면서 부여를 건국한다. 그리고 고리(高)족은 한반도 북동쪽에서 옥저를 건국한다. 또한 고리족의 후예인 고주몽은 동부여에서 나와 남만주에 흩어져 살던 고조선의 키시(句)족과 우르(麗)족의 부족 국가인 졸본부여 등과 연합하여 환 3족(고리, 키시, 우르) 동맹체를 구성하고 고구려(高句)가 된다.

## 고리족이 고구려를 세움

고구려의 동명성왕(고주몽) 설화에서 보면 이리두, 키시, 우르의 삼족이 결합체임을 잘 나타내고 있다. 즉 고주몽의 성씨가 고씨로 고리(이리두)족의 후예인 것을 알 수 있다. 그러나 아버지 해모수는 태양을 의미하는 해가 성씨인 것으로 보아 고리족이 아닌 우르족이다. 그래서 해모수와 고주몽 부자간의 종족이 다르다는 것은 모순이 된다. 이러한 모순점은 우리가 앞으로 규명해야 할 역사적 내용이다. 다만 어머니 유화부인의 출신은 설화 속에서는 강물의 신(엔키)인 하백의 딸이라는 것으로 보아 키시족의 여인임을 알 수 있다.

그래서 고주몽은 태생적으로 고리족과 키시족의 결혼 동맹 과정에서 태어났다는 것을 알 수 있다. 그리고 성장해서 우르족인 졸본부여의 송양과 소서노의 도움으로 고구려를 세웠기 때문에 고리, 키시, 우르의 삼족 동맹이 고구려의 탄생을 주도했음을 알 수 있다. 여기서 송양의 송(松)씨가 나무 '목(木)'자가 들어간 성씨이므로 우르족이다. 또한 고구려(高句麗)의 국명을 살펴보면 '고'는 고리(高夷; 이리두)족을 상징하고, '구'는 구야(狗耶; 키시)국에서 따왔으며, '려'는 졸본부여(夫餘; 우르)를 의미한다. 이와 같이 고구려라는 명칭 자체가 배달국(환인연맹)의 삼족 연합체인 것을 잘 나타내고 있다.

고구려의 상징은 삼족오(三足鳥)이다. 삼족오는 다리가 세 개로 삼족이 떠받치는 형상이며, 앞서 밝혔듯이 배달국 삼족의 상징색은 각각 붉은색(우르;

고구려의 철갑기병(비늘 갑옷, 소머리 투구)

고구려의 삼족오(동맹의 성장)

태양), 파란색(키시; 물), 노란색(이리두; 사람)으로 삼색을 다 합치면 검은색이 된다. 즉 삼족오는 우르, 키시, 이리두의 삼족 동맹임을 상징하는 표상인 것이다. 특히 고구려는 제천행사에서 동맹(東盟)이라는 표현을 쓴다. 이것은 삼족오와 같이 이들 삼족이 동쪽을 향해 맹세하는 제천행사를 통해 동맹을 공고히 했다는 의미이다. 여기서 나타나는 동맹은 초기 배달국에서 환인 3족이 신시의 동쪽에 있는 삼위태백에서 치러지던 제천행사로 고구려가 그 전통을 이어받아 동맹(東盟)의 맹약을 지켜나갔던 것이다. 다시 말해서 배달국의 혼맥이 고구려를 통해 한민족에 계승되어 면면히 이어져 온 것이다.

더불어 부여의 영고(迎鼓)는 북 맞이 행사로 우르족의 축제를 통한 태양신 숭배 사상의 제천행사이며, 이러한 풍습은 백제를 거쳐 일본의 마쓰리 축제에서 북을 두드리는 행사로 지금까지 그 흔적이 남아 있다.

### (2) 고주몽의 건국 설화 * [참조] 위키백과 / 동 제목 / 편집

《삼국사기》와 《삼국유사》는 추모(鄒牟) 성왕의 탄생 설화를 다음과 같이 기록하고 있다. 현재 전해지는 주몽 설화는 고구려가 부여를 병합하여서인지 부여의 시조인 동명왕의 설화와 고구려의 건국 설화가 비슷함을 보인다. 역사학계에서는 부여의 동명왕과 고구려의 주몽을 다른 인물로 여긴다. 주몽은 햇빛에 의한 회임이라는 전설을 가지고 있는데 선비족을 통합한 단석괴(壇石槐)도 햇빛에 의한 회임이라는 전설을 가지고 있다. 설화에서 말하는 '햇빛'이 가지고 있는 의미는 주몽의 모친 유화부인이 태양을 숭배하는 우르(餘族)의 영향 또는 보호 속에 있었다는 것을 뜻한다. 단석괴(壇石槐)도 햇빛에 의

한 회임이라는 의미는 우르족의 자손이라는 뜻이다.

《삼국사기》와《삼국유사》에는 해모수가 주몽의 아버지로 등장한다. 해모수의 '해'는 태양을 뜻한다. 즉 천손을 의미한다. 따라서 해모수는 고구려의 천손 의식이 의인화된 결과물로 해석할 수도 있다.

그러나 해모수의 해씨는 우르(餘族)족인 부여 왕가의 성씨이고 고주몽의 고씨는 고리(高夷)족의 성씨이다. 해모수의 아들이 해주몽이 아니고 고주몽이 되는 것은 건국 설화의 신뢰성을 떨어트리는 요인이 되므로 이 부분에 대해서는 좀 더 많은 연구가 필요하다.

강을 다스리는 신 하백(河伯)의 어여쁜 세 딸 유화(柳花), 훤화(萱花), 위화(葦花)가 더위를 피하여 청하(지금의 압록강)의 웅심연(熊心淵)에서 놀고 있었다. 여기서 하백은 엔키(물의 신)를 의미하는데, 이는 키시(箕氏)족의 신앙이다. 다시 말해서 하백과 그의 세 딸은 고조선계의 키시족 후예라는 의미가 된다. 이때 천제의 아들 해모수가 오룡거(五龍車)를 타고 내려오다가 연못 안에 세 처녀의 아름다운 모습에 반하였다. 훤화, 위화는 돌아갔으나 유화는 해모수와 만나게 되었다.

하백이 이러한 소식을 듣고 크게 노하였다. 하백은 천제의 아들이라는 해모수와 술법을 겨루어 그의 능력을 시험해 본 뒤, 해모수와 유화의 결혼을 인정하여 유화를 하늘나라로 보내주었으나, 여전히 해모수에 대한 의심을 거두지 아니하였던 하백은 꾀를 써서 해모수를 다시 시험해 보기로 하였다. 가죽부대에 들어 있던 해모수를 주머니에 묶어 가둔 뒤에 올려보내었으나, 물 밖으로 나오기도 전에 술이 깨버린 해모수가 크게 노하여 홀로 승천하였다.

이에 하백은 유화에게 크게 노하여 귀양을 보냈다. 이후 동부여의 왕 금와왕이 우연히 우발수(優渤水)로 나들이하러 갔다가 유화를 만나고, 그 처지를 불쌍히 여긴 금와왕은 유화를 궁궐로 데려왔다. 그런데 그녀를 향하여 햇빛이 계속해서 비치는 기이한 일이 계속되더니, 마침내 그녀는 잉태하였다. 하지만 유화가 5되나 되는 커다란 알을 낳자, 이 소식을 들은 금와왕은 이를 불길한 징조로 여겨 유화로부터 알을 빼앗아 돼지우리에 던져 버렸다. 그러나 돼지들은 이 알을 먹지 않았을뿐더러 도리어 소중히 하였다. 그 뒤 금와는 소와 말이 짓밟도록 알을 길가에 버리기도 하였는데 소와 말들이 알을 피해 가자, 이번에는 새들이 쪼아 먹도록 들판에 놓아두었다. 하지만 새들은 오히려 알을 품어 주었다. 때문에 금와는 도끼로 알을 내리쳐보기도 했지만, 온전하였다. 금와왕은 하는 수 없이 유화에게 알을 돌려주었다.

유화는 그 알을 따뜻하게 덮어주었는데, 얼마 지나지 않아 사내아이 하나가 알을 깨고 나왔다. 그 아이는 날 때부터 보통 아이들과는 달라 일곱 살이 되었을 때 스스로 활과 화살을 만들어 쏘았는데 백발백중이었다. 이에 이 아이의 이름을 부여 말로 '활을 잘 쏘는 사람'이라는 뜻인 '주몽'이라고 지었다. 주몽은 대소 왕자 등 금와왕의 7명의 아들보다 능력이 출중하여 그들의 시기를 받았고, 호시탐탐 그를 죽이려 하였다.

대소가 주몽을 죽이려고 한다는 사실을 눈치챈 유화는 주몽에게 동부여를 떠나라고 충고하였다. 어머니의 충고에 따라 주몽은 오이(烏伊), 마리(摩離), 협보(陜父) 등 세 친구와 함께 동부여를 떠나 추격자들을 피해 남쪽으로 내려가 엄리대수(淹利大水)에 이르렀다. 자신들의 앞길을 가로막는 엄리대수를 향해 주몽은 "나는 천제의 손자이며, 강의 신의 외손자이다. 지금 나를 쫓는 자가 뒤를 따르니 그 위험이 급한데 강을 건널 수 없으니 도와 달라."라고 하니, 이에 감응한 자라와 물고기가 물 위로 떠올라 띠를 이어 다리를 만들어 주었다. 주몽이 무사히 강을 건너자 물고기와 자라는 다시 돌아가 버렸고, 추격자들은 강을 건너지 못해 더는 쫓아오지 못했다 하는데, 이 다리를 가리켜 어별성교(魚鼈成橋)라 일컫는다. 여기서 나타나는 자라와 물고기는 키시족의 병사들을 의미하며 고주몽이 고구려를 건국하는 데 키시족이 일조했음을 알 수 있다.

## 2. 신라와 가야

### 1) 신라

#### (1) 신라의 성립

**배달국에서 신한(산융)으로**

신라의 기원은 배달국에서 찾아볼 수 있다. 반도 삼한의 진한사람들은 자신들이 중국 진나라의 폭정을 피해 먼 곳에서 이주해 온 사람들이라고 했다. 이것은 초기 신라사람들이 자신들의 연맹 명칭을 진한으로 선택한 것과 무관하지 않다. 즉 자신들이 후기 대륙 삼한 시대의 진한(동호)사람들로 한반도 내에서도 같은 이름의 진한연맹으로 정했을 가능성이 크다. 특히 시조 박혁거세는 성씨가 박(朴)으로 신단수(木) 옆에서 점(卜)을 치던 신관 출신이고 우르족이다. 이들 우르(餘族)의 뿌리는 배달국의 지배 세력으로 고대 동양문명의 주도자인 환 3족의 하나였다. 그러나 BC 1600년경 배달국이 멸망한 후에는 한동안 지리멸렬한 상태로 웅족과 함께 홍산지역 토착세력으로 구려연맹을 결성했었다. 그 후 황하에서 하가점으로 이주해 온 하나라의 후예인 고리족과 기존의 우르·웅족이 새로운 연맹을 결성한다. 이것이 새로운 한민족연맹, 즉 신한연맹이다.

### 신한(산융)에서 진한(동호)으로

우르족이 주축이 되는 신한은 BC 660년경에 제나라에게 멸망하고, 우르와 고리족은 홍산지역을 벗어나 웅족과 결별한 후, 사해와 흥륭와지역에 또 다른 연맹체를 결성한다. 이곳은 지역적으로 먼지가 많은 곳이기 때문에 '먼지가 많은 곳의 한민족연맹'이라는 의미로 진한(辰韓)연맹이 결성된다.

이 당시 적봉지역에는 신한연맹에서 결별한 웅족이 흉노가 되어 BC 203년경에 진한(동호)을 멸망시키고 강력한 제국을 건설한다.

### 진한(동호)에서 진한(사로국)으로

내몽골지역의 진한(동호)이 흉노에게 멸망한 후에는 상당수의 진한 유민들이 흉노와 진 제국의 영향력이 적은 북만주 쪽으로 이동하여 우르족(餘族)의 국가를 세운다. 이것이 부여(夫餘)국이다. 그리고 다시 일단의 우르족 유민들은 한반도의 동해안을 따라 남하하여 울산지역에서 멈추고, 다시 내륙으로 들어가 서쪽 벌판(서라벌)에 정착하여 사로국(진한연맹)을 세운다. 이들이 먼지가 별로 없는 이곳에서도 진한(辰韓)이라는 명칭을 사용한 것은 그들의 출신(동호)에 대한 선명성을 표현한 것으로 보인다.

## 진한(사로국)에서 신라로 *[참조] 나무위키 / 편집

사로(斯盧)는 진한 12 소국의 하나로 지금의 경주 분지 계림 일대(서라벌)를 다스리던 족장 중심 사회에서 시작하여 진한 내 다른 소국을 복속하여 신라로 발전한 나라이다.

'사로국'이란 이름은 당대 기록에 가까운 《삼국지》 위지 '동이전'에 기록된 신라의 초기 국명이다. 지증왕 재위 이전 신라의 국호는 여러 사료에서 '사로' 이외에, 사라(斯羅), 신라(新羅) 등이 혼용되어 나타난다.

사로국은 《삼국사기》와 《삼국유사》 등에 따르면 고조선(동호)의 유민인 여섯 개 마을(주요 6부 또는 6촌)에서 박혁거세를 추대하여 세운 나라로 알려져 있다. 건국 연도는 BC 57년경으로 추정되며, 이에 대해서는 《삼국사기》 수정론을 지지하는 학자들에서 이론(異論)이 존재한다. 다만 중국의 《정사 삼국지》에도 사로국이 소개되며, 적어도 AD 2세기 이전에는 그 존재가 확실시된다. 사로국은 국내 문헌에 따르면 AD 101년 월성을 정궁으로 하고 AD 102년 음즙벌국을 병합하였으며, 이듬해 실직국과 압독국까지 복속하며 진한의 유력국가로 떠올랐다.

사로국과 신라국의 경계에 대해서는, 일반적으로 17대 내물 마립간 시기를 기준으로 신라로 지칭하는데 사로국과 신라국 사이에 공백이 있는 것이 아니라 연속적으로 신라의 역사이다. 내물 마립간이 그 기준이 된 이유는 이 시점부터 왕국으로서의 왕위 계보가 안정되었으며, 결정적으로 국서에 '신라'라는 이름을 사용한 기록이 다수 발견되기 때문이다. 또한 내물왕 때 비로소 신라의 지배 체계가 박씨(우르)와 석씨(이리두)에서 김씨(키시)족으로 변화하여 신라의 성골 삼성이 형성된다.

## (2) 신라 성골 삼성의 설화

### 서라벌과 우르족의 박혁거세

'서라벌'은 '서벌'에서 나왔다. 서벌은 서쪽 벌판이라는 뜻으로 울산의 서쪽을 의미한다. 또한 울산은 '우르의 산'이라는 의미에서 서벌에 나라를 세운 박혁거세가 우르족의 후예임을 알 수 있다. 이러한 박혁거세의 설화를 살펴보면, 옛날 경주 땅에 살고 있던 6 촌장들이 자신들의 왕을 선출하려고 하는데 하늘에서 말이 내려왔다고 한다. 그래서 6 촌장들이 말에게 가보니 말은 알을 낳고 하늘로 다시 올라가 버렸다. 그 후 알이 부화되자 알 속에서 아기가 나왔으며 그 아기가 바로 경주 박씨의 시조인 박혁거세로 사로국의 초대 왕이 되었다고 한다.

이것은 박혁거세의 난생설화로 6 촌장은 토착 부족장이고, 말이 알을 낳았다는 것은 난생의 의미 외에 기마민족이 내려왔음을 알 수 있다. 이 당시 이곳으로 내려올 수 있는 기마민족은 읍루(숙신; 우르)족이다. 특히 박혁거세의 성씨가 박(朴)으로 나무 '목(木)' 옆에서 점(卜)을 친다는 의미이며, 이때의 나무는 신단수이다. 여기서 신단수는 태양신과 관계가 있고, 태양신은 우르족의 신앙이다. 이러한 점을 살펴보면 박혁거세가 우르족 출신이며 점을 친다는 것을 보아 신관 출신이라는 것을 알 수 있다.

### 사로국과 이리두의 석탈해

사로국은 신라 4대 왕인 석탈해의 석(昔)씨가 지배하던 시절이다. 석탈해는 박씨 왕조의 사위로 왕권을 이어받은 사람이다. 이러한 석탈해의 설화를 보면, 남해왕 때에 아진포에 살고 있는 노파가 바다에서 까치들이 나는 것을 보고 가보니 배가 한 척 있었고, 배 안에는 큰 궤짝이 있었으며 그 안에 사내 아이와 보물, 노비들이 들어 있었다고 한다. 그 사내아이를 7일 동안 보살펴 주자 "나는 용성국의 왕비에게서 알로 태어나 버림을 받고 이곳에 왔다."고 하였다. 그 아이는 토함산에 돌무덤을 파고 7일 동안 머물렀다가, 성안의 호 공 집에 몰래 숫돌과 숯을 묻어 두고, 다음날 관가에 자기 집이라고 송사를 제기하고 숫돌과 숯을 증거물로 그 집을 차지하였다. 그 소문에 남해왕은 탈 해를 슬기로운 사람이라고 생각하여 맏사위로 삼았다고 한다.

여기서 살펴보면 석탈해란 이름은 '탈출해서 해방'되었다는 의미이다. 이것 은 탈해가 용성국에서 왔다는 것과 일맥상통한다. 또한 용성국의 위치를 '왜 국에서 동북쪽으로 일천 리'라고 한 것에서 당시 왜국의 위치 개념이 불확실 한 시대인 점을 고려하면 석탈해는 열국 시대 한반도의 동북쪽에 있던 북옥 저에서 동해안을 따라 배로 내려온 고리족이라는 뜻이다. 또한 돌무덤이 상 징하는 것도 이리두(고리)의 축성술을 나타낸다. 석(昔)은 태양(日) 위에 토토 (土土)로 성을 쌓고 해 위에 자리를 잡는다는 뜻으로 박씨 왕조를 이어받았음 을 나타낸다. 그리고 숫돌과 숯은 철기 제조에 사용되는 것으로 신라에 철기 제조법을 몰래 들여왔다는 의미도 된다. 이러한 공로로 왕의 사위가 되고 결 국 신라의 왕이 된 것으로 보인다.

### 계림과 키시(箕氏)족의 김알지

김알지의 탄생 설화는 박혁거세나 석탈해처럼 시조 왕의 지위에서 만들어 진 것이 아니다. 실제로 김씨 왕조가 성립된 것은 17대 내물왕 이후로 김알지의 실존 여부도 불확실하다. 다만 김씨 왕조가 신라의 정통왕조로 지속되었기 때문에 자신들의 정통성을 강조하기 위해 사로국 초기의 김씨 시조에 대한 탄생 설화가 필요했을 것이다. 신라의 김씨 왕조는 동호(진한)계의 박씨(우르), 석씨(이리두)와는 달리 고조선(번한)계의 키시족이다. 그래서 김씨 왕조가 성립된 이후 비로소 신라에 배달국의 환인 3족에 의한 성골 3성이 구성된 것이다. 특히 김씨 왕조에서 문무왕은 죽은 후에 동해의 용왕이 되어 신라를 지킨다고 하였다. 이것은 김씨 왕조가 키시족으로 물의 신인 엔키(용왕)를 숭배하고 있다는 것을 단적으로 보여주는 좋은 예이다. 더불어 가야가 신라에 쉽게 복속된 것도 같은 키시족이기 때문에 가능했던 것이다. 그리고 가야 왕족을 신라의 진골에 편입시킨 것 또한 같은 맥락에서 찾아볼 수 있다.

김알지의 설화는 석탈해왕 때 왕이 금성 서쪽 계림 숲속에서 닭이 우는 소리를 듣고, 호공을 보내어 살펴보도록 하였다. 그래서 호공이 가보니 금 궤짝이 나무에 매달려 있고 흰 닭이 그 아래서 울고 있었다. 이 사실을 듣고 왕은 궤짝을 가져와 열어 보고 작은 사내아이가 그 속에 있어 기뻐하며 하늘이 그에게 아들을 내려보낸 것이라 하여 거두어 길렀다. 그 아이는 박혁거세와 같이 총명하고 지략이 뛰어나서 알지라고 이름을 지었다. 그리고 금 궤짝에서 나와 성을 김씨로 부르고, 처음 발견 장소인 시림을 계림이라 하고, 이것을 나라 이름으로 삼았다고 한다.

여기서 금 궤짝이란 배를 의미한다. 특히 금 궤짝에서 나온 김알지는 배를 타고 이주해온 북방계 키시족(동예)이라는 의미이다. 그리고 나무에 매달려 있다는 것은 나무가 신단수를 의미하고, 신단수는 우르계의 박씨족을 가리킨다. 그래서 나무에 매달린 것은 김알지가 박씨족의 영향 아래 있었다는 것이다. 특히 계림의 닭은 태양신의 전령사로 우르족의 영역을 지칭한다.

### (3) 신라 성골 삼성의 성립

신라의 성골 삼성은 왕족을 거친 박(朴), 석(昔), 김(金)을 말한다. 여기서 나무 '목(木)'자가 들어간 박씨는 우르족이고, 흙 '토(土)'가 들어간 석씨는 이리두족이며, 쇠 '금(金)'의 김씨는 키시족이다. 즉 신라의 성골 삼성은 배달국 환인연맹의 삼족이 중심이 되어 만든 국가임을 알 수 있으며, 이들이 성골을 구성하여 신라를 지배하였던 것이다. 그러나 신라는 내물왕 이후 완전히 키시족의 김씨가 지배하는 국가가 된다.

이러한 연맹의 결과는 신라의 금관에서도 잘 살펴볼 수 있다. 즉 금관은 정면에 '출(出)'자 모양의 신단수가 있어 우르족을 상징하는 것임을 알 수 있고, 주변에 매달린 청색 옥과 용의 뿔을 나타내는 사슴뿔은 키시족을 상징하고, 황금관의 황금색은 이리두족의 색깔이다. 그래서 신라의 금관도 신라가 우르, 키시, 이리두의 삼족연맹으로 구성된 국가임을 나타낸다.

## 2) 가야

### (1) 가야연맹의 성립

**배달국에서 번한(고조선)으로**

초기 신시 배달국의 환 3족이 분화하면서, 그중에 키시(箕氏)족은 우하량의 웅녀(貊)족과 결합하여 요하의 조양, 선양으로 영토를 확장해서 국가를 건설하였다. 이것이 고조선이다. 고조선은 그 지정학적 위치가 요하의 벌판에 위치하기 때문에 '벌판의 한민족연맹'으로 '벌한', 즉 한자식으로 '번한(蕃韓)'이 된다. 그래서 대륙 삼한 시대에 고조선은 번한연맹으로도 표현한다.

문무왕의 해중릉　　　　　　　* [출처] 우리역사넷

신라의 금관　　* [출처] 우리역사넷

**번한에서 변한으로**

고조선은 발해만을 따라 동쪽으로 영토를 확장하여 요동반도를 넘어 BC 4

세기경 한반도 북서부의 평안도에까지 다다른다. 이 당시 한반도의 남서쪽에
는 중국 산둥지역에서 이주해 온 하나라의 후예인 동이(東夷)족이 자리 잡고
있었다. 이들이 대륙 삼한의 하나인 마한(馬韓)이다.

춘추전국 시대의 고조선은 연나라와 여러 차례 전쟁을 치렀다. 이 때문에
수도를 조양에서 선양으로 천도하면서 우주지역의 지배력을 상실했고, 결국
진개에 의해 요동까지 빼앗겨 한반도 내로 영토를 축소하게 되었다. 이후 또
다시 연나라의 유장 위만에게 속아 결국 고조선은 멸망한다. 고조선을 찬탈
해서 세운 위만조선은 BC 108년 한나라에 멸망하면서 키시족의 조선 유민
들이 한나라의 지배를 피해 대거 남쪽 마한지역으로 이주한다. 이들은 낙동
강 하류 바닷가에 정착하면서 그 지명을 '김씨의 바다'인 김해로 명명했다.
그리고 연맹체의 명칭도 같은 키시족의 고조선(번한)과의 연관성을 알 수 있
는 변한(弁韓)연맹으로 정한 것으로 보인다.

### 변한에서 가야로 *[참조] 나무위키 / 편집

변한이 위치한 낙동강 하류 및 남해안 지역에는 철 자원이 풍부하였으므
로 변한 소국들 중에는 철 생산과 교역을 통하여 재부(財富)를 축적하고 대내
적으로는 읍락집단(邑落集團)의 통합에 성공하여, 인근 지역에까지 영향력을
뻗쳐 나간 유력한 집단들이 많았다. 철기 유물과 유적이 다량 출토된 김해의
구야국(狗邪國), 동래의 독로국(瀆盧國), 함안의 안야국(安邪國) 등이 그러한
예이다. 특히 구야국은 변한연맹의 맹주로 훗날 금관가야로 발전한다.

실질적으로 가야는 좌우에 위치한 백제나 신라와 달리 멸망하는 순간까지
중앙집권형 고대국가로 발전하지 못하고 마지막까지 소국의 연맹체 국가에

불과했기 때문에, 변한이 곧 가야라고 볼 수 있다. 이는 변한이 가야, 마한이 백제국, 진한이 사로국과 같이 압도적인 강자가 역사 기간 내내 등장하지 못하고 소국들 사이에서 힘의 균형이 장기간 이어졌기 때문이다. 그나마 금관국이 변한의 전기 가야 시대에 특출난 강자였으나 중앙 집권 국가로 크기도 전에 고구려의 광개토대왕에 짓눌려 버리고 말았다. 후기 가야 시대의 강자였던 반파국 역시 금관국, 안라국 등 주변 세력을 압도하지 못하고 변한지역을 일원적 정치체로 통합하는 데 실패했다.

### (2) 가야의 건국 설화

#### 김수로의 설화

가야의 김씨는 평양(고조선)지역에서 이동해 온 키시족이다. 이들은 고조선이 멸망한 후에 위만조선을 거쳐 한나라의 지배를 피해 한반도 남쪽으로 내려와 김해지역에 정착한 것으로 보인다.

키시족의 가야에서는 갑골점에 해당하는 구지가를 노래하고 갑골로 점을 쳤다. 이런 갑골점은 상나라와 고조선에서도 유행했었다. 그리고 이들의 후손인 카라(Kara; 韓)가 한반도에 이주해 와서 가락(가야, 구야)국을 만든 것이다. 여기서 카라는 큰(大) 또는 한(韓)으로 일본말에 한신(韓神)은 '카라가미'라고 하며 '가락국의 신'이라는 의미로 남아 있다. 또한 요나라인 거란도 '카라 키탄'에서 나온 한자명으로 여기의 카라도 큰 또는 한이라는 의미이며, 거란도 넓은 의미에서 우리 한민족의 일파임을 짐작하게 한다.

가야의 시조 김수로의 설화를 살펴보면, 옛적에 가야의 촌장들과 마을 사람들이 모여서 구지봉에서 왕을 선택하고 있었다고 한다. 그래서 사람들은 봉우리 주위를 돌면서 구지가(龜旨歌)를 불렀는데 하늘에서 궤짝이 내려왔고, 촌장들은 궤짝을 열어 그 안에 알들이 들어 있는 것을 보았다. 이때 가장 먼저 알에서 부화한 아기가 바로 김해 김씨의 시조이며 가야연맹의 초대 왕인 김수로라고 한다.

이런 김수로의 설화에서 가장 중요한 것은 구지가이다. 구지가란 거북이가 가르쳐 준다는 의미의 노래로, 이는 갑골과 직접적인 관련이 있다. 즉 갑골점도 거북의 배딱지에 불을 이용하여 점을 치는 것이므로 구지가에서 거북을 굽는다는 것도 같은 행위이다. 또한 여기서 갑골은 땅, 물의 신 엔키(용왕)에게 답을 구하는 행위로 키시족의 신앙에서 기인한다. 즉 구지가를 부르면서 답을 얻고자 하는 가야연맹은 키시, 고조선과 같이 키시족이라는 의미이며, 궤짝에서 나왔다는 것은 이들이 배를 타고 바다를 건너 이주해 왔다는 것을 뜻한다. 또한 여러 개의 알 중에 제일 먼저 부화한 알을 선택했다고 하는 것은 여러 인물 중에 가장 뛰어난 인물을 선택했다는 것이다. 더불어 여러 개 알 중의 하나를 고르는 것은 가야연맹이 지도자를 선출하는 방법으로 민주적인 절차를 거쳤다는 것이다. 이것을 보면 가야의 선도 국가인 고조선(번한연맹)도 같은 방법의 민주적 절차를 통해 단군을 선출해 왔다는 것을 미루어 짐작할 수 있다. 즉 최소한 우리 한민족은 이미 2,000년 이전에 민주적인 국가 체제가 있었다는 것을 알 수 있다.

### 허황옥 설화 *[참조] 위키백과 / 편집

허황옥은 허황후(許皇后)라고도 하며 김해 김씨와 김해 허씨의 시조모이

가야 기마상 　　　*[참조] 우리역사넷　가야의 판갑옷 　　　*[참조] 우리역사넷

다.《삼국유사》'가락국기(駕洛國記)'에 따르면, 허황옥은 본래 아유타국(阿踰
陁國)의 공주인데 부왕(父王)과 왕후가 꿈에 상제(上帝)의 명을 받아 공주를
가락국 수로왕의 배필이 되게 하였다. 공주는 많은 종자(從者)를 거느리고 김
해 남쪽 해안에 이르렀다. 이에 수로왕은 유천간(留天干), 신귀간(神鬼干) 등
많은 신하들을 보내어 맞으며 황후로 삼았다고 전한다. 황후는 태자 거등(居
登)을 낳았으며, 188년에 죽으니 나이 157세였다고 한다. 구지봉 동북쪽 언
덕에 장사지냈다고 하는데 현재 경상남도 김해시 구산동(龜山洞)의 고분이
허황후의 능이라고 전해지고 있다.

　허황옥이 먼 곳에서 왔다는 것에 대해서는 이설(異說)이 별로 없으나, 인
도 아유타국에서 왔다는 것에 대해서는 불교가 들어온 이후에 이야기가 덧붙
여졌다고 보아 본래의 시조 설화가 윤색되었다는 견해가 많다. 시호는 보주
태후(普州太后)이다.

우리는 허황후의 설화에서 키시족의 중요한 특징을 살펴볼 수 있다. 왕조 탄생에 여성이 동격으로 나오는 점이다. 이는 키시족의 중요한 특징으로 남녀 평등사상이 담겨 있기 때문이다. 왜냐하면 키시족의 신앙은 키(땅의 여신)와 엔키(물의 신) 숭배 사상을 가지고 있어 여성을 존중하는 사회적 관점을 가지고 있다. 그래서 신라 김씨 왕조에서 3명의 여왕이 존재하는 것도 같은 맥락이다. 또한 수메르 문명의 키시왕조에서도 '쿠바바'라는 여왕이 존재했었다는 기록이 있다.

## 3. 백제

### (1) 백제의 성립

**졸본부여에서 고구려로**

배달국의 우르족 후손들이 동호 멸망 이후에 북만주를 떠돌면서 세운 많은 부여국들 중 하나가 연타발의 졸본부여이다. 연타발은 고리족의 고주몽을 받아들이고, 딸 소서노와 혼인시켜 졸본부여를 물려준다.

그러나 부여에서 내려온 고주몽의 아들 유리 왕자의 존재로 소서노와 두 아들(비류, 온조)은 졸본을 떠나 한반도로 남하한다.

고구려가 졸본(지금의 요령성 본계시)에 도읍할 당시 국호는 '졸본부여'였다. 고구려라는 이름은 2대 유리왕이 국내성(지금의 집안)으로 천도하고 난 이후부터다.

### 졸본에서 우수국(춘천)으로

졸본을 떠난 소서노 일행은 동해안을 따라 내려와 미시령 넘어 BC 18년경에 춘천(중도)에서 정착하여 우수(소머리; 십제)국을 건설한다. 그 후 온조는 한강을 따라 내려와 BC 5년경 하남 위례(한성 백제)에 정착한다. 이곳이 서우르(서울)이다. 서울이라는 명칭은 춘천의 우르족이 서쪽으로 왔다고 해서 만들어진 지명일 가능성이 크다. 온조와 부여족이 한강을 따라 바로 내려오지 못한 것은 그 당시 한강 유역이 마한(진국)과 한사군 낙랑의 접경지역이었기 때문이다.

이들이 정착했던 춘천의 중도지역에서 다량의 유적과 유물이 발견되어 연결 고리를 이어주고 있다. 이곳에서 발견된 유적(中島遺蹟)은 청동기 시대의 대규모 마을 유적이다. 선사 시대의 화덕자리와 구덩이 유구, 고구려와 관련된 무덤도 확인되었다. 중도유적은 1,300기에 달하는 집터를 비롯하여 방어시설인 환호와 고인돌, 경작지 등으로 구성된 우리나라 고고학 역사에서 최대 규모를 갖는 청동기 시대 유적이다. 그리고 부여~한성백제 시기의 중도유적은 부여족이 한반도로 내려온 과정을 잘 나타내 주는 중요한 유적으로 평가된다. * [참조] 한국민족문화대백과 / 편집

### 우수국(중도)에서 한성(위례)백제로 * [참조] 위키백과 / 편집

《삼국사기》에 따르면 "BC 18년 온조는 한강 유역의 위례성을 근거지로 도읍을 정하고 나라 이름을 십제(十濟)로 지었다. 형 비류는 온조와 결별하고 미추홀로 이주하였으나 땅이 습기가 많고 물이 짜서 편하게 살 수 없었다. 비류는 위례성으로 돌아와서 온조의 백성들이 편하게 생활하는 모습을 보고

이를 후회하다가 죽었다. 온조는 비류의 남은 신하들을 받아들이면서 나라 이름을 백제(百濟)로 고쳤다."고 전한다.

그러나 필자의 소견으로, 한성백제의 성립 시기는 온조왕 14년(BC 4년)이라고 하지만 중국에서 왕망이 전한을 멸망시키고 신나라(AD 8년~AD 23년)를 세우는 혼란기일 가능성이 크다. 왜냐하면 이때가 한사군의 한강 유역에 대한 통제력이 가장 약화되었을 시기이기 때문이다. 그래서 이 혼란기가 온조에게는 서울 위례에 한성백제를 세울 수 있는 절호의 기회가 되었을 것이다. 《삼국사기》에 따르면 온조왕 초기에 말갈과 싸운 것으로 나오는데 이는 시기적으로 보아 동예를 말갈로 표현한 것 같다. 또 낙랑과는 방책 문제로 갈등을 벌이는데, 이런 점을 살펴보면 온조왕 초기에는 백제의 위치가 낙랑과 동예의 중간지점인 춘천 중도지역일 가능성이 크다.

### 백제의 마한 통합

한성백제가 위례성에 국가를 세운 후 마한은 연맹의 일원으로 받아들인다. 이 당시 마한은 이리두(東夷族)가 주도 세력이었기 때문에 백제의 우르(夫餘族)족을 같은 배달민족의 후손으로 인정하여 연맹체의 일원으로 받아들인 것으로 보인다.

그러나 백제의 국력이 팽창하면서 주변의 마한 소국들을 병합해 나갔다. 그리고 제13대 근초고왕에 이르러서 백제는 마한 54개 부족 국가 연맹체의 상당수를 통일한 것은 물론, 고대 부족 국가의 기반을 마련했다. 이로써 백제는 한성백제(우르), 마한(이리두), 고조선의 후예 청주 한씨(키시)의 배달국 3족의 통합된 국가가 만들어진다. 근초고왕은 이러한 영토확장을 기반으로 마한의 패권을 손에 넣을 수 있었고 왕위의 부자 세습 제도를 확립하였다.

## (2) 백제의 건국 설화와 천도

### 우르족의 소서노와 우수국

백제의 성립과정에서 나타나는 부여 출신 우르족의 흔적을 쉽게 찾아볼 수 있는데, 그들의 성씨가 부여(扶餘) 해씨이기 때문이다. 그들은 성씨에서 알 수 있듯이 북만주 쪽에서 이주해온 이주민으로 보이며, 그 시기는 부여국이 지역적으로 분화한 때와 같이한다. 즉 부여가 동부여와 졸본부여, 연나부여 등 여러 소국으로 갈라지면서, 그중에 장춘(부여)과 연길(동부여)에 거주하던 우르족 사람들이 동해안을 따라 남하한 사람들이 주류를 이룬다. 그들이 남하하면서 속초에 도달했으며, 다시 울산바위 주변에서 갈라졌다. 그들 중 일단은 미시령을 넘어 북한강으로 내려가고, 일단은 계속 남하하여 울진을 거쳐 울산에 도착한 것으로 보인다. 그리고 울산에 도착한 우르족은 다시 서쪽으로 이동하여 서벌에 '서라벌'이라는 국가를 세우고 후에 신라가 된다. 여기서 우르족이 갈라진 곳이 속초의 울산바위라는 것은 울산바위의 원래 의미가 우르의 산인 울산(蔚山)이 아니고 우르가 분산된 울산(蔚散)이라는 뜻에서 나왔을 가능성이 크기 때문이다. 즉 울산바위는 '우르족이 갈라선 바위'라는 의미에서 만들어진 명칭일 가능성이 크기 때문이다.

이렇게 울산바위에서 갈라져 미시령을 넘어 북한강으로 들어간 일단의 우르족은 춘천의 중도지역에 도달한다. 그리고 그곳에 거주지를 형성하고 청동기 문명의 우수(牛首; 소머리)국을 건국한다. 이 때문에 부여계의 후손인 일본 천왕이 일제 시대에 춘천을 일본의 신 스사노오의 출생지로 지명하여 신사를 세우려 한 것이다.

그 후 고구려 건국에 기여하고 고주몽과 헤어져 졸본에서 내려온 우르족의 소서노와 온조, 비류가 춘천의 우수국에 도달한다. 그 후 그들은 다시 우수국을 거쳐 한강을 따라 내려가서 양평을 거쳐 암사동의 선주민들을 제압하고 하남 위례에 정착한다. 그들은 그곳에 한성백제인 위례성을 건설하여 백제의 기틀을 세운다.

또한 춘천에 있던 우르족의 일단은 홍천과 제천을 거쳐 충주지역에 정착하여 훗날 신라에 복속된다. 이것이 충주지역에서 청동기 문명이 존재한 이유이다. 여기서 언급된 지역의 청동기는 모두 북만주의 부여에서 이주해온 우르족의 유물들이다. 그리고 이들이 남하하면서 자신들이 쓰던 것들을 가지고 내려와 원래 부여국이 있던 곳에서는 청동기 유물들이 별로 발견되지 않고 있다.

일본신 스사노오의 고향이 춘천으로 되어 있어 일본은 일제 강점기에 춘천에 신사를 지어 숭배하려 했다. 특히 스사노오는 춘천군 지역의 우수산이 《일본서기》에서 그가 강림하였다고 언급되는 소시모리(曾尸茂梨)와 춘천의 옛 지명의 유사성으로 출생지로 보고 있으나, 한국 땅이 일본의 남신 스사노오의 출생지라는 것도 이상하지만 그곳이 춘천이라고 하는 것도 일반적이지 않다. 이것에 대해 다른 관점으로 살펴보면, 일본 신 '스사노오'와 '소서노'는 양자의 발음상 유사성으로 보아 역사적 동일체일 가능성이 크다.

그래서 소서노를 중심으로 고구려에서 내려온 부여족들이 최초에 건설한 국가가 춘천의 우수국이며, 이곳에서 훗날 일본까지 연결되는 백제가 시작했

264  한민족 중심의 한국 상고사

다고 보아야 한다.

## 온조와 한성백제 <sup></sup>[참조] 위키백과 / 편집

온조 설화는 백제의 시조가 온조라고 전하고 있으며, 현재 가장 많이 알려진 백제 건국 설화이다.

고주몽이 졸본에 정착하여 졸본 부여왕의 둘째 딸과 결혼하여 두 아들을 낳았는데 형은 비류로, 동생은 온조로 이름 지어졌다. 이후 고주몽이 고구려를 건국하고, 비류와 온조는 왕위에 오르는 가장 유력한 순위에 있었다.

그러나 어느 날 비류와 온조를 얻기 이전에 고주몽(동명성왕)과 북부여의 예씨 부인 사이에서 태어난 유리가 고구려에 찾아오자 동명성왕이 반겼다. 게다가 동명성왕은 첫째 아들인 유리를 태자로 임명하자, 비류와 온조 형제는 후일이 두려워 남쪽으로 내려가 새로운 땅을 찾아 나서게 되었다.

그런데 비류는 물고기 잡기 좋다 하며 바닷가에 나라를, 온조는 농사짓기 좋다 하여 소서노와 강가에 나라를 세웠다. 그런데 몇 달 후, 비류를 따라간 자들이 온조에게 와 백성이 되게 해달라 했는데, 비류는 짜서 농사가 잘 지어지지 않고 백성들이 굶게 되자 죄책감으로 죽었다. 이후 온조는 나라 이름을 바꿨는데, 그것이 바로 백제이다.

온조는 우르(餘族) 출신으로 부여계 사람이다. 고주몽은 고리족으로 친자 관계가 아니므로 양자 관계가 타당하다. 이 때문에 소서노와 함께 고구려를 떠나 새로운 나라를 세우기 위해 한반도 남쪽으로 이주가 가능했던 것이다. 그리고 춘천을 거쳐 하남 위례에 한성백제를 건국하여 마한연맹의 일원이 되었다.

**백제의 천도** *[참조] 다음 / 블로그 / 백제의 천도 / 편집

우르족의 백제는 북만주의 부여에서 이주해 와 한강 변에 정착하면서 고구려, 신라와의 지속적인 전쟁으로 국가의 안위가 위태로운 적이 많이 있었다. 그래서 백제는 성립 초기부터 국가의 안정을 위해 자주 천도를 하였다. 특히 강력한 군사력을 가지고 있는 고구려의 영향권에서 벗어나려고 최초에는 하남위례성에서 한산 그리고 웅진과 사비로 천도하여 국가의 안정을 꾀했다.

### ① 위례성 천도

백제는 성립 초기 국가의 안정을 위해 천도를 자주 한 국가이다. 그래서 수도의 천도는 백제의 발전 과정을 이해하는 데 중요한 단서가 된다. 최초에는 BC 6년 온조왕 13년에 하남위례성으로 천도하고 그 후 AD 371년 근초고왕 26년에는 한산으로 그리고 웅진과 사비로 천도가 진행되었다. 특히 온조왕 때의 천도는 국방상의 이유로 이루어졌으며, 근초고왕 때에는 정치적이고 경제적인 이유가 주요인이다.

### ② 웅진(공주) 천도

우르 백제는 초기 왕권이 확립되자 에리두 고구려에 대한 공격을 시도하였다. 그러나 백제는 개로왕 21년에 오히려 고구려의 역공을 받아 수도인 한성이 함락되는 상황이 벌어졌다. 그래서 백제는 문주왕 즉위년(AD 475년)에 고구려의 국경과 멀리 떨어진 웅진으로 수도를 옮기게 된다. 그러나 아무리 위급한 상황이라도 도읍지를 새로이 옮긴다는 것은 정치적 입지가 변화되는 것을 막을 수 없다. 그래서 기존의 토착세력들은 이러한 변화를 받아들일 수 없으므로 크게 저항했다. 그러나 고구려의 침입으로 문주왕을 비롯한 백제의 지배 세력은 한성에 계속해서 머물고 있기 어려웠다. 이 때문에 백제를 새롭

게 중흥시킬 필요가 있는 문주왕은 고구려의 영향권을 벗어나 도읍지를 세워야 했으며 이러한 점에서 웅진 천도가 계획적으로 이루어질 수밖에 없던 것이다.

백제가 한성에서 웅진으로 새로운 도읍지로 선택한 이유로는 고구려와의 국경으로부터 멀리 떨어진 것도 있지만 웅진이 갖고 있는 교통과 경제 그리고 군사적으로 방어가 유리한 지리적 요인이 크게 작용했다. 웅진은 북쪽으로는 차령산맥과 금강에 둘러싸여 있으며, 동쪽으로는 계룡산이 있어서 고구려로부터의 침략을 방어할 수 있는 천연의 요새였다. 그리고 한성에서 남쪽으로 내려오면서 온양지역까지는 대부분 낮은 구릉 지대라고 할 수 있는데, 이러한 지형적 조건으로는 고구려의 침략을 막을 수 없기 때문이다.

### ③ 사비(부여) 천도

문주왕 원년에 웅진으로 천도한 백제는 AD 538년 성왕 때에 다시 사비로 천도하였다. 이러한 사비 천도에 대해서는 여러 가지 이유가 있다. 동성왕 때에도 사비로 왕이 빈번히 출행하였으며 이것은 동성왕이 사비 천도를 계획하고 있었다는 의미가 된다. 이러한 사실은 백가의 동성왕 시해 동기가 사비 천도에 대한 반대였다는 사실에서 잘 나타나 있다.

당시에 수도인 웅진이 매우 협소하여 비옥한 토지의 확보라는 경제적인 요인과 정치적인 불안정 극복 등의 이유로 천도의 필요성이 요구되고 있었다. 더욱이 무령왕 이후에 강화된 왕권이 천도할 수 있는 힘이 되었다. 이에 성왕에 이르러 전제왕권을 확립하고 수도를 옮겨서 새로운 국가 발전을 획책하게 된다. 그래서 사비 천도의 실현이 중요한 정치적인 요건이 되었다. 이것은 사비 천도 이후 성왕이 보여준 대내외 활동에서 보면 쉽게 알 수 있다. 특히 사비 천도 이후 백제가 멸망하고 약 1,400년이 지나 일본이 한국을 식민화했을 때 한국 내에 설치하려고 한 신사가 서울(한성), 춘천(우수주), 부여(사비)의 3곳이었다. 이것으로 보아도 일본 천황계가 부여와 백제 출신의 우르족 후손이라는 것을 알 수 있다.

#### ④ 익산(이리) 천도

백제의 익산 천도는 역사적으로 입증이 되지 않았다. 그러나 백제 역사에서 웅진이나 사비로의 천도 이외에 천도와 관련해서 언급되는 지역은 익산이다. 특히 익산은 이리라는 별칭이 있는데, 이것은 마한 시대에 에리두의 중심지이며 목지국이 있던 곳일 가능성이 큰 지역이다. 즉 백제의 또 다른 뿌리인 동이족이 있던 곳이다. 그래서 무왕 40년(AD 639년)에 익산으로 천도하였다고 하며, 그리고 얼마 후 익산에서 사비로 다시 환도했다고 한다. 이렇듯 익산에서 사비로 다시 환도하게 되는 이유는 백제와 신라와의 격화되는 전쟁이 원인이었다. 익산은 넓은 평야를 끼고 있으나, 전시에는 방어 기능이 상대적으로 취약하여 문제가 된다는 점이다. 즉 익산은 신라의 침공 위협에 쉽게 노출되기 때문에 신라와의 전쟁이 격화되면 사비성이 가지고 있는 방어적 기능이 필요하다는 것이다. 이에 익산으로부터 사비로의 환도가 이루어졌다고 본다.

그러나 익산은 사비성의 방비에 가장 중요한 교통 및 군사상의 요충지로서 백제가 가야지역으로 진출하는 데 매우 중요한 군사적인 거점이었다. 또한 신라가 전라도를 통해 사비에 도달하기 위해 반드시 거쳐야 하는 요지이기 때문에 익산이 그만큼 중요한 지역이었다.

그러나 백제의 역사상 중요한 지역은 사비를 제외하고 익산이 아니라 웅진

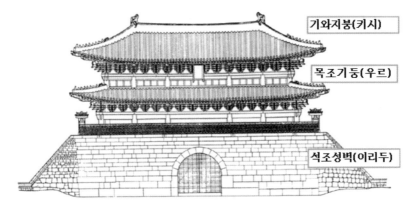

기와지붕(키시)

목조기둥(우르)

석조성벽(이리두)

*키시(箕氏)족 – 벽돌, 전석, 기와 – 땅과 물의 신 → 키, 엔키
 우르(餘族)족 – 목조기둥, 포작(새) – 태양신 → 우루
 이리두(夷族) – 돌, 석축, 제단 – 하늘신 → 아누(安)


이었다. 그리고 백제의 마지막 왕인 의자왕이 나·당 연합군의 침공을 받아
도피한 곳도 웅진이다.